西班牙语入门口语
句型大全

[智]帕梅拉·里昂
储明发

著

北京理工大学出版社
BEIJING INSTITUTE OF TECHNOLOGY PRESS

使用说明 | Instrucciones

给无法完整说出一句西文的你：
只要学会基本句型，再将脑中已经记得的单词重新排列，就能够说出心中的想法。
《西班牙语入门口语句型大全》教你用最简单的方式，轻轻松松开口说西文。

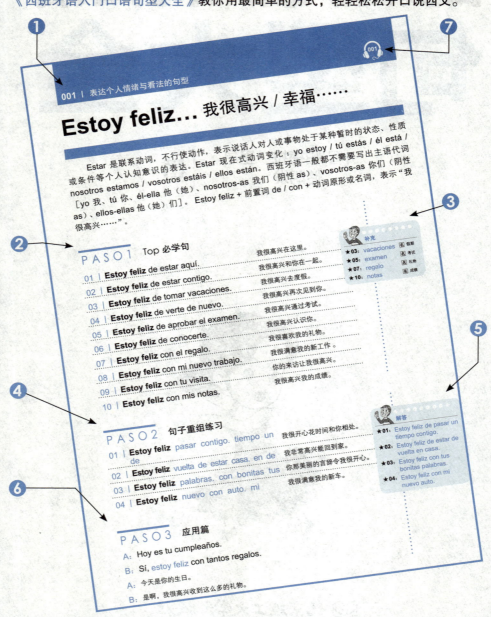

STEP1 → 找到需要的句型

❶ 9 大类型，共300 个句型
全书收录日常生活中最常用的西语会话句型，包含"表达个人情绪与看法""表达感谢和帮助""常用提问句""否定陈述句""表达意见和建议""条件句""祈使句和感叹句""比较级和最高级""常用短语"等句型，让你在任何时刻、随时随地都能够找到那个临时需要用到的句型。

❷ Top 必学句
每个句型皆收录使用频率最高的7~10 个句子。通过例句熟悉句型架构与用法，并可尝试替换词汇，以便活学活用，随时都能说出一句完整的西语。

❸ 关键词汇随机补充
TOP必学句中较重要的单词或短语，随机补充说明。学句子，也能够学到单词，面对陌生的单词，也可特别留意其用法。

STEP2 → 将关键单词进行"单词重组"

❹ 句子重组练习
尝试将句中打散的单词，重新依正确语序排列。多练习几次，就能提升对句型的熟悉度。

❺ 重组解答方便对照
重组练习的解答就在右边栏位中，方便对照练习。

STEP3 → 依据对话情境开口说出完整句子

❻ 会话应用情境练习
想训练开口说西语的能力，不能光靠死记句型。通过对话的情境以及双向的对话练习，才能测试自己是否已经完全学会并加以应用。

❼ MP3 随身听
特请专业西籍老师（一男一女）录制全书西语会话，包括TOP必学句、句子重组练习的解答、应用篇的情境对话。就算手边没有书，也能听音频熟悉老师的发音，无形中学会外国人的说话语调，提升说西语的自信心。西语有阴性、阳性之分，可留意男女录音员的发音，掌握并熟悉其中的不同之处。

★本书附赠音频为MP3格式★

西班牙语字母表 | El alfabeto español

西班牙语字母合计有**27**个字母，其中有**22**个辅音和**5**个元音，如下：

Consonantes（辅音）

字母	发音	音标	单词
Bb	be, be alta, o be larga	[b, β]	bomba（炸弹）
Cc	ce Cc	[θ, k, r]	casa（住家）
Dd	de	[d, ð]	dedo（手指）
Ff	efe	[f]	feo（丑的）
Gg	ge	[g, r, x]	gigante（巨大的）
Hh	hache	不发音	hacer（做）
Jj	jota	[x]	jamón（火腿）
Kk	ka	[k]	kilo（公斤）
Ll	ele	[l]	lado（边、侧）
Mm	eme	[m]	mano（手）
Nn	ene	[n, m]	nada（没有）
Ññ	eñe	[ɲ]	niño（小男孩）
Pp	pe	[p]	pan（面包）
Qq	cu	[k]	quijote（爱管闲事的人）
Rr	erre	[r]	rato（片刻）
Ss	ese	[s, z]	salsa（酱汁）
Tt	te	[t]	todo（整个的）
Vv	uve, ve, ve baja, ve corta	[b, β]	vino（葡萄酒）

续表

字母	发音	音标	单词
Ww	doble uve, doble v	[β]	kiwi（奇异果）
Xx	equis	[s, rs]	xenofobia（仇外、排外）
Yy	i griega o ye	[j, i]	yerba（草）
Zz	zeta	[θ]	zapato（鞋子）

另外，**Ch** 和 **Ll** 为二合字母，表示单个音素。

字母	发音	音标	单词
Ch	che	[c]	chico（男孩）
Ll	elle	[λ]	lleno（满的）

Vocales（元音）

字母	发音	音标	单词
Aa	a	[a]	alto（高）
Ee	e	[e]	este（这个） Este（东方）
Ii	i, o i latina	[i]	isla（岛屿）
Oo	o	[o]	oso（熊）
Uu	u	[u]	uva（葡萄）

Diptongos（双元音，指两个元音在同一个音节）

① **a-i** → a**i**re（空气） ④ **e-u** → d**eu**da（债务）

② **a-u** → p**au**sa（暂停） ⑤ **o-i** → **oi**go（听到、听见）

③ **e-i** → r**ei**na（皇后）

西班牙语发音小技巧

发音方式

　　西班牙语的发音跟汉语拼音的发音类似，"看见什么念什么"是西班牙语的发音诀窍。虽然对于习惯英文发音的我们来说，刚开始练习西班牙语的口语会遭遇一些困难，但是相较单纯的发音方式，在习惯发音规则之后，口语的能力就能够突飞猛进。

音节分法

在西班牙语中，音节分法有以下几种规则：

❶ 单个元音独立成一个音节

　　ojo（眼睛）→音节分法：**o – jo**

　　ala（翅膀）→音节分法：**a – la**

❷ 辅音和元音结合成一个音节

　　España（西班牙）→音节分法：**Es – pa – ña**

　　lámpara（灯、灯具）→音节分法：**lám – pa – ra**

❸ 辅音位于两个强元音间时，与后面的元音结合成一个音节

　　casa（家、住宅）→音节分法：**ca – sa**

　　bala（子弹）→音节分法：**ba – la**

❹ "强元音＋弱元音"或是"弱元音＋弱元音"

　　ciudad（城市、乡镇）→音节分法：**ciu – dad**

　　patio（庭院、院子）→音节分法：**pa – tio**

❺ 弱元音＋强元音＋弱元音

　　Uruguay（乌拉圭）→音节分法：**U – ru – guay**

　　buey（公牛）→音节分法：**bu – e – y**

Habilidades de pronunciacion española

❻ 两个辅音相连时，若后面接元音，则分成两个音节

　　alto（高大的、高度）→音节分法：**al – to**

　　asno（驴、公驴）→音节分法：**as – no**

❼ 三个辅音相连时，最后一个辅音需和后面的元音形成一个音节

　　instinto（本能、天性）→音节分法：**ins – tin – to**

　　instructor（训练员、指导员）→音节分法：**ins – truc – tor**

❽ 四个辅音相连时，必须两个辅音、两个辅音分开

　　construir（建筑、建设）→音节分法：**cons – truir**

　　obstruir（阻塞、堵塞）→音节分法：**obs – truir**

重音规则

重音的规则基本可分成三种：

❶ 单词的结尾为元音（a、e、i、o、u）或辅音（s、n）时，重音会在倒数第二个音节上。

❷ 单词的词尾为辅音（s、n 除外）重音会在最后一个音节上。

❸ 单词上面有重音符号者（ ´ ），表示重音落在该音节。

颤音

　　什么时候发颤音？主要是看r的位置，当r在字首，字母l、s、n的后面时，就要发出颤音。颤音的发音要点是控制舌头的摆动，对于中国人来说，颤音的发音会有点困难，主要是需要放松舌头，让舌头自然地摆动。确实无法发出颤音并不会对学习西班牙语造成障碍，只是在口语上听起来比较不地道而已，若想练习好颤音，可上网搜寻影片，网络上有不少人的学习经验分享及推荐的教学影片！

目录 | Tabla de contenidos

PARTE 1 | 表达个人情绪与看法的句型

1	**Estoy feliz…**	我很高兴 / 幸福…… / 002
2	**Estoy contento…**	我很高兴 / 愉快 / 满意…… / 003
3	**Estoy preocupado por…**	我很担心…… / 004
4	**Estoy triste…**	我很伤心…… / 005
5	**Estoy loco por…**	我特别喜爱 / 着迷（某人、某物）…… / 006
6	**Estoy ansioso…**	我焦急 / 渴望…… / 007
7	**Estoy interesado en…**	我对……有兴趣 / 008
8	**Estoy cansado de…**	我累 / 厌倦了…… / 009
9	**Estoy incómodo con…**	……让我感到不舒服 / 010
10	**Estoy enfermo de…**	我很讨厌…… / 011
11	**Estoy furioso con…**	我很愤怒…… / 012
12	**Estoy asustado por / con / de…**	我害怕…… / 013
13	**Estoy aburrido de…**	我感到无聊 / 厌倦…… / 014
14	**Estoy realmente…**	我真的…… / 015
15	**Estoy desesperado por…**	我急于…… / 016
16	**Tengo ganas de…**	我很想…… / 017
17	**Tengo miedo de…**	我害怕 / 担心…… / 018
18	**Me encanta…**	我非常喜欢 / 着迷…… / 019

19	**Siento orgullo de…**	我感到自豪 / 骄傲 / 光荣…… / 020
20	**Siento vergüenza de…**	使我感到羞愧 / 021
21	**Me duele…**	使（我）难过 / 感到痛 / 022
22	**Tengo rabia…**	我感到气恼 / 愤怒…… / 023
23	**Me impacienta…**	使（我）不耐烦 / 失去耐心 / 024
24	**Me emociona…**	使（我）感动 / 激动 / 025
25	**Me gusta…**	我喜欢 / 026
26	**Me sorprende…**	使（我）惊奇 / 感到意外 / 027
27	**Me haces sentir…**	你让我感觉…… / 028
28	**Me muero por…**	我真想…… / 029
29	**Me molesta…**	使（我）感到不舒服 / 不适 / 厌烦 / 030
30	**Me da lástima…**	使（我）感到惋惜 / 同情 / 031
31	**Me da lo mismo…**	我不在乎…… / 032
32	**Me da pena que…**	使（我）感到难过 / 伤心 / 033
33	**Me es difícil…**	我觉得很困难 / 不容易…… / 034
34	**Me da risa…**	使（我）感到想笑 / 035
35	**Me cansa…**	我感到厌烦 / 生厌…… / 036
36	**Me siento satisfecho con…**	我感到满意 / 高兴…… / 037
37	**Me alivia…**	使（我）减轻负担 / 病痛 / 疲劳 / 038
38	**Me deprime…**	使（我）感到压抑 / 消沉 / 沮丧 / 039

目录 | Tabla de contenidos

39	Me complace que…	使（我）高兴/欢喜/满意 / 040
40	Me siento tranquilo…	我感到放心…… / 041
41	Me disgusta…	我不喜欢…… / 042
42	Me siento bien…	我感到很好/惬意/愉快…… / 043
43	Me siento mal…	我感到不适/不安/不好…… / 044
44	Me da la impresión…	我觉得…… / 045
45	Me ofende…	冒犯/得罪/侮辱了（我）…… / 046
46	Me agrada…	我感到愉快/惬意/高兴/喜欢…… / 047
47	Quiero…	（我）想要/希望…… / 048
48	Me quiero…	我想要…… / 049
49	Me da pereza…	我懒得…… / 050
50	Me entusiasma…	我感到兴奋…… / 051
51	Creo que…	我觉得/相信…… / 052
52	Estoy de acuerdo…	我同意…… / 053
53	Pienso que…	我认为/想…… / 054
54	Parece que…	看起来/好像/显得…… / 055
55	Considero que…	我认为/觉得…… / 056

PARTE 2 | 表达感谢和帮助的句型

| 56 | Gracias… | 谢谢…… / 058 |

57	Te quería dar las gracias…	我要感谢你…… / 059
58	Te agradezco…	我感激（感谢）你…… / 060
59	Me siento agradecido…	我十分感激…… / 061
60	Gracias a Dios…	谢天谢地…… / 062
61	Aprecio mucho…	我非常感激…… / 063
62	Es un placer…	很乐意…… / 064
63	Es un honor…	非常荣幸…… / 065
64	Es un agrado…	很愉快的…… / 066
65	Es un gusto…	很高兴…… / 067
66	Quisiera agradecerte…	我想要感谢你…… / 068
67	¿Me podrías…?	你可以……吗？ / 069
68	¿Te importa si…?	如果……，你介意吗？ / 070
69	Si no es mucha molestia, ¿podrías…?	如果不是太麻烦的话，你是否可以……？ / 071
70	Deseo pedirte…	我想请你…… / 072
71	Tenga la amabilidad de…	请您…… / 073
72	Tenga la bondad de…	请您……；劳驾…… / 074
73	Tenga la gentileza de…	请您…… / 075
74	Haga el favor de…	请您帮助我…… / 076
75	Te ruego…	我请求/恳求你…… / 077

目录 | Tabla de contenidos

76	Te quedaría muy agradecido si…	如果……，我将感激不尽 / 078
77	Te estoy muy agradecido…	我非常感谢你…… / 079
78	Mil gracias…	非常谢谢…… / 080
79	Un millón de gracias…	万分感激…… / 081
80	Sírvase…	请……；劳驾…… / 082
81	Me complacería…si…	如果……，我会很高兴 / 083
82	Debo agradecerte…	我应该感谢你…… / 084

PARTE 3 | 常用提问句的句型

83	¿Me puedes…?	你可以……我吗？/ 086
84	¿Cada cuánto tiempo…?	每隔多久的时间……？/ 087
85	¿Serías tan amable…?	你介意……吗？/ 088
86	¿Está bien si…?	如果……介意吗? / 089
87	¿Qué vas a…?	你将……什么? / 090
88	¿Cuánto cuesta/cuestan…?	……多少钱? / 091
89	¿Me permite…?	你允许我……? / 092
90	¿Qué estás…?	你在……什么? / 093
91	¿Necesito…?	我需要……? / 094
92	¿Puedes creer que…?	你相信……吗? / 095

93	¿Estás…?	你……，是吗？ / 096
94	¿Puedes…?	你能……？ / 097
95	¿Es este / esta…?	这是 / 这……？ / 098
96	¿Te fue bien…?	你……进行得好吗？ / 099
97	¿Te diste cuenta de…?	你有没有注意到……？ / 100
98	¿Te importa si…?	你介意……吗？ / 101
99	¿Cómo te está yendo…?	你……近来如何？ / 102
100	¿Terminaste de…?	你做完……了吗？ / 103
101	¿Viste si…?	你有没有看到……？ / 104
102	¿Alguna vez has…?	你是否（曾经）……？ / 105
103	¿Qué...te gusta?	你喜欢什么……？ / 106
104	¿Quién puede…?	有谁能够 / 可以……？ / 107
105	¿Quién quiere…?	谁想（愿意）……？ / 108
106	¿Qué tipo de…?	什么样（种类 / 类型）……？ / 109
107	¿Qué tal si…?	如果……怎么样？ / 110
108	¿Dónde…?	哪里……？ / 111
109	¿Qué te parece si…?	如果……，你觉得如何？ / 112
110	¿Qué tan…?	有多（这 / 那）么……；是如此……？ / 113
111	¿No sería mejor si…?	如果……岂不是更好？ / 114
112	¿Cuál…prefieres?	你比较喜欢哪个……？ / 115

目录 | Tabla de contenidos

113	¿Cuál es el / la mejor…	哪个……是最好的? / 116
114	¿Cuándo vas a…?	你打算什么时候……? / 117
115	¿Cuántos Cuántas…?	多少……? / 118
116	¿Cuánto tiempo hace que…?	……有多久? / 119
117	¿Por dónde…?	在(往)哪里? / 120
118	¿Te das cuenta…?	你是否意识(注意)到……? / 121
119	¿De quién es…?	这是谁的……? / 122
120	¿De qué color es / son…?	……是什么颜色? / 123
121	¿De dónde eres / es / son…?	……从哪里来? ……是哪里人? / 124
122	¿Tienes ganas de…?	你想……(做什么)……吗? / 125
123	¿Por qué no…?	为什么不……呢? / 126
124	¿Por qué…?	为什么……? / 127
125	¿Por qué estás tan…?	你为什么这么……? / 128
126	¿Por qué tienes…?	你为什么……? / 129
127	¿Estás seguro / a…?	你确定……吗? / 130
128	¿A qué hora…?	几点……? / 131
129	¿Cuánto queda…?	还剩下多少……? / 132
130	¿A quién…?	向谁……? 为谁……? / 133
131	¿Con quién…?	和谁……? / 134

132	¿Con qué…?	用什么……? / 135
133	¿Para qué…?	为什么……? / 136
134	¿Cuánto hay…(a-o/os-as)?	有多少……? / 137
135	¿Desde cuándo…?	从什么时候……? / 138
136	¿Hasta cuándo…?	直到什么时候……? / 139
137	¿Cómo puedo…?	我如何（可以）才能……? / 140
138	¿Cómo te llamas / se llama…?	你（您）叫什么名字? / 141
139	¿Cómo te fue ?	你……怎么样? / 142
140	¿Sería posible que…?	有没有可能……? / 143
141	¿Cuántas veces…?	多少次……? / 144
142	¿Tienes tiempo para…?	你有时间……? / 145

PARTE 4 ｜ 否定陈述句的句型

143	No puedo…	我不能……；我无法…… / 148
144	No quiero…	我不想……；我不希望…… / 149
145	No entiendo…	我不明白…… / 150
146	No pienso…	我不认为…… / 151
147	No conozco a…	我不认识…… / 152
148	No creo que…	我不会…… / 153

目录 | Tabla de contenidos

149	**No estoy…**	我不…… / 154
150	**No tengo…**	我没有…… / 155
151	**No necesito…**	我不需要…… / 156
152	**No me parece que…**	我不认为…… / 157
153	**No me importa que…**	我不在乎…… / 158
154	**No me gusta que…**	我不喜欢…… / 159
155	**No me imagino…**	我无法想象…… / 160
156	**No me atrevo a…**	我不敢…… / 161
157	**No me explico cómo…**	我不明白……怎么…… / 162
158	**No me digas que…**	你不要告诉我…… / 163
159	**No me deben…**	他们不应当…… / 164
160	**No voy a…**	我不会…… / 165
161	**No sé cómo…**	我不知道如何…… / 166
162	**No sé si…**	我不知道是否…… / 167
163	**No es tan fácil…**	不是那么容易…… / 168
164	**No te preocupes por…**	你不用为……担心…… / 169
165	**No te enojes con…**	你不要和……生气…… / 170
166	**No te atrevas a…**	你最好不要…… / 171
167	**No te vayas a…**	你最好不要…… / 172
168	**No se puede…**	不能（不要）…… / 173

169	**No logro…**	我无法…… / 174
170	**No hay que…**	不必…… / 175
171	**No sabía que…**	我不知道…… / 176
172	**No es bueno que…**	……不怎么好 / 177
173	**No es posible que…**	不可能…… / 178
174	**No es recomendable…**	不建议…… / 179
175	**No me queda más que…**	我没有选择的余地，只能…… / 180
176	**No es correcto que…**	……是不对的 / 181
177	**No te pongas…**	你没有必要…… / 182
178	**No puedo dejar de pensar en…**	我不能不想着…… / 183
179	**No puedo permitir que…**	我不允许…… / 184
180	**No dejes de…**	记得要继续…… / 185
181	**No vale la pena…**	不值得…… / 186
182	**No me di cuenta de que…**	我没有注意到…… / 187
183	**No soy capaz de…**	我办不到…… / 188
184	**No sigas…**	你不要继续…… / 189
185	**No puede ser que…**	不可能…… / 190
186	**Ni se te ocurra…**	你连想都不要想…… / 191
187	**No está bien que…**	……不太好 / 192
188	**No has sido…**	你没有…… / 193

目录 | Tabla de contenidos

| 189 | Es mejor que no… | 最好不要…… / 194 |
| 190 | Nunca he… | 我从来没有…… / 195 |

PARTE 5 | 表达意见和建议的句型

191	Te sugiero que…	我建议你…… / 198
192	Es mejor que…	最好（比较好）…… / 199
193	Pienso que…	我认为…… / 200
194	Necesitas…	你需要…… / 201
195	Para ser sincero…	坦白讲…… / 202
196	Seguramente…	无疑；极可能…… / 203
197	Es aconsejable que…	最好是…… / 204
198	Deberíamos…	我们应该…… / 205
199	Me gustaría…	我想要…… / 206
200	Yo que tú…	如果我是你的话…… / 207
201	Sería buena idea…	……这会是个好主意 / 208
202	Sería estupendo si…	如果……就太棒了 / 209
203	Propongo que…	我建议…… / 210
204	No te olvides de…	你不要忘了…… / 211
205	Permíteme que…	请（允许）我…… / 212

206	**Quizás…**	也许…… / 213
207	**Me sentiría mejor si…**	如果……我就会好过些…… / 214
208	**Podríamos…**	我们可以…… / 215
209	**Convendría que…**	……或许会比较好 / 216
210	**Sólo quería…**	我只是想…… / 217
211	**Por favor…**	请；劳驾；拜托…… / 218
212	**Va a ser mejor que…**	最好…… / 219
213	**Estoy convencido de que…**	我确信…… / 220
214	**Deberías apreciar…**	你应该感激…… / 221
215	**Prefiero…**	我宁愿…… / 222
216	**Deseo que…**	我希望…… / 223
217	**Dime si…**	告诉我，是否…… / 224
218	**Me encantaría…**	我非常想…… / 225
219	**Hazme saber si…**	让我知道……是否…… / 226
220	**Asegúrate de (que)…**	你务必要…… / 227

PARTE 6 ｜条件句（可能性）的句型

| 221 | **Si quieres…** | 如果你愿意，…… / 230 |
| 222 | **Si (yo) estuviera en tu lugar…** | 假如我处在你的情况下…… / 231 |

目录 | Tabla de contenidos

223	Si (yo) pudiera…	假如我可以…… / 232
224	Si no…	如果不…… / 233
225	Si (yo) tuviera…	如果我有…… / 234
226	Si llegaras a…	如果你碰巧…… / 235
227	Si tengo tiempo…	如果我有时间，将…… / 236
228	Si llueve…	如果下雨…… / 237
229	Si (yo) hubiese…	如果……我就…… / 238
230	Te…siempre que…	只要……你…… / 239
231	Voy a…siempre y cuando…	只要……我就会…… / 240
232	Si me dices que…	如果你告诉我…… / 241
233	Si tienes oportunidad…	如果你有机会…… / 242
234	Me gustaría…si…	如果……我想…… / 243
235	Me encantaría…si…	如果……我很想…… / 244
236	Sería interesante saber si…	都想知道…… / 245
237	Sería ideal si…	如果……就太理想了…… / 246
238	A lo mejor…	也许 / 可能…… / 247
239	Te ayudaría si…	我乐意帮你……如果…… / 248
240	A no ser que…	如果不……；除非…… / 249
241	…pero si…	……但如果…… / 250
242	De haber…	如果 / 假如…… / 251

PARTE 7 | 祈使句和感叹句的句型

243	¡Haz…!	做……！/ 254
244	!No me…!	不……我……！/ 255
245	¡No hagas…!	不要做……！/ 256
246	¡No te…!	（你）不要！/ 257
247	¡No me vengas a / con…!	（你）不要……我！/ 258
248	¡No te creas tan…!	（你）不要自以为是那么……！/ 259
249	¡No sigas…!	（你）不要继续……！/ 260
250	Se prohíbe…	禁止……！/ 261
251	¡Espera que…!	你等……！/ 262
252	¡Ven a…!	来……！/ 263
253	¡Vamos a…!	我们去……！/ 264
254	¡Dime…!	告诉我……！/ 265
255	¡Qué…!	多么……！/ 266
256	¡Cómo…!	多么 / 何等 / 如何……！/ 267
257	¡Cuánto / Cuánta…!	多少 / 多么……！/ 268
258	¡Cómo me…!	我是多么 / 何等 / 如何……！/ 269
259	¡Cuán…!	多么 / 何等……！/ 270

目录 | Tabla de contenidos

260	¡Es…!	是……! / 271
261	¡Eres…!	你是……! / 272
262	¡Cuidado con…!	谨防 / 当心……! / 273
263	¡Deja de…!	停止 / 不要……! / 274
264	¡Qué bien que…!	……好极了! / 275
265	¡Felicitaciones por…!	恭喜你……! / 276
266	¡Por fin…!	终于……! / 277

PARTE 8 | 比较级和最高级的句型

267	…más…que…	超过 / 比……更多…… / 280
268	…menos…que…	少于 / 不超过…… / 281
269	…tan…como…	……像……一样…… / 282
270	…tanto / tanta como…	……像……一样…… / 283
271	No hay mejor…que…	没有……比……更好 / 284
272	Este / Esta / Estos / Estas es / son el / la / los / las mejor(es)…de…	……较好（最好）…… / 285
273	Este / Esta es el / la peor…de…	这是……中较差的；这是……中最差的 / 286
274	Este / Esta / Estos / Estas… es / son el / la / los / las más…de…	这是……中最……的 / 287

275	Este / Esta / Estos / Estas… es / son el / la / los / las menos…de…	最不…… / 288
276	Tengo más…que…	我比……更 / 289
277	…es mucho más…que…	……比……得多 / 290
278	Ser / Estar…ísimo…	非常 / 极为 / 极其 / 291
279	…igual de…que…	……和……一样 / 292
280	Ser / Estar muy…	很 / 非常 / 十分 / 293

PARTE 9 ｜常用短语的句型

281	Tal vez…	也许 / 或许 / 296
282	Casi siempre…	通常 / 总是 / 297
283	A partir de hoy…	从今天开始 / 298
284	A propósito de…	关于 / 299
285	A veces…	有些时候 / 300
286	A menudo…	经常 / 时常 / 301
287	De inmediato…	马上 / 立即 / 302
288	De ninguna manera…	绝不 / 决不 / 303
289	De todas maneras…	无论如何 / 不管怎样 / 304
290	De repente…	突然间 / 305
291	De vez en cuando…	偶尔 / 有时 / 306

目录 | Tabla de contenidos

292	…de la noche a la mañana…	在一夜之间…… / 307
293	De pronto…	顿时 / 突然…… / 308
294	Cada vez…	越来越…… / 309
295	Al parecer…	似乎 / 显然…… / 310
296	Por lo general…	通常 / 平常 / 向来 / 一般…… / 311
297	…sin embargo…	然而 / 可是 / 不过…… / 312
298	A pesar de…	不管 / 尽管…… / 313
299	…en cambio…	相形之下 / 相反 / 反而…… / 314
300	No cabe duda…	毫无疑问…… / 315

西班牙语入门口语
句型大全

表达个人
情绪与看法
的句型

PARTE

001 | 表达个人情绪与看法的句型

Estoy feliz... 我很高兴/幸福……

Estar 是联系动词，不行使动作，表示说话人对人或事物处于某种暂时的状态、性质或条件等个人认知意识的表达。Estar 现在式动词变化：yo estoy / tú estás / él está / nosotros estamos / vosotros estáis / ellos están. 西班牙语一般都不需要写出主语代词［yo 我、tú 你、él-ella 他（她）、nosotros-as 我们（阴性 as）、vosotros-as 你们（阴性 as）、ellos-ellas 他（她）们］。Estoy feliz + 前置词 de / con + 动词原形或名词，表示"我很高兴……"。

PASO1　Top 必学句

01 | **Estoy feliz** de estar aquí.　　　　我很高兴在这里。
02 | **Estoy feliz** de estar contigo.　　　我很高兴和你在一起。
03 | **Estoy feliz** de tomar vacaciones.　我很高兴去度假。
04 | **Estoy feliz** de verte de nuevo.　　我很高兴再次见到你。
05 | **Estoy feliz** de aprobar el examen.　我很高兴通过考试。
06 | **Estoy feliz** de conocerte.　　　　我很高兴认识你。
07 | **Estoy feliz** con el regalo.　　　　我很喜欢我的礼物。
08 | **Estoy feliz** con mi nuevo trabajo.　我很满意我的新工作。
09 | **Estoy feliz** con tu visita.　　　　你的来访让我很高兴。
10 | **Estoy feliz** con mis notas.　　　　我对我的成绩感到满意。

补充
- ★03: vacaciones　名 假期
- ★05: examen　　名 考试
- ★07: regalo　　 名 礼物
- ★10: notas　　　名 成绩

PASO2　句子重组练习

01 | **Estoy feliz** pasar contigo. tiempo un de　　我很开心花时间和你相处。
02 | **Estoy feliz** vuelta de estar casa. en de　　我非常高兴能回到家。
03 | **Estoy feliz** palabras. con bonitas tus　　　你那美丽的言辞令我很开心。
04 | **Estoy feliz** nuevo con auto. mi　　　　　　我对我的新车感到满意。

解答
- ★01: Estoy feliz de pasar un tiempo contigo.
- ★02: Estoy feliz de estar de vuelta en casa.
- ★03: Estoy feliz con tus bonitas palabras.
- ★04: Estoy feliz con mi nuevo auto.

PASO3　应用篇

A: Hoy es tu cumpleaños.
B: Sí, estoy feliz con tantos regalos.
A: 今天是你的生日。
B: 是啊，我很高兴收到这么多的礼物。

Estoy contento... 我很高兴 / 愉快 / 满意……

002 | 表达个人情绪与看法的句型

Estoy contento + 前置词 de / con + 动词原形或名词，表示"我很高兴 / 愉快 / 满意……"。

PASO1 Top 必学句

01	**Estoy contento** de hablar contigo.	我很喜欢和你谈话。
02	**Estoy contento** con mi nueva ropa.	我很喜欢我的新衣服。
03	**Estoy contento** de ir al cine.	我很喜欢看电影。
04	**Estoy contento** con el libro.	我很喜欢这本书。
05	**Estoy contento** de viajar a Europa.	去欧洲旅行，我很高兴。
06	**Estoy contento** de que te cases.	你结婚，我很高兴。
07	**Estoy contento** con el trabajo.	我很满意这份工作。
08	**Estoy contento** con el nuevo puesto.	我很满意我的新职位。
09	**Estoy contento** con mi nueva casa.	我很满意我的新房子。
10	**Estoy contento** con la noticia.	这个消息让我很高兴。

补充
★02: ropa 名 衣服
★03: cine 名 电影院
★10: noticia 名 新闻

PASO2 句子重组练习

01	**Estoy contento** comportamiento. con tu	我对你的行为很满意。
02	**Estoy contento** premio. el con	我很高兴获奖。
03	**Estoy contento** con flores. las	我很喜欢这些花。

解答
★01: Estoy contento con tu comportamiento.
★02: Estoy contento con el premio.
★03: Estoy contento con las flores.

PASO3 应用篇

A: Hola Juan.

B: Hola Pedro. Estoy muy contento de verte.

A: Yo también estoy contento de verte.

A: 胡安，你好。

B: 佩德罗，你好。很高兴见到你。

A: 是啊，我也很高兴见到你。

Estoy preocupado por... 我很担心……

Estoy preocupado por + 动词原形或名词，表示"我很担心……"。

PASO1　Top 必学句

01 | **Estoy preocupado por** el robo.　我很担心被抢劫 / 被偷。
02 | **Estoy preocupado por** mis hijos.　我很担心我的孩子。
03 | **Estoy preocupado por** Juan.　我很担心胡安。
04 | **Estoy preocupado por** no encontrar trabajo.　我很担心找不到工作。
05 | **Estoy preocupado por** mi futuro.　我很担心我的未来。
06 | **Estoy preocupado por** ti.　我很担心你。
07 | **Estoy preocupado por** los niños.　我很担心孩子。
08 | **Estoy preocupado por** tu salud.　我很担心你的健康。
09 | **Estoy preocupado por** tus malas notas.　我很担心你的成绩不好。
10 | **Estoy preocupado por** la situación.　我很关心局势。

补充
★01：robo　[名] 抢劫/偷窃
★04：trabajo　[名] 工作
★05：futuro　[名] 未来

PASO2　句子重组练习

01 | **Estoy preocupado por** tener no dinero.　我担心没有钱。
02 | **Estoy preocupado por** empresa. mi　我很担心我的公司。
03 | **Estoy preocupado por** enfermedad. tu　我关心你的病情。
04 | **Estoy preocupado por** resultados. los　我很担心结果。
05 | **Estoy preocupado por** el mundial. terrorismo　我担心全球恐怖主义。

解答
★01：Estoy preocupado por no tener dinero.
★02：Estoy preocupado por mi empresa.
★03：Estoy preocupado por tu enfermedad.
★04：Estoy preocupado por los resultados.
★05：Estoy preocupado por el terrorismo mundial.

PASO3　应用篇

A: Hoy me siento mal.　　　A: 今天我感到不舒服。
B: Estoy preocupado por tu salud.　B: 我担心你的健康。

004 | 表达个人情绪与看法的句型

Estoy triste… 我很伤心……

Estoy triste + 前置词 por / con + 动词原形或名词，表示"我很伤心 / 遗憾……"。

PASO1　Top 必学句

01	**Estoy triste** por tu accidente.	你出了意外，我很难过。
02	**Estoy triste** por no poder ir.	不能去，我很难过。
03	**Estoy triste** por tu enfermedad.	你的病情让我难过。
04	**Estoy triste** por la muerte de José.	我对荷塞的去世感到非常难过。
05	**Estoy triste** con la separación.	分离让我感到非常伤心。
06	**Estoy triste** por no tener dinero.	我为没有钱而难过。
07	**Estoy triste** con tu carta.	你的信使我悲伤。
08	**Estoy triste** por la tragedia.	悲剧使我感到悲伤。
09	**Estoy triste** por terminar con mi novio.	跟男朋友分手，我感到非常难过。
10	**Estoy triste** con tu decisión.	你做的决定令我很伤心。

补充
- ★01: accidente 图 事故
- ★03: enfermedad 图 病
- ★05: separación 图 分离

PASO2　句子重组练习

01	**Estoy triste** catástrofe. la por	这场灾难令我非常伤心。
02	**Estoy triste** entender por no idioma. el	很遗憾，我不懂这门语言。
03	**Estoy triste** por bolso. mi perder	丢了包令我很伤心。
04	**Estoy triste** quebrar copa. la por	打碎玻璃杯，我很难过。
05	**Estoy triste** fiesta. ir no por tu a	我很遗憾，没参加你的派对。

解答
- ★01: Estoy triste por la catástrofe.
- ★02: Estoy triste por no entender el idioma.
- ★03: Estoy triste por perder mi bolso.
- ★04: Estoy triste por quebrar la copa.
- ★05: Estoy triste por no ir a tu fiesta.

PASO3　应用篇

A：¿Qué te pasa?
B：Estoy triste por la muerte de mi amigo.
A：你怎么了？
B：我为朋友的去世感到悲伤。

005 | 表达个人情绪与看法的句型

Estoy loco por...
我特别喜爱 / 着迷（某人、某物）……

Estoy loco por + 动词原形或名词，表示"我特别喜爱 / 着迷（某人、某物）……"，或"为某事而疯狂"。

PASO 1　Top 必学句

01	**Estoy loco por** ti.	我为你疯狂。
02	**Estoy loco por** ir a Holanda.	我特别想去荷兰。
03	**Estoy loco por** conocerte.	我特别想认识你。
04	**Estoy loco por** salir contigo.	我好想和你一块出去。
05	**Estoy loco por** el flamenco.	我痴迷于弗朗明哥舞。
06	**Estoy loco por** bailar tango.	我痴迷于跳探戈。
07	**Estoy loco por** una cerveza.	我非常喜欢喝啤酒。
08	**Estoy loco por** volver a verte.	我疯狂地想再看到你。
09	**Estoy loco por** besarte.	我非常想亲你。
10	**Estoy loco por** comer arroz frito.	我特别爱吃炒饭。

补充
- ★05：flamenco　图 弗朗明哥舞
- ★06：tango　图 探戈
- ★07：cerveza　图 啤酒

PASO 2　句子重组练习

01	**Estoy loco por** película. esa ver	我非常想去看那部电影。
02	**Estoy loco por** comida. tu probar	我非常想品尝你的食物。
03	**Estoy loco por** a Italia. Ir	我疯狂地想去意大利。
04	**Estoy loco por** arte. libros de los	我非常喜欢艺术书籍。

解答
- ★01：Estoy loco por ver esa película.
- ★02：Estoy loco por probar tu comida.
- ★03：Estoy loco por ir a Italia.
- ★04：Estoy loco por los libros de arte.

PASO 3　应用篇

A: Cariño, ¿qué quieres cenar hoy?
B: Estoy loco por comer mariscos.
A: 亲爱的，晚餐你想吃什么？
B: 我超级想吃海鲜。

006 | 表达个人情绪与看法的句型

Estoy ansioso... 我焦急/渴望……

Estoy ansioso + 前置词 por / de + 动词原形、名词或代词，表示"我焦急/渴望……"。

PASO1 Top 必学句

01 | **Estoy ansioso** por verte.　　　　我急盼见到你。
02 | **Estoy ansioso** por aprobar el examen.　我渴望通过考试。
03 | **Estoy ansioso** por conocerte.　　我渴望认识你。
04 | **Estoy ansioso** por conocer a Enrique.　我急盼认识安立奎。
05 | **Estoy ansioso** por conocer los resultados.　我急切想知道结果。
06 | **Estoy ansioso** por encontrar otro trabajo.　我渴望找另一份工作。
07 | **Estoy ansioso** por aprender inglés.　我渴望学英语。
08 | **Estoy ansioso** de tener vacaciones.　我急盼假期到来。
09 | **Estoy ansioso** de llegar a casa.　　我焦急地想回家。
10 | **Estoy ansioso** por jugar al tenis.　我渴望打网球。

补充
★03: conocer　动 认识；了解
★05: resultado　名 结果；成果
★10: tenis　名 网球

PASO2 句子重组练习

01 | **Estoy ansioso** tu ir casa. por a　我渴望去你家。
02 | **Estoy ansioso** cita. la llegar a de　我急切地想去约会。
03 | **Estoy ansioso** unas tomarme por vacaciones.　我渴望去度假。
04 | **Estoy ansioso** llegue de viernes. el que　我急盼星期五的到来。
05 | **Estoy ansioso** música. tu escuchar de　我渴望听你的音乐。

解答
★01: Estoy ansioso por ir a tu casa.
★02: Estoy ansioso de llegar a la cita.
★03: Estoy ansioso por tomarme unas vacaciones.
★04: Estoy ansioso de que llegue el viernes.
★05: Estoy ansioso de escuchar tu música.

PASO3 应用篇

A：¿Sabes los resultados de los exámenes?
B：No, aún no. **Estoy ansioso** por saberlos.
A：你知道考试的结果吗？
B：不，还没有。我急切想知道。

007 | 表达个人情绪与看法的句型

Estoy interesado en… 我对……有兴趣

Estoy interesado + 前置词 en（在……方面）+ 动词原形或名词，表示"我对……有兴趣"。

PASO1　Top 必学句

01	**Estoy interesado en** el libro.	我对看书有兴趣。
02	**Estoy interesado en** el programa.	我对这个节目感兴趣。
03	**Estoy interesado en** la clase.	我对上课有兴趣。
04	**Estoy interesado en** los idiomas.	我对语言有兴趣。
05	**Estoy interesado en** el cine.	我对电影有兴趣。
06	**Estoy interesado en** la música.	我对音乐有兴趣。
07	**Estoy interesado en** el deporte.	我对运动有兴趣。
08	**Estoy interesado en** el trabajo.	我对工作有兴趣。
09	**Estoy interesado en** la cocina.	我对烹饪有兴趣。
10	**Estoy interesado en** el juego.	我对游戏有兴趣。

补充
- ★02：programa　名 节目；应用程序
- ★10：juego　名 玩；玩耍；游戏

PASO2　句子重组练习

01	**Estoy interesado en**　atletismo. el	我对田径感兴趣。
02	**Estoy interesado en**　política. la	我对政治感兴趣。
03	**Estoy interesado en**　viajes. los	我对旅行感兴趣。
04	**Estoy interesado en**　película. esta	我对这部电影感兴趣。
05	**Estoy interesado en**　Perú. ir a	我对去秘鲁充满兴趣。

解答
- ★01：Estoy interesado en el atletismo.
- ★02：Estoy interesado en la política.
- ★03：Estoy interesado en los viajes.
- ★04：Estoy interesado en esta película.
- ★05：Estoy interesado en ir a Perú.

PASO3　应用篇

A：¿Quieres aprender a esquiar?
B：No. Estoy más interesado en nadar.

A：想学滑雪吗？
B：不，我更感兴趣的是游泳。

008 | 表达个人情绪与看法的句型

Estoy cansado de... 我累 / 厌倦了……

Cansado（形）疲累的，Estoy cansado 形容"我是"处在某种"疲累的"状态。Estoy cansado de + 动词原形或名词，表示"我累 / 厌倦了……"。

PASO1　Top 必学句

01	**Estoy cansado de** este trabajo.	我厌倦了工作。
02	**Estoy cansado de** estudiar.	我厌倦了学习。
03	**Estoy cansado de** hablar.	我厌倦了说话。
04	**Estoy cansado de** caminar.	我走累了。
05	**Estoy cansado de** llamarte.	我已厌倦了打电话给你。
06	**Estoy cansado de** correr.	我跑累了。
07	**Estoy cansado de** ver tele.	我厌倦了看电视。
08	**Estoy cansado de** hacer deporte.	我厌倦了做运动。
09	**Estoy cansado de** ti.	我对你已经厌倦了。
10	**Estoy cansado de** escuchar música.	我已厌倦了听音乐。

补充
- ★04： caminar　动 走；步行
- ★06： correr　动 跑；弄
- ★10： escuchar　动 听

PASO2　句子重组练习

01	**Estoy cansado de** ir museo. al	我厌倦了去博物馆。
02	**Estoy cansado de** clase. la	我厌倦了去上课。
03	**Estoy cansado de** contigo. vivir	我厌倦了与你生活。

解答
- ★01： Estoy cansado de ir al museo.
- ★02： Estoy cansado de la clase.
- ★03： Estoy cansado de vivir contigo.

PASO3　应用篇

A： ¿Podrías ponerte los zapatos, por favor?

B： Ya, ya…

A： Estoy cansado de repetirte lo mismo.

A： 你可以把鞋子穿上吗？

B： 好，好……

A： 我受不了一再重复跟你说同样的事。

009 | 表达个人情绪与看法的句型

Estoy incómodo con…
……让我感到不舒服

incómodo（形）不舒服的，Estoy incómodo，形容"我是"处在某种"不舒服的"状态。Estoy incómodo + 前置词 con（由于）+ 动词原形或名词，表示"……让我感到不舒服"。

PASO1　Top 必学句

01	**Estoy incómodo con** las gafas.	眼镜让我不舒服。
02	**Estoy incómodo con** la camisa.	衬衫让我不舒服。
03	**Estoy incómodo con** el programa.	（电视）节目让我不舒服。
04	**Estoy incómodo con** el trabajo.	工作让我不舒服。
05	**Estoy incómodo con** la conversación.	谈话让我不舒服。
06	**Estoy incómodo con** tanta gente.	有这么多人，我感到不自在。
07	**Estoy incómodo con** tu presencia.	你在场让我不舒服。
08	**Estoy incómodo con** tu silencio.	你的沉默令我不舒服。
09	**Estoy incómodo con** la visita.	这次拜访让我不舒服。
10	**Estoy incómodo con** la ropa.	衣服让我不舒服。

补充
- ★01：gafas（名）框架眼镜
- ★06：gente（名）人
- ★07：presencia（名）出现；在场

PASO2　句子重组练习

01	**Estoy incómodo con**　extraña. gente	和陌生人在一起时，我感到不自在。
02	**Estoy incómodo con**　ruido. el	噪声令我不舒服。
03	**Estoy incómodo con**　mentiras. tus	你的谎言令我不舒服。
04	**Estoy incómodo con**　niños. tantos	有那么多孩子在，令我很不自在。

解答
- ★01：Estoy incómodo con gente extraña.
- ★02：Estoy incómodo con el ruido.
- ★03：Estoy incómodo con tus mentiras.
- ★04：Estoy incómodo con tantos niños.

PASO3　应用篇

A：¿Por qué te sacaste los guantes, María?
B：Porque me quedan pequeños y estoy incómodoo con ellos.

A：你为什么脱掉手套，玛丽亚？
B：因为它们对我来说都太小了，戴起来很不舒服。

Estoy enfermo de... 我很讨厌……

Estoy enfermo + 前置词 de（表示涉及的事物）+ 动词原形或名词，表示"我很讨厌……"。

PASO1　Top 必学句

01 | **Estoy enfermo de** escucharte. 　　我很讨厌听你说话。
02 | **Estoy enfermo de** verte. 　　我很讨厌看到你。
03 | **Estoy enfermo de** tu hipocresía. 　　我厌恶你的虚伪。
04 | **Estoy enfermo de** tus malos modales. 　　我厌恶你没礼貌的行为。
05 | **Estoy enfermo de** tu egoísmo. 　　我很讨厌你的自私行为。
06 | **Estoy enfermo de** tu comportamiento. 　　我厌恶你的态度。
07 | **Estoy enfermo de** tu pereza. 　　我受不了你的懒惰。
08 | **Estoy enfermo de** la polución. 　　我受不了空气污染。
09 | **Estoy enfermo de** tu codicia. 　　我很讨厌你的贪婪。
10 | **Estoy enfermo de** tu desorden. 　　我很讨厌你的杂乱无章。

补充
★03：hipocresía 图 虚伪
★04：modales 图 举止；仪态
★05：egoísmo 图 自私自利；利己主义

PASO2　句子重组练习

01 | **Estoy enfermo de**　suciedad.　la 　　我很讨厌脏。
02 | **Estoy enfermo del**　embotellamiento ciudad.　de la 　　我受不了这个城市的交通堵塞。
03 | **Estoy enfermo de**　desvergüenza.　tu 　　我讨厌你的厚颜无耻。
04 | **Estoy enfermo de**　gente.　los rumores la de 　　我受不了人们的谣言。
05 | **Estoy enfermo de**　espera.　tanta 　　我受不了等那么久。

解答
★01：Estoy enfermo de la suciedad.
★02：Estoy enfermo de embotellamiento de la ciudad.
★03：Estoy enfermo de tu desvergüenza.
★04：Estoy enfermo de los rumores de la gente.
★05：Estoy enfermo de tanta espera.

PASO3　应用篇

A：Te noto muy enfadado hoy.
B：Sí, estoy enfermo de la manera de ser de Victoria.
A：我发现你今天很生气。
B：是啊，我受不了维多利亚的行为举止。

011 ｜ 表达个人情绪与看法的句型

Estoy furioso con... 我很愤怒……

前置词连用：con 和 mí, ti, si 连用时变成 conmigo, contigo, consigo。Estoy furioso + 前置词 con + 动词原形或名词，表示"我很愤怒……"。

PASO1　Top 必学句

01	**Estoy furioso con**tigo.	我对你很生气。
02	**Estoy furioso con** Patricio.	巴提修让我非常生气。
03	**Estoy furioso con** el profesor.	老师让我很生气。
04	**Estoy furioso con** el médico.	医生让我火冒三丈。
05	**Estoy furioso con** el empleado del banco.	银行职员惹怒了我。
06	**Estoy furioso con** la nueva ley.	我对新法律感到愤怒。
07	**Estoy furioso con**migo mismo.	我讨厌我自己。
08	**Estoy furioso con** el veterinario de mi perro.	我家狗的兽医惹火了我。
09	**Estoy furioso con** tu comportamiento.	我对你的行为感到愤怒。
10	**Estoy furioso con** su actitud.	他的态度让我大怒。

补充
- ★03: profesor 名 教师
- ★04: médico 名 医生
- ★05: banco 名 银行
- ★08: veterinario 名 兽医

PASO2　句子重组练习

01	**Estoy furioso con**　hija.　mi	我的女儿令我愤怒。
02	**Estoy furioso con**　carta.　tu	你的信惹火了我。
03	**Estoy furioso con**　Maggie.　la de fastidiosa	讨厌的玛姬惹火了我。

解答
- ★01: Estoy furioso con mi hija.
- ★02: Estoy furioso con tu carta.
- ★03: Estoy furioso con la fastidiosa de Maggie.

PASO3　应用篇

A：Juan, hoy me llamó tu profesor.

B：¿Por qué?

A：Por tus malas calificaciones. Estoy furioso contigo.

A：胡安，你的老师今天打电话给我了。

B：为什么呢？

A：为了你的烂成绩。我对你非常生气。

Estoy asustado por / con / de …
我害怕……

Estoy asustado + 前置词 por / con / de + 动词原形或名词，表示"我害怕……"。

PASO 1　Top 必学句

01 | **Estoy asustado** con las arañas. 　　我怕蜘蛛。
02 | **Estoy asustado** con el tratamiento. 　　我害怕治疗。
03 | **Estoy asustado** con la noticia. 　　这个消息令我害怕。
04 | **Estoy asustado** de ir al hospital. 　　我害怕去医院。
05 | **Estoy asustado** por la enfermedad de mi madre. 　　母亲的病让我害怕。
06 | **Estoy asustado** por lo que pueda pasar. 　　我害怕可能发生的事。
07 | **Estoy asustado** con frecuentes terremotos. 　　我害怕频繁地震。
08 | **Estoy asustado** de perder mi dinero. 　　我怕丢钱。
09 | **Estoy asustado** de caminar a oscuras. 　　我怕在黑暗中行走。

补充
★02: tratamiento　名 治疗
★05: enfermedad　名 疾病
★08: perder　动 失去

PASO 2　句子重组练习

01 | **Estoy asustado** pandilleros la en con calle. tantos 　　街上有这么多坏人，令我害怕。
02 | **Estoy asustado** trabajo. de tener no 　　我怕没有工作。
03 | **Estoy asustado** guerra. la con 　　我怕战争。
04 | **Estoy asustado** avión. en viajar de 　　我害怕坐飞机。

解答
★01: Estoy asustado con tantos pandilleros en la calle.
★02: Estoy asustado de no tener trabajo.
★03: Estoy asustado con la guerra.
★04: Estoy asustado de viajar en avión.

PASO 3　应用篇

A：Voy de compras esta tarde.
B：No lleves tanto dinero en tu bolso cuando salgas.
A：Sí, yo también estoy asustado de perderlo.

B：今天下午我要去逛街。
A：当你出门时，不要放太多的钱在皮包。
A：是啊，我也怕丢钱。

013 | 表达个人情绪与看法的句型

Estoy aburrido de...
我感到无聊 / 厌倦……

Estoy aburrido + 前置词 de + 动词原形或名词，表示"我感到无聊 / 厌倦……"。

PASO 1　Top 必学句

01 | **Estoy aburrido de** ver las noticias.　看新闻让我觉得好无聊。
02 | **Estoy aburrido de** leer este libro.　读这本书令我感到厌烦。
03 | **Estoy aburrido de** seguir trabajando aquí.　我觉得继续在这里工作很无趣。
04 | **Estoy aburrido de** hablar contigo.　我觉得跟你谈话好无聊。
05 | **Estoy aburrido de** la película.　我觉得电影很无聊。
06 | **Estoy aburrido de** ir al concierto.　去听音乐会使我觉得好无趣。
07 | **Estoy aburrido de** estar aquí.　待在这里使我感到好无聊。
08 | **Estoy aburrido de** ver televisión.　我觉得看电视好无聊。
09 | **Estoy aburrido de** estar solo.　我觉得独处真无趣。
10 | **Estoy aburrido de** ponerme la misma ropa.　我已厌倦穿同样的衣服。

补充
★05: película [名] 电影
★06: concierto [名] 音乐会
★10: ropa [名] 服装；衣服

PASO 2　句子重组练习

01 | **Estoy aburrido de**　inglés.　aprender　我已厌倦学英语。
02 | **Estoy aburrido de**　juego.　este　这个游戏令我觉得很无聊。
03 | **Estoy aburrido de**　ajedrez.　jugar　al　我觉得下棋很无聊。
04 | **Estoy aburrido de**　románticas.　escuchar　canciones　我已厌倦听浪漫的歌曲。
05 | **Estoy aburrido de**　diaria.　rutina　la　我已厌倦千篇一律的生活。

解答
★01: Estoy aburrido de aprender inglés.
★02: Estoy aburrido de este juego.
★03: Estoy aburrido de jugar al ajedrez.
★04: Estoy aburrido de escuchar canciones románticas.
★05: Estoy aburrido de la rutina diaria.

PASO 3　应用篇

A: ¿Qué te pasa, Julio?
B: **Estoy aburrido de** hacer el mismo trabajo todos los días.

A: 怎么了，胡里欧?
B: 每天做同样的工作，我觉得好无聊。

Estoy realmente… 我真的……

Estoy realmente 描述身体、情绪或是非状态等。Estoy + 副词（realmente）+ 形容词或介词短语表示"我真的……"。

PASO 1   Top 必学句

01	**Estoy realmente** cansado contigo.	我真的厌倦了你。
02	**Estoy realmente** aburrido con la conversación.	谈话真让我厌烦。
03	**Estoy realmente** hambriento.	我真的饿了。
04	**Estoy realmente** contento de estar aquí.	我真的很高兴能来这里。
05	**Estoy realmente** gordo.	我真的很胖。
06	**Estoy realmente** delgado.	我真的很瘦。
07	**Estoy realmente** enfermo.	我真的病了。
08	**Estoy realmente** perdido en esta ciudad.	在这个城市，我真的迷路了。
09	**Estoy realmente** loco.	我真的疯了。
10	**Estoy realmente** asustado en esta casa.	我真的怕待在这所房子里。

补充
★03：hambriento [形] 饥饿的
★05：gordo [形] 胖的
★06：delgado [形] 瘦的
★10：asustado [形] 害怕的

PASO 2   句子重组练习

01	**Estoy realmente** verte. de nervioso	见你真的让我很紧张。
02	**Estoy realmente** película. ansioso la ver de	我真的好想看那部电影。
03	**Estoy realmente** noticia. con alegre la	这个消息真的让我很高兴。
04	**Estoy realmente** libro. interesado en el	我对这本书真的很感兴趣。
05	**Estoy realmente** contigo. enfadado	我真的对你很生气。

解答
★01：Estoy realmente nervioso de verte.
★02：Estoy realmente ansioso de ver la película.
★03：Estoy realmente alegre con la noticia.
★04：Estoy realmente interesado en el libro.
★05：Estoy realmente enfadado contigo.

PASO 3   应用篇

A：Luis, ¿me quieres?
B：Sí, cariño. Estoy realmente enamorado de ti.

A：路易士，你爱我吗？
B：是啊，亲爱的。我真的好爱你。

015 | 表达个人情绪与看法的句型

Estoy desesperado por… 我急于……

Estoy desesperado + 前置词 por + 动词原形或名词，表示"我急于"。

PASO1 Top 必学句

01	**Estoy desesperado por** salir de aquí.	我急于离开这里。
02	**Estoy desesperado por** irme a casa.	我迫不及待地想回家。
03	**Estoy desesperado por** verte de nuevo.	我迫不及待地想再次见到你。
04	**Estoy desesperado por** volver a mi país.	我急切地想回到我的祖国。
05	**Estoy desesperado por** encontrar trabajo.	我急切地想找到工作。
06	**Estoy desesperado por** solucionar el problema.	我急着想解决这个问题。
07	**Estoy desesperado por** casarme con Elena.	我急着想娶爱琳。
08	**Estoy desesperado por** comprarme una casa.	我急于想买房子。
09	**Estoy desesperado por** vender mi coche.	我急于想卖掉我的汽车。
10	**Estoy desesperado por** estudiar japonés.	我急着想学日语。

补充
- ★04： país　名 国家
- ★06： solucionar　动 解决
- ★07： casarse　动 结婚

PASO2 句子重组练习

01	**Estoy desesperado por**　paella.　una comerme	我急着想吃西班牙海鲜饭。
02	**Estoy desesperado por**　francés.　aprender	我急着想学法语。
03	**Estoy desesperado por**　copa　de tomarme　una　vino.	我急切地想喝一杯酒。
04	**Estoy desesperado por**　contigo.　salir	我迫不及待地想和你一起出去玩。

解答
- ★01： Estoy desesperado por comerme una paella.
- ★02： Estoy desesperado por aprender francés.
- ★03： Estoy desesperado por tomarme una copa de vino.
- ★04： Estoy desesperado por salir contigo.

PASO3 应用篇

A： Hay mucha gente aquí.

B： Sí. **Estoy desesperado por** quedar solo.

A： 有很多人在这里。

B： 是啊，我渴望独处。

016 ｜ 表达个人情绪与看法的句型

Tengo ganas de... 我很想……

Tengo ganas + 前置词 de + 动词原形，表示"我很想……"。

PASO1 Top 必学句

01	**Tengo ganas de** comer tortilla de patatas.	我很想吃马铃薯煎蛋饼。
02	**Tengo ganas de** ir al concierto.	我很想去听音乐会。
03	**Tengo ganas de** ir al cine.	我好想去看电影。
04	**Tengo ganas de** hacer deporte.	我好想去运动。
05	**Tengo ganas de** verte.	我好想看到你。
06	**Tengo ganas de** tomarme vacaciones.	我好想去度假。
07	**Tengo ganas de** leer un buen libro.	我很想读一本好书。
08	**Tengo ganas de** tomarme una cerveza.	我好想喝一杯啤酒。
09	**Tengo ganas de** tener un nuevo coche.	我好想有一辆新车。

补充
- ★01: tortilla 名 煎蛋饼
- ★04: deporte 名 运动
- ★07: leer 名 念；读

PASO2 句子重组练习

01	**Tengo ganas de** ganar dinero. más	我很想赚更多的钱。
02	**Tengo ganas de** contigo. hablar	我好想同你谈话。
03	**Tengo ganas de** sur. viajar al	我好想去南部旅行。
04	**Tengo ganas de** buena ver película. una	我很想去看一部好电影。
05	**Tengo ganas de** mejor. conocerte	我好想进一步认识你。

解答
- ★01: Tengo ganas de ganar más dinero.
- ★02: Tengo ganas de hablar contigo.
- ★03: Tengo ganas de viajar al sur.
- ★04: Tengo ganas de ver una buena película.
- ★05: Tengo ganas de conocerte mejor.

PASO3 应用篇

A: Natalia, ¿quieres cenar conmigo esta noche?
B: Sí, claro! **Tengo ganas de** comer comida italiana hoy.
A: 纳塔利，今晚愿意和我共进晚餐吗？
B: 好啊，当然！今天我好想吃意大利料理。

017 | 表达个人情绪与看法的句型

Tengo miedo de... 我害怕/担心……

Tengo miedo + 前置词 de（表示涉及的事物）+ 动词原形或名词，表示"我害怕/担心……"。

PASO1　Top 必学句

01	**Tengo miedo de** los fantasmas.	我怕鬼。
02	**Tengo miedo de** la oscuridad.	我怕黑。
03	**Tengo miedo de** estar solo.	我害怕孤独。
04	**Tengo miedo de** no aprobar mi examen.	我怕没通过考试。
05	**Tengo miedo de** no pasar el curso.	我怕没通过进阶考试。
06	**Tengo miedo de** perder mi trabajo.	我怕失去工作。
07	**Tengo miedo de** enfermarme.	我怕生病。
08	**Tengo miedo de** mi padre.	我怕我父亲。
09	**Tengo miedo de** montar en moto.	我怕骑摩托车。
10	**Tengo miedo de** salir de noche.	晚上我不敢出门。

补充
- ★01: fantasma　[名] 鬼
- ★02: oscuridad　[名] 黑暗
- ★05: curso　[名] 课程；学年

PASO2　句子重组练习

01	**Tengo miedo de** tormenta. la	我怕暴风雨。
02	**Tengo miedo de** ahogarme.	我怕溺水。
03	**Tengo miedo de** la. altura.	我怕高。
04	**Tengo miedo de** soledad. la	我害怕孤独。

解答
- ★01: Tengo miedo de la tormenta.
- ★02: Tengo miedo de ahogarme.
- ★03: Tengo miedo de la altura.
- ★04: Tengo miedo de la soledad.

PASO3　应用篇

A: No quiero ir al cine hoy.
B: ¿Por qué?
A: Tengo miedo de las películas de terror.

A：我今天不想去看电影。
B：为什么呢？
A：我怕看恐怖电影。

018 | 表达个人情绪与看法的句型

Me encanta… 我非常喜欢/着迷……

Me encanta + 名词或动词原形，表示"我非常喜欢/着迷……"。

PASO1　Top 必学句

01	**Me encanta** el chocolate.	我非常喜欢吃巧克力。
02	**Me encanta** el pastel de fresas.	我爱吃草莓蛋糕。
03	**Me encanta** la fruta.	我非常喜欢吃水果。
04	**Me encanta** el deporte.	我热爱运动。
05	**Me encanta** el cine.	我非常喜欢看电影。
06	**Me encanta** el libro.	我非常喜欢这本书。
07	**Me encanta** la chica.	我非常喜欢这个女孩。
08	**Me encanta** el coche.	我非常喜欢这辆车。
09	**Me encanta** la casa.	我非常喜欢这栋房子。
10	**Me encanta** el regalo.	我很喜欢这个礼物。

补充
- ★02: fresa　名 草莓
- ★07: chica　名 女孩
- ★08: coche　名 汽车

PASO2　句子重组练习

01	**Me encanta** tenis. el	我非常喜欢打网球。
02	**Me encanta** ciudad. la	我很喜欢这座城市。
03	**Me encanta** música la clásica.	我对古典音乐着迷。
04	**Me encanta** nuevo el sofá.	我很喜欢新的沙发。
05	**Me encanta** playa. la	我非常喜欢海滩。

解答
- ★01: Me encanta el tenis.
- ★02: Me encanta la ciudad.
- ★03: Me encanta la música clásica.
- ★04: Me encanta el nuevo sofá.
- ★05: Me encanta la playa.

PASO3　应用篇

A: Susana va a preparar sushi esta noche.
B: Ah, ¡qué bien! ¡Me encanta la comida japonesa!
A: 苏珊娜今晚将准备寿司。
B: 啊，太好了！我超爱吃日本料理！

019 | 表达个人情绪与看法的句型

Siento orgullo de...
我感到自豪／骄傲／光荣……

Siento orgullo de（动词短语）+ 动词原形或名词，表示"我感到自豪／骄傲／光荣……"。

PASO 1　Top 必学句

01 | **Siento orgullo de** mis hijos.　我为我的孩子感到骄傲。
02 | **Siento orgullo de** mi familia.　我为我的家人感到骄傲。
03 | **Siento orgullo de** estudiar en esta escuela.　能在这所学校学习，我感到光荣。
04 | **Siento orgullo de** poder ayudarte.　能帮助你，我感到十分荣幸。
05 | **Siento orgullo de** terminar mi tesis.　我很自豪完成了我的论文。
06 | **Siento orgullo de** escribir un libro.　我很自豪能写一本书。
07 | **Siento orgullo de** ser tu hermano.　身为你的兄弟，我感到光荣。
08 | **Siento orgullo de** hablar idiomas extranjeros.　能说外语，我很自豪。
09 | **Siento orgullo de** ganar el partido.　能赢得比赛，我感到骄傲。
10 | **Siento orgullo de** ser educador.　我以身为教育工作者而自豪。

补充
★02：familia　图 家庭
★06：libro　图 书
★07：hermano　图 兄弟
★08：idioma　图 语言

PASO 2　句子重组练习

01 | **Siento orgullo de** trabajar bien.　我很自豪做好我的工作。
02 | **Siento orgullo de** premio. el ganar　我很骄傲赢得该奖项。
03 | **Siento orgullo de** casa. comprar esta　我很自豪买了这间房子。
04 | **Siento orgullo de** honesto. ser　我很自豪能做个正直的人。
05 | **Siento orgullo de** la estar en televisión.　我很自豪能上电视。

解答
★01：Siento orgullo de trabajar bien.
★02：Siento orgullo de ganar el premio.
★03：Siento orgullo de comprar esta casa.
★04：Siento orgullo de ser honesto.
★05：Siento orgullo de estar en la televisión.

PASO 3　应用篇

A: Has hecho un buen trabajo, Enrique.
B: Gracias. Siento orgullo de mi mismo.
A: 安立奎，你把工作做得很好。
B: 谢谢。我为自己感到骄傲。

020 | 表达个人情绪与看法的句型

Siento vergüenza de... ……使我感到羞愧

Dar / sentir vergüenza（动词短语），羞愧 / 羞辱。Siento vergüenza + 前置词 de（表示涉及的事物）+ 动词原形或名词，表示"……使我感到羞愧"。

PASO 1　Top 必学句

01	**Siento vergüenza de** tu actitud.	你的态度使我感到羞耻。
02	**Siento vergüenza de** la mala educación de mi hijo.	我儿子的无礼行为使我感到惭愧。
03	**Siento vergüenza de** ser egoísta.	我为我的自私行为感到羞愧。
04	**Siento vergüenza de** ser tan perezoso.	我为自己的懒惰感到惭愧。
05	**Siento vergüenza de** hacer tantos errores.	犯了这么多错误，我感到羞愧。
06	**Siento vergüenza de** insultarte en público.	我很惭愧在公众面前侮辱你。
07	**Siento vergüenza de** la conducta de Elena.	爱琳娜的行为使我感到羞愧。
08	**Siento vergüenza de** mentirte.	对你撒谎使我感到极其羞愧。
09	**Siento vergüenza de** llorar.	哭泣使我感到羞愧。
10	**Siento vergüenza de** traicionar a mi amigo.	背叛了我的朋友令我无地自容。

补充
- ★04: perezoso [形] 懒惰
- ★05: errore [名] 错误
- ★10: traicionar [动] 背叛

PASO 2　句子重组练习

01	**Siento vergüenza de** verdad. decirte la no	我很惭愧没跟你说实话。
02	**Siento vergüenza de** novio. ex ver a volver a mi	我羞于再次见到我的男朋友。
03	**Siento vergüenza de** copiar examen. el en	考试作弊使我无地自容。

解答
- ★01: Siento vergüenza de no decirte la verdad.
- ★02: Siento vergüenza de volver a ver a mi ex-novio.
- ★03: Siento vergüenza de haber hecho trampa en el examen.

PASO 3　应用篇

A: ¿Sabes que ayer fue el cumpleaños de Sara?
B: Lo sé. Siento vergüenza de no haberle regalado nada.
A: 你知道昨天是莎拉的生日吗？
B: 是的，我知道。我很惭愧什么礼物也没送给她。

021 | 表达个人情绪与看法的句型

Me duele... ……使（我）难过 / 感到痛

Me 是我（yo）的与格代词。Me duele + 名词，表示"……使（我）难过 / 感到痛"。

PASO 1　Top 必学句

01	**Me duele** la cabeza.	我头疼。
02	**Me duele** la espalda.	我背疼。
03	**Me duele** el cuerpo.	我全身酸痛。
04	**Me duele** la pierna.	我的腿疼。
05	**Me duele** la mano derecha.	我的右手疼。
06	**Me duele** la inyección.	打针很疼。
07	**Me duele** tu indiferencia.	你的冷漠让我心痛。
08	**Me duele** tu acción.	你的行为让我难过。
09	**Me duele** tu comentario.	你的评论让我难过。
10	**Me duele** la injusticia.	不公平让我难过。

补充
- ★01：cabeza 名 头
- ★02：espalda 名 背部
- ★04：pierna 名 腿
- ★06：inyección 名 注射

PASO 2　句子重组练习

01	**Me duele** insulto el de Sofía.	索菲亚的辱骂让我难过。
02	**Me duele** oido el izquierdo.	我的左耳疼。
03	**Me duele** enfermo. niño ver al	看到孩子生病，我好心疼。
04	**Me duele** estómago. el	我肚子疼。
05	**Me duele** llorar. verte	看到你哭，我好难过。

解答
- ★01：Me duele el insulto de Sofía.
- ★02：Me duele el oido izquierdo.
- ★03：Me duele ver al niño enfermo.
- ★04：Me duele el estómago
- ★05：Me duele verte llorar.

PASO 3　应用篇

A：¿Estás enfermo?
B：Sí, me duele la garganta.
A：你生病了？
B：是的，我喉咙痛。

Tengo rabia... 我感到气恼/愤怒……

Tener rabia（动词短语）恼火；气恼。Tengo rabia + 前置词 de + 动词原形或名词或 de que + 变位动词，表示"我感到气恼/愤怒……"。

PASO 1　Top 必学句

01 | **Tengo rabia** de maltrato animal.　虐待动物的行为使我气恼。
02 | **Tengo rabia** de que me mientas.　你对我撒谎使我感到愤怒。
03 | **Tengo rabia** de que me grites.　你对我吼叫使我愤怒。
04 | **Tengo rabia** de que le pegues al niño.　你打孩子的行为令我愤怒。
05 | **Tengo rabia** de que no vengas a mi fiesta.　我很生气你没参加我的派对。
06 | **Tengo rabia** de que llegues tarde.　你迟到使我愤怒。
07 | **Tengo rabia** de que hables mal de mi.　你说我的坏话令我愤怒。
08 | **Tengo rabia** de que no me contestes.　我很气恼你竟不回答我。
09 | **Tengo rabia** de tu mal humor.　我厌恶你的坏脾气。
10 | **Tengo rabia** de haber perdido el dinero.　我好气恼，竟丢了钱。

补充
★ 03： gritar　动　大喊；吼叫
★ 04： pegar　动　打
★ 08： contestar　动　回答

PASO 2　句子重组练习

01 | **Tengo rabia** de roben. que me　被抢劫这件事令我怒不可遏。
02 | **Tengo rabia** de te quejes que tanto.　你这么爱抱怨，令我厌恶。
03 | **Tengo rabia** de impuesto. pagar tanto　付了那么多税令我恼怒。
04 | **Tengo rabia** de errores. hagas que tantos　你出这么多错误令我十分气恼。
05 | **Tengo rabia** de tu. amigo tener como un　有你这样的朋友令我愤怒。

解答
★ 01： Tengo rabia de que me han robado.
★ 02： Tengo rabia de que te quejes tanto.
★ 03： Tengo rabia de haber pegado tanto impuesto.
★ 04： Tengo rabia de que hagas tantos errores.
★ 05： Tengo rabia de tener un amigo como tú.

PASO 3　应用篇

A： No crees lo que te digo, ¿sí?
B： **Tengo rabia de** que no tengas confianza en mí.
A： 你不相信我说的，是吗？
B： 无法赢得你的信任令我非常生气。

023 | 表达个人情绪与看法的句型

Me impacienta...
……使（我）不耐烦 / 失去耐心

Me 是我（yo）的与格代词。Me impacienta + 连词 que + 动词、名词或代词，引出各种从句，表示"……使（我）不耐烦 / 失去耐心"。

PASO1　Top 必学句

01 | **Me impacienta** la falta de noticias.　我无法忍受缺乏新闻。
02 | **Me impacienta** tu atraso.　我无法忍受你迟到。
03 | **Me impacienta** escucharte.　我懒得听你说话。
04 | **Me impacienta** tu desobediencia.　我无法忍受你的不服从。
05 | **Me impacienta** que camines tan lento.　你走得这么慢，令我不耐烦。
06 | **Me impacienta** que no estudies.　我无法忍受你不读书。
07 | **Me impacienta** que no trabajes.　我受不了你不工作。
08 | **Me impacienta** hablar de este tema.　我懒得谈这个话题。
09 | **Me impacienta** que no pongas atención.　我无法忍受你不专心。
10 | **Me impacienta** que no llegues a tiempo.　我不能容忍你迟到。

补充
★ 02: atraso　名 迟到、延迟
★ 04: desobediencia　名 不服从；反抗
★ 09: atención　名 注意；专心

PASO2　句子重组练习

01 | **Me impacienta** pescar. a ir　我没耐心去钓鱼。
02 | **Me impacienta** problema. poder el solucionar no　我不能容忍解决不了问题。
03 | **Me impacienta** profesor. a escuchar este　我很烦去听这个老师讲课。
04 | **Me impacienta** niños. los enseñar a　教导孩子我缺乏耐心。

解答
★ 01: Me impacienta ir a pescar.
★ 02: Me impacienta no poder solucionar el problema.
★ 03: Me impacienta escuchar a este profesor.
★ 04: Me impacienta enseñar a los niños.

PASO3　应用篇

A: Ya has esperado a Patricio por mucho tiempo.
B: Sí, siempre llega tarde. Me impacienta esperar tanto.
A: 你已经等候巴提修很长时间了。
B: 是啊，他总是迟到，等这么久让我不耐烦。

024 | 表达个人情绪与看法的句型

Me emociona… ……使（我）感动/激动

Me emociona + 名词/动词/副词 cuando（当……的时候），表示"……（人或事物）使我感动/激动"。

PASO 1 Top 必学句

01 | **Me emociona** la canción. 　　这首歌让我感动。
02 | **Me emociona** cuando me hablas. 　　当你跟我讲话时，我很感动。
03 | **Me emociona** la película romántica. 　　浪漫电影让我感动。
04 | **Me emociona** cuando me regalas flores. 　　当你送花给我时，我好感动。
05 | **Me emociona** la conversación. 　　这番谈话令我十分感动。
06 | **Me emociona** ver a la abuela. 　　探望奶奶使我感动。
07 | **Me emociona** cuando gana mi equipo de fútbol. 　　当我那组足球队获胜的时候，我好激动。
08 | **Me emociona** cuando estás felíz. 　　当你快乐的时候，我好感动。
09 | **Me emociona** cuando bailo contigo. 　　当我和你跳舞时，我好激动。
10 | **Me emociona** el paisaje. 　　风景让我感动。

补充
★04： flores 名 花卉
★06： abuela 名 奶奶
★10： paisaje 名 风景

PASO 2 句子重组练习

01 | **Me emociona**　me   llamas.   cuando 　　当你打电话给我时，我好感动。
02 | **Me emociona**　enamorado.   estar 　　谈恋爱让我好激动。
03 | **Me emociona**　contigo.   estar 　　和你在一起我好感动。
04 | **Me emociona**　el   amiga.   de   regalo   mi 　　朋友送的礼物令我好感动。
05 | **Me emociona**　cuidas.   cuando   me 　　当你照顾我的时候，我好感动。

解答
★01： Me emociona cuando me llamas.
★02： Me emociona estar enamorado.
★03： Me emociona estar contigo.
★04： Me emociona el regalo de mi amiga.
★05： Me emociona cuando me cuidas.

PASO 3 应用篇

A： ¿Te gusta el regalo?
B： Por supuesto! Me emociona que te acuerdes de mi.

A：你喜欢这个礼物吗？
B：当然！我好感动，你居然还记得我。

025 | 表达个人情绪与看法的句型

Me gusta... 我喜欢……

Me gusta + 动词原形或名词，表示"我喜欢……"。

PASO 1 Top 必学句

01 | **Me gusta** el inglés.　　　　　我喜欢英语。
02 | **Me gusta** la música.　　　　　我喜欢音乐。
03 | **Me gusta** el jazz.　　　　　　我喜欢爵士乐。
04 | **Me gusta** el helado.　　　　　我喜欢冰激凌。
05 | **Me gusta** el profesor.　　　　我喜欢这位老师。
06 | **Me gusta** el deporte.　　　　　我喜欢运动。
07 | **Me gusta** estudiar historia.　　我喜欢学习历史。
08 | **Me gusta** ver películas románticas.　我喜欢看浪漫电影。
09 | **Me gusta** ir al campo.　　　　我喜欢去乡下。
10 | **Me gusta** comer papas fritas.　　我喜欢吃炸薯条。

补充
★02：música 图 音乐
★04：helado 图 冰激凌
★07：historia 图 历史

PASO 2 句子重组练习

01 | **Me gusta** playa. ir la a　　　　我喜欢去海边。
02 | **Me gusta** vino el tinto.　　　　我喜欢红酒。
03 | **Me gusta** tranquilo. estar　　　我喜欢安静。
04 | **Me gusta** perro. el　　　　　　我喜欢狗。
05 | **Me gusta** poemas. escribir　　　我喜欢写诗。

解答
★01：Me gusta ir a la playa.
★02：Me gusta el vino tinto.
★03：Me gusta estar tranquilo.
★04：Me gusta el perro.
★05：Me gusta escribir poemas.

PASO 3 应用篇

A：¿Quieres ir a nadar esta tarde?
B：Sí... Me gusta mucho la idea!
A：今天下午，你想去游泳吗？
B：好……我真的很喜欢这个主意！

026 ｜ 表达个人情绪与看法的句型

Me sorprende...
……使（我）惊讶/感到意外

Me sorprende + 连词 que + 动词或名词，引出各种从句，表示"……使（我）惊讶/感到意外"。

PASO 1　Top 必学句

01	**Me sorprende** que estés aquí.	你在这里，我很惊讶。
02	**Me sorprende** que viajes solo.	你独自旅行，我很惊讶。
03	**Me sorprende** que no tengas dinero.	我很震惊你竟然没钱。
04	**Me sorprende** que tengas éxito.	你居然成功，我很惊讶。
05	**Me sorprende** que vendas tu casa.	我很惊讶你卖掉你的房子。
06	**Me sorprende** que juegues tan bien al ajedrez.	我很惊讶你那么会下棋。
07	**Me sorprende** tu llamada.	你打来电话，令我很惊讶。
08	**Me sorprende** la visita de Antonio.	安东尼的来访令我非常惊讶。
09	**Me sorprende** la muerte de tu madre.	我很震惊你母亲的死讯。
10	**Me sorprende** la noticia.	这消息令我惊讶。

补充
★ 04: éxito　图 成功
★ 07: llamada　图 叫；呼唤
★ 09: muerte　图 死亡

PASO 2　句子重组练习

01	**Me sorprende** llegues. no que	我很惊讶你还没到。
02	**Me sorprende** hijo a mi ver fumando.	看到儿子抽烟，我觉得非常惊讶。
03	**Me sorprende** creas. que me no	我很惊讶你居然不相信我。
04	**Me sorprende** bien. cocines tan que	我很惊讶你这么会烹饪。

解答
★ 01: Me sorprende que no llegues.
★ 02: Me sorprende ver a mi hijo fumando.
★ 03: Me sorprende que no me creas.
★ 04: Me sorprende que cocines tan bien.

PASO 3　应用篇

A：Quiero comprar un coche italiano.
B：¡Me sorprende el precio tan alto!
A：我想买一辆意大利汽车。
B：我感到意外，价格那么贵！

027 | 表达个人情绪与看法的句型

Me haces sentir... 你让我感觉……

Me haces sentir + 形容词/副词，表示"你让我感觉……"。

PASO 1 Top 必学句

01	**Me haces sentir** bien.	你让我感觉很好。
02	**Me haces sentir** mal.	你让我感觉不舒服。
03	**Me haces sentir** felíz.	你让我觉得幸福。
04	**Me haces sentir** triste.	你让我感到难过。
05	**Me haces sentir** culpable.	你让我感到有罪。
06	**Me haces sentir** avergonzado.	你让我感到羞愧。
07	**Me haces sentir** cómodo.	你让我感觉很舒服。
08	**Me haces sentir** incómodo.	你让我觉得不舒服。
09	**Me haces sentir** perfecto.	你让我觉得很好。
10	**Me haces sentir** orgulloso.	你让我感到骄傲。

补充
- ★05: culpable 形 有罪的
- ★09: atractivo 形 吸引的
- ★10: orgulloso 形 骄傲的

PASO 2 句子重组练习

01	**Me haces sentir** vida. tu necesario en	你让我觉得你的生活需要我。
02	**Me haces sentir** casa. la en solo	你让我感觉在家很孤独。
03	**Me haces sentir** ti. lejos de	你让我感觉离你好远。
04	**Me haces sentir** palabras. bien tus con	你的话让我感到好舒服。
05	**Me haces sentir** noticia. triste la con	你带来的消息让我感到悲伤。

解答
- ★01: Me haces sentir necesario en tu vida.
- ★02: Me haces sentir solo en la casa.
- ★03: Me haces sentir lejos de ti.
- ★04: Me haces sentir bien con tus palabras.
- ★05: Me haces sentir triste con la noticia.

PASO 3 应用篇

A: Laura, te queda muy bien ese vestido.
B: Gracias. Me haces sentir alegre.

A：萝拉，那件裙子真的很适合你。
B：谢谢。你让我觉得自己很高兴。

Me muero por... 我真想……

Me muero + 前置词 por + 动词原形或名词，表示"我真想……"。

PASO1　Top 必学句

01	**Me muero por** verte.	我真想见你。
02	**Me muero por** comer fideos con salsa blanca.	我真想吃面配白酱。
03	**Me muero por** ir a tu casa.	我真想去你家。
04	**Me muero por** estar contigo.	我渴望和你在一起。
05	**Me muero por** conocerte mejor.	我更渴望认识你。
06	**Me muero por** conducir mi nuevo coche.	我等不及想开我的新车。
07	**Me muero por** darte el regalo.	我急于要给你礼物。
08	**Me muero por** salir de vacaciones.	我渴望去度假。
09	**Me muero por** viajar al Amazonas.	我渴望去亚马逊旅游。
10	**Me muero por** hablar inglés.	我真想说英语。

补充
- ★02: fideos 名 面条
- ★06: conducir 动 驾驶；开车
- ★09: Amazonas 名 亚马逊

PASO2　句子重组练习

01	**Me muero por** invitarte cenar. a	我真想请你吃晚餐。
02	**Me muero por** vivir de más cerca ti.	我真想住得离你近一点。
03	**Me muero por** de melón. jugo tomarme un	我真想喝香瓜汁。
04	**Me muero por** tener moto. una	我渴望有一辆摩托车。
05	**Me muero por** fútbol. el	我好喜欢足球。

解答
- ★01: Me muero por invitarte a cenar.
- ★02: Me muero por vivir más cerca de ti.
- ★03: Me muero por tomarme un jugo de melón.
- ★04: Me muero por tener una moto.
- ★05: Me muero por el fútbol.

PASO3　应用篇

A：¿Tienes tiempo para una copa esta noche?
B：Sí! Me muero por salir contigo!
A：今晚你有时间喝一杯吗？
B：当然！我渴望和你一起出去！

Me molesta…
……使（我）感到不舒服／不适／厌烦

Me molesta + 名词／连词 que + 动词，引出各种从句，表示"……使（我）感到不舒服／不适／厌烦"。

PASO1 Top 必学句

01	**Me molesta** que viajes sin mi.	我不喜欢你旅行没有我。
02	**Me molesta** que me dejes solo.	我不喜欢你让我独自一人留下。
03	**Me molesta** que bebas tanto.	我不喜欢你喝这么多。
04	**Me molesta** que no te bañes.	我不喜欢你不洗澡。
05	**Me molesta** que seas tan tonto.	挺烦人的，为什么你那么愚蠢。
06	**Me molesta** salir tan tarde.	这么晚出门令我感到不舒服。
07	**Me molesta** ir a la escuela.	去上学令我感到厌烦。
08	**Me molesta** estudiar piano.	学钢琴，我觉得很烦。
09	**Me molesta** la pregunta.	这个问题令我感到不舒服。
10	**Me molesta** el paro.	罢工令我感到厌烦。

补充
- ★05: tonto　形　傻的
- ★07: escuela　名　学校
- ★08: piano　名　钢琴

PASO2 句子重组练习

01	**Me molesta**　trabajo. el	我觉得工作很烦。
02	**Me molesta**　dinero. prestar	我讨厌借给别人钱。
03	**Me molesta**　disculpas. pedir	我不喜欢道歉。
04	**Me molesta**　tarde. que llegues	我讨厌你迟到。
05	**Me molesta**　los días. cocinar todos	我讨厌每天做饭。

解答
- ★01: Me molesta el trabajo.
- ★02: Me molesta prestar dinero.
- ★03: Me molesta pedir disculpas.
- ★04: Me molesta que llegues tarde.
- ★05: Me molesta cocinar todos los días.

PASO3 应用篇

A: Mañana nos vamos a las seis al aeropuerto.
B: ¡Oh, no! Me molesta levantarme temprano.

A: 明天，我们6:00要出发去机场。
B: 喔，不！我讨厌早起。

030 | 表达个人情绪与看法的句型

Me da lástima…
……使（我）感到惋惜 / 同情

Me da lástima + 名词 / 连词 que + 动词，引出各种从句，表示"……使（我）感到惋惜 / 同情"。

PASO 1　Top 必学句

01 | **Me da lástima** que no tengas dinero.　　我同情你没有钱。
02 | **Me da lástima** la pobreza.　　我同情贫穷。
03 | **Me da lástima** que Marta esté enferma.　　玛塔生病了，我感到难过。
04 | **Me da lástima** el niño huérfano.　　我同情孤儿。
05 | **Me da lástima** el vagabundo.　　我可怜流浪汉。
06 | **Me da lástima** la miseria.　　我同情苦难。
07 | **Me da lástima** que tengas hambre.　　你饿了我感到难过。
08 | **Me da lástima** ver morir a la gente.　　看到人死让我伤心。
09 | **Me da lástima** que llores.　　你哭了我感到难过。
10 | **Me da lástima** que seas tan perezoso.　　你这么懒惰，我感到遗憾。

补充
★04: huérfano　名 孤儿
★05: vagabundo　名 流浪者
★07: hambre　名 饥饿

PASO 2　句子重组练习

01 | **Me da lástima** vayas. te que　　你要走，我感到遗憾。
02 | **Me da lástima** muera que tu se perro.　　我为你死去的狗感到惋惜。
03 | **Me da lástima** descansar. no puedas que　　我同情你无法休息。
04 | **Me da lástima** gorda. tan estés que　　你这么胖，我感到难过。

解答
★01: Me da lástima que te vayas.
★02: Me da lástima que se muera tu perro.
★03: Me da lástima que no puedas descansar.
★04: Me da lástima que estés tan gorda.

PASO 3　应用篇

A: Veo a Ana muy delgada últimamente.　　B: 我看到安娜最近变得好瘦。
B: Sí, yo también.　　A: 是啊，我同意。
A: Me da lástima verla así.　　B: 看她变成那样，我感到好难过。

031 | 表达个人情绪与看法的句型

Me da lo mismo... 我不在乎……

Me da lo mismo + 关系代词 lo que（什么），表示"我不在乎……"。

PASO 1　Top 必学句

01 | **Me da lo mismo** lo que hagas.　　你做什么我都无所谓。
02 | **Me da lo mismo** lo que hables.　　你讲什么我都无所谓。
03 | **Me da lo mismo** lo que digas.　　你说什么我都不在乎。
04 | **Me da lo mismo** lo que pienses.　　你想什么我都不在乎。
05 | **Me da lo mismo** lo que te pase.　　你发生什么事，我都无所谓。
06 | **Me da lo mismo** lo que escribas.　　你写什么我都无所谓。
07 | **Me da lo mismo** lo que estudies.　　你学什么我都无所谓。
08 | **Me da lo mismo** lo que comas.　　你吃什么我都无所谓。
09 | **Me da lo mismo** lo que sientas.　　我不在乎你的感受。
10 | **Me da lo mismo** lo que te pongas.　　你穿什么我都无所谓。

补充
★ 03: decir　动　说；告诉
★ 06: escribir　动　写
★ 10: ponerse　动　穿

PASO 2　句子重组练习

01 | **Me da lo mismo** que creas. lo　　你相信什么我都无所谓。
02 | **Me da lo mismo** lo Juan. haga que　　我不在乎胡安做什么。
03 | **Me da lo mismo** viaje. que al lo lleves　　你旅行带什么我都无所谓。
04 | **Me da lo mismo** pagues el coche. por que lo　　我不在乎你为车付的钱。
05 | **Me da lo mismo** que regales le lo Pedro. a　　我不在乎你送佩卓什么礼物。

解答
★ 01: Me da lo mismo lo que creas.
★ 02: Me da lo mismo lo que haga Juan.
★ 03: Me da lo mismo lo que lleves cuando viajes.
★ 04: Me da lo mismo lo que pagues por el coche.
★ 05: Me da lo mismo lo que le regales a Pedro.

PASO 3　应用篇

A: Voy a preparar tortilla de patatas para la cena.
B: No te preocupes. **Me da lo mismo** lo que cocines.
A: 我要去准备马铃薯煎蛋当晚餐。
B: 你不用担心。你煮什么我都无所谓。

Me da pena que...
……使（我）感到难过/伤心

Me da pena + 名词/连词 que + 动词，引出各种从句，表示"……使（我）感到难过/伤心"。

PASO1 Top 必学句

01 | **Me da pena que** no me creas.　　你不相信我，我很难过。
02 | **Me da pena que** no puedas venir.　　你不能来，我很难过。
03 | **Me da pena que** estés solo.　　看到你孤单单的，我好难过。
04 | **Me da pena que** te sientas mal.　　知道你不舒适，我很难过。
05 | **Me da pena que** estés enfermo.　　你病了，我十分难过。
06 | **Me da pena que** perdieras el juego.　　你输了比赛，我很难过。
07 | **Me da pena que** te quedes sin trabajo.　　你没了工作，我很难过。
08 | **Me da pena que** no hagas esfuerzo.　　你不努力，让我很难过。
09 | **Me da pena que** estés en el hospital.　　你住院了，我很难过。
10 | **Me da pena que** te vayas tan lejos.　　你离开那么远，我很难过。

补充
★05: enfermo　形 生病
★08: esfuerzo　名 努力
★10: lejos　副 远

PASO2 句子重组练习

01 | **Me da pena que**　dinero. perdiera su　　他丢了钱，我很难过。
02 | **Me da pena que**　quieras. ya me no　　你已不爱我了，让我很伤心。
03 | **Me da pena que**　no ayudarme. puedas　　你无法帮我，我很难过。
04 | **Me da pena que**　tanto. llores　　你哭得这么厉害，令我好伤心。
05 | **Me da pena que**　triste. estés　　你悲伤的时候，我好难过。

解答
★01: Me da pena que perdiera su dinero.
★02: Me da pena que ya no me quieras.
★03: Me da pena que no puedas ayudarme.
★04: Me da pena que llores tanto.
★05: Me da pena que estés triste.

PASO3 应用篇

A：Julio no puede encontrar trabajo.
B：Me da pena que esté tan pobre.

A：胡里欧找不到工作。
B：看他这么可怜，我好难过。

033 | 表达个人情绪与看法的句型

Me es difícil... 我觉得很困难/不容易……

difícil（形）困难的，形容对"我"而言是"困难的"。Me es difícil + 动词原形，表示"我觉得很困难/不容易……"。

PASO 1 Top 必学句

01	**Me es difícil** dejarte solo.	我觉得很难留下你一人。
02	**Me es difícil** hacer dieta.	我觉得节食不容易。
03	**Me es difícil** adelgazar.	我觉得减肥不容易。
04	**Me es difícil** ir a tu casa.	我觉得去你家很困难。
05	**Me es difícil** comprar el libro.	我觉得买这本书不容易。
06	**Me es difícil** entender esta pregunta.	我很难能理解这个问题。
07	**Me es difícil** contestar al profesor.	我很难回答教授的问题。
08	**Me es difícil** hablar contigo.	我几乎不能跟你谈。
09	**Me es difícil** perdonarte.	我很难原谅你。
10	**Me es difícil** darte una explicación.	我很难给你一个解释。

补充
- ★02: dieta 名 规定的饮食
- ★03: adelgazar 动 减重（肥）
- ★10: explicación 名 解释

PASO 2 句子重组练习

01	**Me es difícil** dolor. tu imaginarme	我很难想象你的痛苦。
02	**Me es difícil** hacer. qué decidir	我很难决定怎么做。
03	**Me es difícil** comprender error. tu	我很难理解你的错误。
04	**Me es difícil** tan ser puntual.	对我而言，守时很难做到。
05	**Me es difícil** entender letra. tu	我很难辨识你的字迹。

解答
- ★01: Me es difícil imaginarme tu dolor.
- ★02: Me es difícil decidir qué hacer.
- ★03: Me es difícil comprender tu error.
- ★04: Me es difícil ser tan puntual.
- ★05: Me es difícil entender tu letra.

PASO 3 应用篇

A：Por favor, trata de entenderme.

B：No sé... Me es difícil entender lo que haces.

A：请试着了解我。

B：我不知道……我觉得很难理解你所做的。

034 | 表达个人情绪与看法的句型

Me da risa… ……使（我）感到想笑

Me da risa + 名词或副词 cuando（当……时候）+ 动词原形 / 名词，表示"……使（我）感到想笑"。

PASO1　Top 必学句

01 | **Me da risa** cuando cantas. 你唱歌让我想笑。
02 | **Me da risa** el chiste. 笑话很好笑。
03 | **Me da risa** cuando bailas. 你跳舞让我想笑。
04 | **Me da risa** cuando te pones esa ropa. 你穿上那衣服让我想笑。
05 | **Me da risa** el payaso. 小丑逗我笑。
06 | **Me da risa** cuando pienso en ti. 当我想到你的时候，不禁笑了出来。
07 | **Me da risa** la manera de que hablas. 你说话的方式，让我想笑。
08 | **Me da risa** lo que dices. 你说什么来着，让我想笑。
09 | **Me da risa** cuando usas esos zapatos. 当你穿上这双鞋的时候，我很想笑。
10 | **Me da risa** cuando pones esa cara. 当你摆出这张脸的时候，我很想笑。

补充
★03: bailar 动 跳舞
★05: payaso 名 小丑
★10: cara 名 脸

PASO2　句子重组练习

01 | **Me da risa** peluca. cuando pongo me la 当我戴上假发的时候，我觉得很好笑。
02 | **Me da risa** voz. tu cuando escucho 当我听到你的声音的时候，我好想笑。
03 | **Me da risa** miras. me cuando 当你看着我的时候，我不禁笑了。
04 | **Me da risa** canción. esta 这首歌，我觉得很好笑。
05 | **Me da risa** carta. tu leer 看你的信，我觉得很好笑。

 解答
★01: Me da risa cuando me pongo la peluca.
★02: Me da risa cuando escucho tu voz.
★03: Me da risa cuando me miras.
★04: Me da risa esta canción.
★05: Me da risa leer tu carta.

PASO3　应用篇

A: El novio de mi hija es muy divertido.
B: Sí, me da risa cuando habla.
A: 我女儿的男朋友，真的很逗趣。
B: 是啊，每当他说话的时候，我都很想笑。

035 | 表达个人情绪与看法的句型

Me cansa… 我感到厌烦/生厌……

Me cansa + 名词/连词 que + 动词，引出各种从句，表示"我感到厌烦/生厌……"。

PASO1　Top 必学句

01 | **Me cansa** que no estudies.　　我实在受不了你不用功。
02 | **Me cansa** que no ordenes tu habitación.　我讨厌你不整理房间。
03 | **Me cansa** que seas tan holgazán.　我实在受不了你这么懒惰。
04 | **Me cansa** ver tanta gente.　　我受不了看到这么多人。
05 | **Me cansa** ser pobre.　　我厌倦了贫穷的日子。
06 | **Me cansa** tratar de complacerte.　我厌倦了讨你欢心。
07 | **Me cansa** venir a esta ciudad.　我讨厌来到这个城市。
08 | **Me cansa** limpiar la casa.　　我厌倦了清理房子。
09 | **Me cansa** el calor del verano.　我实在受不了夏日的酷暑。
10 | **Me cansa** vivir aquí.　　我厌倦了这里的生活。

补充
★02：habitación　名　房间
★03：holgazán　形　懒散的
★06：complacer　动　取悦

PASO2　句子重组练习

01 | **Me cansa** quejas. oír tus　　我厌倦了听你的抱怨。
02 | **Me cansa** mismo hacer trabajo. el　我厌倦了做同样的工作。
03 | **Me cansa** arroz días. los comer todos　我厌倦了每天吃米饭。
04 | **Me cansa** el tocar tambor.　　我厌倦了打鼓。
05 | **Me cansa** ama casa. ser de　　我厌倦了做家庭主妇。

解答
★01：Me cansa oir tus quejas.
★02：Me cansa hacer el mismo trabajo.
★03：Me cansa comer arroz todos los días.
★04：Me cansa tocar el tambor.
★05：Me cansa ser ama de casa.

PASO3　应用篇

A: Mamá, me cansa levantarme temprano todos los días.
B: Sí, ya sé. Pero "a quien madruga, Dios le ayuda."
A: 妈妈，我讨厌每天早起。
B: 是啊，我知道。然而"早起的鸟儿有上帝的祝佑（早起的鸟儿有虫吃）"。

036 ｜ 表达个人情绪与看法的句型

Me siento satisfecho con...
我感到满意 / 高兴……

satisfecho（形）满意的，形容"我"对某事物或人是"满意的"。Me siento satisfecho + 前置词 con / de + 名词，表示"我感到满意 / 高兴……"。

PASO1　Top 必学句

01 ｜ **Me siento satisfecho con** mi trabajo.　我很满意我的工作。
02 ｜ **Me siento satisfecho con** esta relación.　我很满意这段感情。
03 ｜ **Me siento satisfecho con** tu respuesta.　我很满意你的回答。
04 ｜ **Me siento satisfecho con** mi salario.　我很满意我的薪资。
05 ｜ **Me siento satisfecho con** los vendedores.　我对业务员很满意。
06 ｜ **Me siento satisfecho con** el informe.　我很满意这个报告。
07 ｜ **Me siento satisfecho con** el nuevo coche.　我很满意新车。
08 ｜ **Me siento satisfecho con** el resultado.　我对结果感到满意。
09 ｜ **Me siento satisfecho con** la propuesta.　我对该提案感到满意。
10 ｜ **Me siento satisfecho con** el nuevo proyecto.　我对新计划感到满意。

补充
★ 02： relación　（名）关系
★ 06： informe　（名）报告
★ 09： propuesta　（名）提案

PASO2　句子重组练习

01 ｜ **Me siento satisfecho con** votos. los　我很满意投票结果。
02 ｜ **Me siento satisfecho con** comida. la　我对食物很满意。
03 ｜ **Me siento satisfecho con** libro escribí. el que　我很满意我写的这本书。

解答
★ 01： Me siento satisfecho con los votos.
★ 02： Me siento satisfecho con la comida.
★ 03： Me siento satisfecho con el libro que escribí.

PASO3　应用篇

A： ¡Te veo muy contento hoy, cariño!
B： Sí. **Me siento** muy **satisfecho con** las últimas ventas.
A： 亲爱的，今天你看起来好像很高兴，
B： 是啊，我很满意最新的销售成绩。

037 | 表达个人情绪与看法的句型

Me alivia...
……使（我）减轻负担 / 病痛 / 疲劳

Me alivia + 名词 / 连词 que + 动词，引出各种从句，表示"……使（我）减轻负担 / 病痛 / 疲劳"。

PASO 1　Top 必学句

01 | **Me alivia** que llegues sano y salvo a casa.　你能平安回家，我感到欣慰。

02 | **Me alivia** que no te cases con Miguel.　你没跟米格尔结婚令我如释重负。

03 | **Me alivia** que aceptes mi propuesta.　我很欣慰你接受了我的建议。

04 | **Me alivia** que termine la guerra en Afganistán.　阿富汗战争结束了，我感到欣慰。

05 | **Me alivia** que estés mejor de tu enfermedad.　你的病情好转令我如释重负。

06 | **Me alivia** que confíes en mi.　你相信我，我感到欣慰。

07 | **Me alivia** no tener más dolor de garganta.　喉咙不再痛了，我感到舒适。

08 | **Me alivia** saber que estás bien.　知道你没事令我如释重负。

09 | **Me alivia** verte estudiar tanto.　你如此用功，我感到欣慰。

10 | **Me alivia** poder dormir más horas.　能再多睡几小时，我感到舒适。

补充
- ★02: casarse　动 结婚
- ★05: enfermedad　名 病
- ★10: dormir　动 睡觉

PASO 2　句子重组练习

01 | **Me alivia** verte. a volver　我很欣慰能再看到你。

02 | **Me alivia** sigas bebiendo. no que　你不再喝酒，我感到欣慰。

03 | **Me alivia** nuevamente. sonreír verte　我很高兴再次见到你的笑容。

解答
- ★01: Me alivia volver a verte.
- ★02: Me alivia que no sigas bebiendo.
- ★03: Me alivia verte sonreír nuevamente.

PASO 3　应用篇

A: ¿Sabes? José y yo volvimos.

B: Ah, ¡qué bien! **Me alivia** saber que siguen juntos.

A: 你知道吗？我和荷塞又复合了。

B: 啊，多么美好！知道你们能在一起，我感到十分欣慰。

038 | 表达个人情绪与看法的句型

Me deprime...
……使（我）感到压抑 / 消沉 / 沮丧

Me deprime + 动词原形或连词或名词，表示"……使（我）感到压抑 / 消沉 / 沮丧"。

PASO 1　Top 必学句

01	**Me deprime** ir al funeral.	参加葬礼令我心情沮丧。
02	**Me deprime** verte enfermo.	看到你生病令我情绪低落。
03	**Me deprime** ir al hospital.	去医院令我备感压力。
04	**Me deprime** que no puedas venir.	你不能来使我感到沮丧。
05	**Me deprime** que seas tan pesimista.	你如此悲观令我心情抑郁。
06	**Me deprime** que no encuentres trabajo.	你找不到工作令我感到沮丧。
07	**Me deprime** que llueva tanto.	雨下这么多令我心情抑郁。
08	**Me deprime** la guerra.	战争令我备感沮丧。
09	**Me deprime** oir las noticias.	听到这些消息使我心情低落。
10	**Me deprime** que muriera tanta gente.	死了这么多人令我感到沮丧。

补充
★ 05: pesimista 形 悲观
★ 07: llover 动 下雨
★ 08: guerra 名 战争

PASO 2　句子重组练习

01	**Me deprime** nadie que fiesta. no venga mi a	没人来参加我的派对令我沮丧。
02	**Me deprime** noticias TV. en ver las la	看电视新闻使我心情低落。
03	**Me deprime** vengas que verme. a no	你没来看我令我心情低落。
04	**Me deprime** mal hables que mi. de	你讲我的坏话使我心情低落。
05	**Me deprime** hayas que perdido.	你输了令我倍感沮丧。

解答
★ 01: Me deprime que no venga nadie a mi fiesta.
★ 02: Me deprime ver las noticias en la TV.
★ 03: Me deprime que no vengas a verme.
★ 04: Me deprime que hables mal de mi.
★ 05: Me deprime que hayas perdido.

PASO 3　应用篇

A: El chico falleció en el accidente de anoche.

B: ¡Oh, no! Me deprime escuchar una noticia tan mala.

A: 昨晚事故中的男孩已经去世了。

B: 哦，不！这样的坏消息令我心情沮丧。

039 | 表达个人情绪与看法的句型

Me complace que...
……使（我）高兴 / 欢喜 / 满意

Me complace + 名词 / 连词 que + 动词，引出各种从句，表示"……使（我）高兴 / 欢喜 / 满意"。

PASO 1　Top 必学句

01	**Me complace que** quieras aprender sueco.	你想学瑞典语，我很高兴。
02	**Me complace que** cocines para mí.	你为我做饭，我很高兴。
03	**Me complace que** te cases mañana.	你明天结婚了，我很高兴。
04	**Me complace que** cantes tan bien.	你这么会唱歌，我很高兴。
05	**Me complace que** llegues temprano.	你竟然早到了，我很高兴。
06	**Me complace que** vayamos a Corea.	我们要去韩国，我很高兴。
07	**Me complace que** leas este libro.	你阅读这本书，我很高兴。
08	**Me complace que** veas esta película.	我很高兴你看了那部电影。
09	**Me complace que** toques el piano.	你弹钢琴，我很高兴。
10	**Me complace que** esperes a un bebé.	你怀孕了，我很高兴。

补充
- ★ 01: sueco 名 瑞典语
- ★ 04: cantar 动 唱
- ★ 06: Corea 名 韩国

PASO 2　句子重组练习

01	**Me complace**　digas me eso. que	我很高兴你跟我说那件事。
02	**Me complace**　que prestes coche. el me	你借我车，我很高兴。
03	**Me complace**　valiente. que tan seas	你这么勇敢，我很高兴。
04	**Me complace**　que juntos hoy. estemos	我很高兴我们今天在一起。
05	**Me complace**　sepas que bailar.	我很高兴你会舞蹈。

解答
- ★ 01: Me complace que me digas eso.
- ★ 02: Me complace que me prestes el coche.
- ★ 03: Me complace que seas tan valiente.
- ★ 04: Me complace que estemos juntos hoy.
- ★ 05: Me complace que sepas bailar.

PASO 3　应用篇

A: Mario volvió de Los Angeles.

B: ¿Verdad? Me complace que esté nuevamente aquí.

A: 马里奥已经从洛杉矶回来了。

B: 真的吗？我很高兴他回来了。

040 | 表达个人情绪与看法的句型

Me siento tranquilo… 我感到放心……

Me siento tranquilo + 前置词 de / 副词 cuando，表示"我感到放心……"。

PASO1 Top 必学句

01 | **Me siento tranquilo** de escuchar la buena noticia. — 听到这个好消息，我感到安心。

02 | **Me siento tranquilo** de saber que estás mejor. — 知道你好多了，我就放心了。

03 | **Me siento tranquilo** de verte estudiar. — 看到你认真学习，我很安心。

04 | **Me siento tranquilo** de tenerte cerca. — 身边有你，我很安心。

05 | **Me siento tranquilo** de terminar el proyecto. — 完成了该项目，我感到安心。

06 | **Me siento tranquilo** cuando estás a mi lado. — 当你在我身旁，我感到安心。

07 | **Me siento tranquilo** cuando apruebo mis exámenes. — 当我通过了考试，心情格外放松。

08 | **Me siento tranquilo** cuando te escucho. — 当我听到你的声音，我感到安心。

09 | **Me siento tranquilo** cuando llegas a casa. — 当你回家的时候，我感到放心。

10 | **Me siento tranquilo** cuando te veo. — 当我看到你的时候，我感到放心。

补充
★04: cerca 副 近
★06: lado   副 侧；旁边
★10: ver   动 看到；看见

PASO2 句子重组练习

01 | **Me siento tranquilo** felíz. veo cuando te — 当我看到你很幸福，我感到安心。

02 | **Me siento tranquilo** casa. en estar de — 家让我有平安舒心的感觉。

03 | **Me siento tranquilo** hijos cuando sanos. están mis — 当孩子健康的时候，我感到放心。

04 | **Me siento tranquilo** tareas. cuando las termino — 当我完成了功课，我很放松。

解答
★01: Me siento tranquilo cuando te veo felíz.
★02: Me siento tranquilo de estar en casa.
★03: Me siento tranquilo cuando mis hijos están sanos.
★04: Me siento tranquilo cuando termino las tareas.

PASO3 应用篇

A：Me siento tranquilo del resultado de mi exámen físico.
B：Sí. Me alegro de que no tengas nada grave.
A：我的体检报告，让我放心。
B：是啊，我很高兴你没什么事。

041 | 表达个人情绪与看法的句型

Me disgusta... 我不喜欢……

Me disgusta + 连词 que 后面从句动词用虚拟式。假设语气（虚拟式）在西班牙语中使用非常频繁，表达说话人主观的情绪、感觉、期盼或愿望以及命令与要求或劝诫等。

PASO 1　Top 必学句

01 | **Me disgusta** que tengas que irte. 你必须离开这件事让我不高兴。
02 | **Me disgusta** que tengas que terminar la fiesta. 我不喜欢你必须结束聚会。
03 | **Me disgusta** que me eches la culpa. 我不喜欢你怪罪于我。
04 | **Me disgusta** que inventes cosas. 我不喜欢你捏造事实。
05 | **Me disgusta** que te escriba tu ex-novio. 我不喜欢你前男友写信给你。
06 | **Me disgusta** que le pegues a tu perro. 我不喜欢你打你的狗。
07 | **Me disgusta** que me amenaces. 我讨厌你威胁我。
08 | **Me disgusta** que no me respetes. 我讨厌你不尊重我。
09 | **Me disgusta** que bebas y conduzcas. 我不喜欢你酒后开车。
10 | **Me disgusta** que me interrumpas cuando hablo. 我不喜欢你打断我的谈话。

补充
★ 03：echar la culpa　短 责怪，归咎于
★ 07：amenaza　名 威胁
★ 10：interrumpir　动 打断（别人的话等）

PASO 2　句子重组练习

01 | **Me disgusta** escándalo. que tanto hagas 我不喜欢你这么吵闹。
02 | **Me disgusta** Sofía que te verdad. la no diga 我不满意索菲亚没对你说实话。
03 | **Me disgusta** no que estudies bien. 我讨厌你不认真学习。
04 | **Me disgusta** devuelvas no libro. me que el 你不还书让我不高兴。

解答
★ 01：Me disgusta que hagas tanto escándalo.
★ 02：Me disgusta que Sofía no te diga la verdad.
★ 03：Me disgusta que no estudies bien.
★ 04：Me disgusta que no me devuelvas el libro.

PASO 3　应用篇

A：¿Vienes conmigo o con Julio a la fiesta?
B：No estoy segura…
A：Me disgusta que seas tan indecisa.

A：你要和谁来派对，跟我还是胡里欧？
B：我还不确定……
A：我不喜欢你这么优柔寡断。

Me siento bien…
我感到很好 / 惬意 / 愉快……

Me siento bien + 前置词 en / 动词 de / 副词 cuando（当……时候），表示"我感到很好 / 惬意 / 愉快……"。

PASO 1　Top 必学句

01	**Me siento bien** en casa.	我喜欢待在家的感觉。
02	**Me siento bien** en tu compañía.	有你陪伴，我很快乐。
03	**Me siento bien** en este lugar.	我觉得这里很好。
04	**Me siento bien** de cocinar para mi familia.	为家人做饭，我好开心。
05	**Me siento bien** de ocupar el primer lugar.	赢得了第一名，我很开心。
06	**Me siento bien** de hablar contigo.	跟你说话，我觉得真好。
07	**Me siento bien** de terminar mi tarea.	写完了功课，我感觉好轻松。
08	**Me siento bien** cuando te veo contento.	当我看到你开心时，我觉得好快乐。
09	**Me siento bien** cuando te escucho.	当我听你说话时，我感觉好幸福。
10	**Me siento bien** cuando me llamas.	当你打电话给我时，我好开心。

补充
- ★02: compañía 名 陪伴
- ★05: primero 形 第一名
- ★09: escuchar 动 听；倾听

PASO 2　句子重组练习

01	**Me siento bien** verdad. de la saber	知道事情的真相后，我觉得很舒坦。
02	**Me siento bien** novio. mi estoy cuando con	当我和男朋友在一起时，我好开心。
03	**Me siento bien** zapatos. cuando estos uso	当我穿上这双鞋时，我觉得好舒适。
04	**Me siento bien** más. de fumar no	我戒烟了，感觉真好。

解答
- ★01: Me siento bien de saber la verdad.
- ★02: Me siento bien cuando estoy con mi novio.
- ★03: Me siento bien cuando uso estos zapatos.
- ★04: Me siento bien de no fumar más.

PASO 3　应用篇

A: Ana, te veo muy cansada después del partido…
B: Sí, pero me siento bien después de jugar tenis.

A: 安娜，我看你赛后好像很疲惫……
B: 是啊，但是打完网球后我感觉很好。

043 | 表达个人情绪与看法的句型

Me siento mal…
我感到不适 / 不安 / 不好……

Me siento mal + 前置词 en / 动词 de / 副词 cuando（当……时候），表示"我感到不适 / 不安 / 不好……"。

PASO 1　Top 必学句

01	**Me siento mal** cuando me repites lo mismo.	你重复说同样的事情，我觉得很烦。
02	**Me siento mal** cuando me regañas.	当你埋怨我的时候，我感到不舒服。
03	**Me siento mal** de ser tan egoísta.	我对自己如此自私感到不安。
04	**Me siento mal** de pegarle a mi hijo.	我打了孩子，好懊悔。
05	**Me siento mal** cuando no me baño.	当我没洗澡时，觉得浑身不舒服。
06	**Me siento mal** en la oficina.	我不喜欢待在办公室的感觉。
07	**Me siento mal** cuando como mariscos.	当我吃了海鲜后，觉得不舒服。
08	**Me siento mal** en casa de tus padres.	待在你父母家，我感到很不自在。
09	**Me siento mal** de limpiar el baño.	我不喜欢清洗浴室。
10	**Me siento mal** de no poder ayudarte.	没能帮到你，我觉得很懊恼。

补充
★ 01：repetir　动 重复
★ 02：regañar　动 抱怨；埋怨
★ 07：marisco　动 海鲜

PASO 2　句子重组练习

01	**Me siento mal**　tanto.　cuando　hablas	你的话太多，我觉得很烦。
02	**Me siento mal**　criticas.　me　cuando	当你批评我时，我真的很不舒服。
03	**Me siento mal**　fiesta.　ir　de　no　tu　a	没参加你的派对，我觉得很遗憾。

解答
★ 01：Me siento mal cuando hablas tanto.
★ 02：Me siento mal cuando me criticas.
★ 03：Me siento mal de no ir a tu fiesta.

PASO 3　应用篇

A: Juan, ¿por qué llega a esta hora a la oficina?
B: Disculpe, jefe. Me siento muy mal de estómago hoy.
A: 胡安，为什么这个时候才到办公室？
B: 对不起，老板。今天我肚子很不舒服。

044 ｜ 表达个人情绪与看法的句型

Me da la impresión... 我觉得……

Me da la impresión + de que + 变位动词，表示"我觉得……"。

PASO1 Top 必学句

01 ｜ **Me da la impresión** de que estás enfadado.   我觉得你好像生气了。

02 ｜ **Me da la impresión** de que estás aburrido.   我觉得你似乎很无聊。

03 ｜ **Me da la impresión** de que estás cansado.   我觉得你好像累了。

04 ｜ **Me da la impresión** de que estás deprimido.   我感觉你似乎很郁闷。

05 ｜ **Me da la impresión** de que estás apurado.   我感觉你似乎有点急。

06 ｜ **Me da la impresión** de que estás ganando.   我觉得你好像要赢了。

07 ｜ **Me da la impresión** de que estás mintiendo.   我感觉你似乎在说谎。

08 ｜ **Me da la impresión** de que tienes hambre.   我觉得你好像饿了。

09 ｜ **Me da la impresión** de que tienes pena.   我感觉你似乎很难过。

10 ｜ **Me da la impresión** de que tienes problemas.   我觉得你好像有麻烦了。

补充
- ★02: aburrido 形 无聊的
- ★05: apurado 形 匆忙；急
- ★08: hambre 名 饿；饥饿

PASO2 句子重组练习

01 ｜ **Me da la impresión** a de llover. va que   我感觉好像会下雨。

02 ｜ **Me da la impresión** tarde. a vas llegar que de   我感觉你好像会迟到。

03 ｜ **Me da la impresión** el salario. que de subir van me a   我觉得他们似乎会给我加薪。

解答
- ★01: Me da la impresión de que va a llover.
- ★02: Me da la impresión de que vas a llegar tarde.
- ★03: Me da la impresión de que me van a subir el salario.

PASO3 应用篇

A: La economía está cada vez mejor en Chile.

B: Sí, me da la impresión de que también ha bajado el desempleo.

A: 智利的经济越来越好。

B: 是啊，我觉得失业率似乎也降低了。

Me ofende...

冒犯 / 得罪 / 侮辱了（我）……

Me ofende + 连词 que / 副词 cuando（当……时候）/ 动词，表示"冒犯 / 得罪 / 侮辱了（我）……"。

PASO 1　Top 必学句

01 | **Me ofende** que no creas lo que te digo.　你不相信我说的话，侮辱了我。

02 | **Me ofende** que me insultes así.　你这样辱骂我，冒犯了我。

03 | **Me ofende** que no me digas la verdad.　你不告诉我真相，冒犯了我。

04 | **Me ofende** que me hables con ese tono.　你跟我讲话的那种语气，冒犯了我。

05 | **Me ofende** que seas tan desleal.　你不忠实的行为，冒犯了我。

06 | **Me ofende** que me amenaces.　你威胁我令我很不舒服。

07 | **Me ofende** cuando me tratas de ladrón.　当你把我当成贼时，就侮辱了我。

08 | **Me ofende** cuando no respetas a tu madre.　当你不尊重你母亲时，就冒犯了我。

09 | **Me ofende** cuando me hablas así.　当你这样跟我说话时，就冒犯了我。

补充
- ★02: insultar　动 侮辱；辱骂
- ★04: tono　名 声调；语气
- ★05: desleal　形 不忠实的（人）

PASO 2　句子重组练习

01 | **Me ofende** culpes todo. me de que　你什么都怪罪于我，冒犯了我。

02 | **Me ofende** razón que odies me sin　你没理由地恨我，冒犯了我。

03 | **Me ofende** tan que irresponsable Seas　你是如此不负责任，冒犯了我。

解答
- ★01: Me ofende que me culpes de todo.
- ★02: Me ofende que me odies sin razón.
- ★03: Me ofende que seas tan irresponsable.

PASO 3　应用篇

A: No me gusta ver a tantos inmigrantes sucios.

B: Por favor, José… Me ofende tu comentario racista.

A: 我不喜欢看到这么多肮脏的移民。

B: 请注意，荷塞……你的种族歧视言论，冒犯了我。

Me agrada...
我感到愉快 / 惬意 / 高兴 / 喜欢……

Me agrada + que / 原形动词，表示"我感到愉快 / 惬意 / 高兴 / 喜欢……"。

PASO1 Top 必学句

01	**Me agrada** que vuelvas a tu país.	我为你回到祖国感到高兴。
02	**Me agrada** que puedas conseguir un buen empleo.	我为你可以找到一个好工作感到高兴。
03	**Me agrada** que tengas tan buen humor.	我为你心情这么好感到高兴。
04	**Me agrada** que seas optimista.	我为你很乐观感到高兴。
05	**Me agrada** que te comas lo que te preparé.	你吃我做的食物，我感到喜悦。
06	**Me agrada** que sigas Siendo saludable.	你维持良好的健康状况，我感到高兴。
07	**Me agrada** salir contigo.	我和你一起出去感到愉快。
08	**Me agrada** volver a verte.	我为再次见到你而感到愉快。
09	**Me agrada** ganar este premio.	我为赢得这个奖项感到高兴。
10	**Me agrada** hacer deporte.	我做运动感到愉快。

补充
- ★02: conseguir　动 获得；达到
- ★04: optimista　形 乐观；乐观主义
- ★10: deporte　名 运动

PASO2 句子重组练习

01	**Me agrada** elección. Felipe gane que la	费利佩赢得了选举，我感到愉快。
02	**Me agrada** mis crecer ver a sanos. hijos	看到我的孩子健康长大，我感到喜悦。
03	**Me agrada** amigos. tener tantos	我有很多朋友，我感到喜悦。
04	**Me agrada** me confianza. tengas que	你对我有信心，我感到高兴。

解答
- ★01: Me agrada que Felipe gane la elección.
- ★02: Me agrada ver crecer a mis hijos sanos.
- ★03: Me agrada tener a tantos amigos.
- ★04: Me agrada que me tengas confianza.

PASO3 应用篇

A: Querida, ¡te ves fantástica con este bikini!

B: Gracias… Me agrada que te guste.

A: 亲爱的，这件比基尼泳衣让你看起来棒极了！

B: 谢谢……我很高兴你喜欢它。

047 | 表达个人情绪与看法的句型

Quiero... （我）想要/希望……

Quiero + que / 原形动词，表示"（我）想要/希望……"。

PASO 1　Top 必学句

01 | **Quiero** que me ayudes con mi tarea. 　我希望你帮我做作业。
02 | **Quiero** que vayas al colegio. 　我希望你去上学。
03 | **Quiero** que llegues temprano. 　我希望你早点到达。
04 | **Quiero** que compres este libro. 　我希望你买这本书。
05 | **Quiero** que seas honesto. 　我希望你诚实。
06 | **Quiero** comprar esta camisa. 　我想买这件衬衫。
07 | **Quiero** comerme una ensalada hoy. 　今天我想吃沙拉。
08 | **Quiero** usar los zapatos negros. 　我想穿黑色皮鞋。
09 | **Quiero** tomarme una copa de vino. 　我想喝一杯酒。
10 | **Quiero** irme de vacaciones. 　我想去度假。

补充
★03: temprano 副 提早；早
★06: camisa 名 衬衫
★07: ensalada 名 沙拉

PASO 2　句子重组练习

01 | **Quiero** tu ir a casa hoy. 　我今天想去你家。
02 | **Quiero** ahora. ducharme 　我想现在冲个澡。
03 | **Quiero** patatas. probar la de tortilla 　我想品尝马铃薯煎蛋。
04 | **Quiero** me que llames. 　我希望你打电话给我。
05 | **Quiero** campo. el vivir en 　我希望在乡下生活。

解答
★01: Quiero ir a tu casa hoy.
★02: Quiero ducharme ahora.
★03: Quiero probar la tortilla de patatas.
★04: Quiero que me llames.
★05: Quiero vivir en el campo.

PASO 3　应用篇

A: Quiero comprarme un nuevo coche.
B: Sí, pero tienes que ahorrar más dinero primero.
A: 我想买一辆新车。
B: 是啊，但是，首先你必须存很多钱。

Me quiero... 我想……

Me quiero + 动词，表示"我想……"。

PASO1　Top 必学句

01 | **Me quiero** dar un baño.　　　　　　我想洗澡。
02 | **Me quiero** ir a los Estados Unidos.　我想去美国。
03 | **Me quiero** tomar una copa contigo.　我想跟你喝一杯酒。
04 | **Me quiero** dar un descanso.　　　　我想休息一下。
05 | **Me quiero** buscar otro trabajo.　　　我想另谋高就。
06 | **Me quiero** poner este traje.　　　　我想穿这套西装。
07 | **Me quiero** salir de este curso.　　　我想逃离这个课程。
08 | **Me quiero** maquillar.　　　　　　　我想要化妆。
09 | **Me quiero** comer una pizza.　　　　我想吃比萨。
10 | **Me quiero** ir de pesca.　　　　　　我想要去钓鱼。

补充
★01： baño　　　　　名 洗澡
★02： Estados Unidos　名 美国
★08： maquillar　　　　动 化妆

PASO2　句子重组练习

01 | **Me quiero** un bocadillo. hacer　　我想做一个夹肉面包。
02 | **Me quiero** cerveza. una tomar　　我想喝啤酒。
03 | **Me quiero** temprano. acostar　　　我想早睡。
04 | **Me quiero** buenas sacar notas.　　我想得到好成绩。
05 | **Me quiero** libro. comprar este　　我想买这本书。

解答
★01： Me quiero hacer un bocadillo.
★02： Me quiero tomar una cerveza.
★03： Me quiero acostar temprano.
★04： Me quiero sacar buenas notas.
★05： Me quiero comprar este libro.

PASO3　应用篇

A: Luis, te veo tenso últimamente.
B: Sí, me quiero hacer un masaje.

A: 路易斯，我看你最近有点精神紧张。
B: 是啊，我想去做一个按摩。

049 | 表达个人情绪与看法的句型

Me da pereza... 我懒得……

Me da pereza + 动词,表示"我懒得……"。

PASO1　Top 必学句

01 | **Me da pereza** hacer mis deberes.　　我懒得做我的功课。
02 | **Me da pereza** estudiar para el examen.　　我懒得准备考试。
03 | **Me da pereza** conducir tan lejos.　　我懒得开那么远。
04 | **Me da pereza** hacer deporte.　　我懒得去运动。
05 | **Me da pereza** viajar en autobús.　　我懒得搭公共汽车去旅行。
06 | **Me da pereza** trabajar.　　我懒得工作。
07 | **Me da pereza** cocinar esta noche.　　今晚我懒得做饭。
08 | **Me da pereza** caminar tanto.　　我懒得走那么远。
09 | **Me da pereza** ir a la fiesta.　　我懒得去参加聚会。
10 | **Me da pereza** escalar la montaña.　　我懒得去爬山。

补充
★ 05: autobús　名 公共汽车
★ 08: caminar　动 走
★ 10: escalar　动 爬；攀登

PASO2　句子重组练习

01 | **Me da pereza**　hoy. ducharme　　今天我懒得淋浴。
02 | **Me da pereza**　casa. limpiar la　　我懒得打扫房子。
03 | **Me da pereza**　el escribir libro.　　我懒得写这本书。
04 | **Me da pereza**　temprano. tan levantarme　　我懒得这么早起床。
05 | **Me da pereza**　francés. estudiar　　我懒得学习法语。

解答
★ 01: Me da pereza ducharme hoy.
★ 02: Me da pereza limpiar la casa.
★ 03: Me da pereza escribir el libro.
★ 04: Me da pereza levantarme tan temprano.
★ 05: Me da pereza estudiar francés.

PASO3　应用篇

A: ¿Tienes clases de inglés hoy?
B: Sí, pero me da pereza salir porque have mucho frío.

A: 今天你有英语课吗?
B: 是啊,然而天这么冷,我懒得出去。

050 ｜ 表达个人情绪与看法的句型

Me entusiasma…
我感到兴奋……

Me entusiasma + 动词，表示"我感到兴奋……"。

PASO1　Top 必学句

01 ｜ **Me entusiasma** leer este libro.　这本书让我很兴奋。
02 ｜ **Me entusiasma** viajar al mar Caribe.　我为前往加勒比海而兴奋。
03 ｜ **Me entusiasma** ver la nueva película.　我为看新电影而兴奋。
04 ｜ **Me entusiasma** celebrar tu cumpleaños.　为你庆生，我很兴奋。
05 ｜ **Me entusiasma** trabajar en el nuevo proyecto.　能够参与新的工作项目，我很兴奋。
06 ｜ **Me entusiasma** aprender portugués.　我很高兴能学葡萄牙语。
07 ｜ **Me entusiasma** ir a la conferencia.　去参加会议让我很兴奋。
08 ｜ **Me entusiasma** continuar el trabajo.　能继续工作让我很兴奋。
09 ｜ **Me entusiasma** abrir la nueva tienda.　我很兴奋开新店。
10 ｜ **Me entusiasma** dedicarme a la enseñanza.　投身教育界让我很兴奋。

补充
★03: película　图 电影
★06: portugués　图 葡萄牙语
★10: enseñanza　图 教育；教育工作

PASO2　句子重组练习

01 ｜ **Me entusiasma** conversación una tener contigo.　和你交谈，我很兴奋。
02 ｜ **Me entusiasma** museo. al ir　能去博物馆让我很兴奋。
03 ｜ **Me entusiasma** actor. al conocer　我很兴奋能认识这个演员。
04 ｜ **Me entusiasma** nuevas. hacer cosas　接触新的事物让我很兴奋。
05 ｜ **Me entusiasma** vuelta dar al mundo. la　去环游世界让我很兴奋。

解答
★01: Me entusiasma tener una conversación contigo.
★02: Me entusiasma ir al museo.
★03: Me entusiasma conocer al actor.
★04: Me entusiasma hacer cosas nuevas.
★05: Me entusiasma dar la vuelta al mundo.

PASO3　应用篇

A: María, ¿te entusiasma cenar conmigo esta noche?
B: ¡Sí! Me entusiasma mucho la idea!

A: 玛丽亚，今晚你和我共进晚餐，你感到兴奋吗？
B: 是啊，我非常喜欢这想法！

051 | 表达个人情绪与看法的句型

Creo que... 我觉得 / 相信……

Creo 是动词 Creer 现在时的第一人称单数。Creo que + 动词，表示"我觉得 / 相信……"。

PASO 1　Top 必学句

01	**Creo que** trabajas mucho.	我觉得你工作太多了。
02	**Creo que** corres muy rápido.	我觉得你跑得非常快。
03	**Creo que** voy a Brasil en verano.	我相信在夏天我会去巴西。
04	**Creo que** no es justo.	我认为这不公平。
05	**Creo que** eres muy inteligente.	我觉得你很聪明。
06	**Creo que** puedes hacerlo.	我相信你可以做到。
07	**Creo que** escribes bien.	我觉得你写得很好。
08	**Creo que** es cierto.	我相信这是真的。
09	**Creo que** José está mal.	我认为荷塞是错的。
10	**Creo que** cocino bien.	我觉得我很会做饭。

补充
- ★02: rápido　形 快速的；迅速的
- ★04: justo　副 公平合理的；公道的
- ★05: inteligente　形 聪明的（人）；能干的（人）

PASO 2　句子重组练习

01	**Creo que** dólar. el subió	我认为美元已经增值了。
02	**Creo que** beca. dieron la le	我相信他们给了他奖学金。
03	**Creo que** casó María se con Juan.	我觉得玛丽亚已经嫁给胡安了。
04	**Creo que** coche. comprar me a voy el	我相信我会买这辆汽车。
05	**Creo que** aburrida. la película es	我觉得这部电影很无聊。

解答
- ★01: Creo que subió el dólar.
- ★02: Creo que le dieron la beca.
- ★03: Creo que María se casó con Juan.
- ★04: Creo que me voy a comprar el coche.
- ★05: Creo que la película es aburrida.

PASO 3　应用篇

A: La serie de TV es a las 9.

B: No... creo que estás confundido. Es a las 10.

A: 电视剧是9点开始。

B: 不……我觉得你搞错了，是10点才对。

Estoy de acuerdo... 我同意……

Estar 是联系动词，不行使动作，是说话人对人或事物处于某种暂时的状态、性质或条件等个人认知意识的表达。Estar 现在时动词变化：yo estoy / tú estás / él está / nosotros estamos / vosotros estáis / ellos están。西班牙语一般都不需要写出主语代词［yo 我、tú 你、él-ella 他（她）、nosotros-as 我们（阴性 as）、vosotros-as 你们（阴性 as）、ellos-ellas 他（她）们］。前置词连用：con 和 mí,ti, si 连用时变成 conmigo, contigo, consigo。

PASO 1 Top 必学句

01	**Estoy de acuerdo** contigo.	我同意你的看法。
02	**Estoy de acuerdo** en que el problema es complicado.	我同意这个问题是复杂的。
03	**Estoy de acuerdo** con lo que dices.	我同意你的说法。
04	**Estoy de acuerdo** con la recomendación.	我同意这个建议。
05	**Estoy de acuerdo** en que celebremos mi cumpleaños.	我同意我们庆祝我的生日。
06	**Estoy de acuerdo** en salir temprano.	我同意早点离开。
07	**Estoy de acuerdo** con el gerente.	我与经理意见一致。
08	**Estoy de acuerdo** con tu opinión.	我同意你的看法。
09	**Estoy de acuerdo** con tus comentarios.	我同意你的意见。
10	**Estoy de acuerdo** con tus quejas.	我同意你的抱怨。

补充
- ★02: complicado 形 复杂的
- ★06: temprano 副 提早、早
- ★07: gerente 名 经理

PASO 2 句子重组练习

01	**Estoy de acuerdo** profesor. el con	我和老师意见一致。
02	**Estoy de acuerdo** las del condiciones con contrato.	我同意合约的条款。
03	**Estoy de acuerdo** tu con decisión.	我同意你的决定。
04	**Estoy de acuerdo** ley. la con nueva	我同意新的法律。

解答
- ★01: Estoy de acuerdo con el profesor.
- ★02: Estoy de acuerdo con las condiciones del contrato.
- ★03: Estoy de acuerdo con tu decisión.
- ★04: Estoy de acuerdo con la nueva ley.

PASO 3 应用篇

A: Ya no aguanto más de estar casada contigo.
B: Está bien. Estoy de acuerdo con el divorcio.
A: 我无法再继续忍受我们的婚姻生活。
B: 可以啊。我同意离婚。

Pienso que... 我认为 / 想……

Pienso + 连词 que + 名词，表示"我认为 / 想……"。

PASO 1 Top 必学句

01 | **Pienso que** el asunto es importante. —— 我认为这个问题非常重要。
02 | **Pienso que** tienes que dejar de fumar. —— 我认为你必须戒烟。
03 | **Pienso que** debes estudiar más. —— 我想你应该更用功。
04 | **Pienso que** tienes que casarte. —— 我认为你必须结婚。
05 | **Pienso que** va a hacer calor hoy. —— 我认为今天会很热。
06 | **Pienso que** hay que pintar la casa. —— 我认为我们必须要粉刷房子。
07 | **Pienso que** tenemos que arreglar el coche. —— 我认为我们必须修车。
08 | **Pienso que** eres muy autoritario. —— 我觉得你很专制。
09 | **Pienso que** estás enfermo. —— 我觉得你生病了。
10 | **Pienso que** estás equivocado. —— 我认为你错了。

补充
★04：casarse 动 结婚
★07：arreglar 动 修理
★08：autoritario 形 独裁的；专横的

PASO 2 句子重组练习

01 | **Pienso que** contigo. tengo hablar que —— 我想我应该和你谈谈。
02 | **Pienso que** juntos. cenar debemos —— 我觉得我们应该一起用餐。
03 | **Pienso que** dieta. hacer debo —— 我想我应该节食。
04 | **Pienso que** amigos. tengo a buenos muchos —— 我觉得我有很多好朋友。
05 | **Pienso que** interesante. este muy libro es —— 我觉得这本书很有意思。

解答
★01：Pienso que tengo que hablar contigo.
★02：Pienso que debemos cenar juntos.
★03：Pienso que debo hacer dieta.
★04：Pienso que tengo a muchos buenos amigos.
★05：Pienso que este libro es muy interesante.

PASO 3 应用篇

A: Mamá, pienso que voy a ser excelente.
B: ¡Qué bien, hijo! ¡Me alegro mucho!

A：妈妈，我觉得在读书方面我会有很好的表现。
B：太好了，儿子！我很高兴！

Parece que... 看起来 / 好像 / 显得……

Parece que + 动词，表示"看起来 / 好像 / 显得……"。

PASO 1　Top 必学句

01 | **Parece que** va a hacer frío.　　天气看来要变冷了。
02 | **Parece que** estás triste.　　你好像很悲伤。
03 | **Parece que** la tarea es difícil.　　作业似乎很难。
04 | **Parece que** no entiendes lo que te digo.　　你好像不明白我对你说的话。
05 | **Parece que** estás concentrado.　　你好像很专心。
06 | **Parece que** va a llover mucho.　　看样子要下很多雨了。
07 | **Parece que** viene una tormenta.　　暴风雨似乎即将来临。
08 | **Parece que** estás cansado.　　你看起来很累。
09 | **Parece que** el inglés es fácil.　　英语似乎很容易。
10 | **Parece que** la receta es sencilla.　　菜谱看来很简单。

补充
★ 05： concentrado　形　全神贯注
★ 06： llover　动　下雨
★ 07： tormenta　名　暴风雨
★ 10： receta　名　食谱、菜谱

PASO 2　句子重组练习

01 | **Parece que** Carlos llegar. va no a　　卡洛斯好像不会来了。
02 | **Parece que** es piso. difícil alquilar　　租公寓似乎很困难。
03 | **Parece que** ciudad esta muy bonita. es　　这个城市看起来非常漂亮。
04 | **Parece que** tímido. muy eres　　你似乎很害羞。
05 | **Parece que** ti. confiar no en puedo　　我好像不能相信你。

解答
★ 01： Parece que Carlos no va a llegar.
★ 02： Parece que es difícil alquilar piso.
★ 03： Parece que esta ciudad es muy bonita.
★ 04： Parece que eres muy tímido.
★ 05： Parece que no puedo confiar en ti.

PASO 3　应用篇

A： ¿Dónde está papá?
B： Parece que aún está en la oficina.
A： 爸爸在哪里?
B： 他似乎还在办公室。

055 | 表达个人情绪与看法的句型

Considero que… 我认为 / 觉得…

Considero que + 宾语从句，表示"我认为 / 觉得……"。

PASO 1 Top 必学句

01 | **Considero que** la pregunta es tonta.　　我觉得这问题很愚蠢。
02 | **Considero que** la propuesta es interesante.　　我觉得这个建议很有趣。
03 | **Considero que** el resultado es favorable.　　我认为结果是有利的。
04 | **Considero que** el asunto es grave.　　我觉得问题很严重。
05 | **Considero que** la mejor respuesta es la tuya.　　我认为你的答案最好。
06 | **Considero que** la reforma es necesaria.　　我认为改革是必要的。
07 | **Considero que** el cambio es positivo.　　我认为改变是正面的。
08 | **Considero que** el chico es bastante guapo.　　我觉得这男孩很帅。
09 | **Considero que** el desfile de modas fue un éxito.　　我觉得时装秀是成功的。
10 | **Considero que** el restaurante es muy bueno.　　我觉得餐厅非常好。

补充
★01: tonta 形 愚蠢的
★03: favorable 形 有利的
★07: positivo 形 正面的

PASO 2 句子重组练习

01 | **Considero que** precioso. el regalo está　　我认为礼物很美丽。
02 | **Considero que** canta cantante el bien. muy　　我觉得歌手唱得很好。
03 | **Considero que** demasiado la dura reunión tiempo.　　我觉得这会议时间拖得太长。
04 | **Considero que** viaje interesante. es el muy　　我认为旅行是非常有趣的事。

解答
★01: Considero que el regalo está precioso.
★02: Considero que el cantante canta muy bien.
★03: Considero que la reunión dura demasiado tiempo.
★04: Considero que el viaje es muy interesante.

PASO 3 应用篇

A：¿Y a ti, te dieron el aumento?
B：Sí, considero que el jefe es muy generoso.
A：你呢？他们给你加薪了吗？
B：是的，我觉得老板很慷慨。

西班牙语入门口语
句型大全

表达感谢和帮助的句型

PARTE
2

056 | 表达感谢和帮助的句型

Gracias… 谢谢……

Gracias + por + 原形动词 / 名词，表示"谢谢……"。

PASO 1　Top 必学句

01	**Gracias** por el favor.	谢谢帮忙。
02	**Gracias** por venir.	谢谢光临。
03	**Gracias** por el libro.	谢谢（你/你们）送的书。
04	**Gracias** por estar aquí.	谢谢（你/你们）来这里。
05	**Gracias** por los zapatos.	谢谢（你/你们）送的鞋子。
06	**Gracias** por la camisa.	谢谢（你/你们）送的衬衫。
07	**Gracias** por el regalo.	谢谢（你/你们）送的礼物。
08	**Gracias** por ayudarme.	谢谢（你/你们的）帮助。
09	**Gracias** por la invitación.	谢谢（你/你们的）邀请。
10	**Gracias** por el reloj.	谢谢（你/你们）送的手表。

补充
- ★01: favor 〔名〕帮助；帮忙
- ★05: zapatos 〔名〕鞋子
- ★09: invitación 〔名〕邀请
- ★10: reloj 〔名〕表；钟

PASO 2　句子重组练习

01	**Gracias** palabras. tus por	谢谢你的赞赏。
02	**Gracias** acompañarme. por	谢谢（你/你们）陪伴我。
03	**Gracias** la por ropa.	谢谢（你/你们的）衣服。
04	**Gracias** la nueva por computadora.	谢谢（你/你们的）新计算机。
05	**Gracias** conmigo. por estar	谢谢（你/你们）和我在一起。

解答
- ★01: Gracias por tus palabras.
- ★02: Gracias por acompañarme.
- ★03: Gracias por la ropa.
- ★04: Gracias por la nueva computadora.
- ★05: Gracias por estar conmigo.

PASO 3　应用篇

A：Mi hijo llora mucho.
B：No importa, no me molesta.
A：Gracias por tu paciencia.

A：我儿子哭得好厉害。
B：没关系，不会打扰到我的。
A：谢谢你的耐心。

057 | 表达感谢和帮助的句型

Te quería dar las gracias…
我要感谢你……

Te quería dar las gracias + por（动词原形），表示"我要感谢你……"。

PASO 1 Top 必学句

01 | **Te quería dar las gracias** por esperarme. — 感谢你等候我。
02 | **Te quería dar las gracias** por tu discreción. — 感谢你的谨慎。
03 | **Te quería dar las gracias** por guardar el secreto. — 感谢你保守秘密。
04 | **Te quería dar las gracias** por ayudar a mi hija. — 感谢你帮助我的女儿。
05 | **Te quería dar las gracias** por tu trabajo. — 感谢你为工作的付出。
06 | **Te quería dar las gracias** por cuidar a mi hijo. — 感谢你帮忙照顾我的儿子。
07 | **Te quería dar las gracias** por prestarme dinero. — 感谢你借给我钱。
08 | **Te quería dar las gracias** por tu apoyo. — 感谢你的支持。
09 | **Te quería dar las gracias** por tu amabilidad. — 感谢你的亲切。
10 | **Te quería dar las gracias** por tu bondad. — 要感谢你的好意。

补充
★02: discreción 名 谨慎；慎重
★03: secreto 名 秘密
★09: amabilidad 名 和善；亲切
★10: bondad 名 善良；仁慈

PASO 2 句子重组练习

01 | **Te quería dar las gracias** el té. por — 感谢你的茶。
02 | **Te quería dar las gracias** visitarme. por — 感谢你来探视我。
03 | **Te quería dar las gracias** flores. las por — 感谢你送的花。
04 | **Te quería dar las gracias** los chocolates. por — 感谢你送的巧克力。

解答
★01: Te quería dar las gracias por el té.
★02: Te quería dar las gracias por visitarme.
★03: Te quería dar las gracias por las flores.
★04: Te quería dar las gracias por los chocolates.

PASO 3 应用篇

A: Te quería dar las gracias por la rica cena.
B: No, no es nada.
A: 感谢你美味的晚餐。
B: 不，这没什么。

Te agradezco... 我感激（感谢）你……

Te agradezco + 名词，表示"我因为某事而感激（感谢）你……"。

PASO 1　Top 必学句

01 | **Te agradezco** los regalos.　　谢谢你的礼物。
02 | **Te agradezco** el interés.　　谢谢你的关心。
03 | **Te agradezco** la respuesta.　　谢谢你的回答。
04 | **Te agradezco** la ayuda.　　感谢你的帮助。
05 | **Te agradezco** la donación.　　感谢你的捐赠。
06 | **Te agradezco** la confianza.　　谢谢你对我的信任。
07 | **Te agradezco** el elogio.　　感谢你的称赞。
08 | **Te agradezco** el esfuerzo.　　感激你的努力。
09 | **Te agradezco** la propuesta.　　感谢你的建议。
10 | **Te agradezco** el saludo.　　谢谢你的问候。

补充
★02: interés　[名] 注意；关心
★03: respuesta　[名] 回复；回答
★05: donación　[名] 捐款；捐献
★10: saludo　[名] 问候；致敬

PASO 2　句子重组练习

01 | **Te agradezco**　préstamo. el　　谢谢你的借款。
02 | **Te agradezco**　compañía. la　　感谢你的陪伴。
03 | **Te agradezco**　postal. la　　谢谢你的明信片。
04 | **Te agradezco**　atención. la　　谢谢你的关心。
05 | **Te agradezco**　comprensión. la　　感谢你的理解。

解答
★01: Te agradezco el préstamo.
★02: Te agradezco la compañía.
★03: Te agradezco la postal.
★04: Te agradezco la atención.
★05: Te agradezco la comprensión.

PASO 3　应用篇

A: Tenemos un puesto disponible para ti en la empresa.
B: Te agradezco la oportunidad de trabajo que me das.

A: 我们公司有一个职缺可以提供给你。
B: 谢谢你提供给我工作机会。

059 | 表达感谢和帮助的句型

Me siento agradecido...
我十分感激……

Me siento agradecido + de que / por（介词），表示"我十分感激……"。

PASO 1 Top 必学句

01 | **Me siento agradecido** de que hayas venido. — 感谢你的到来。
02 | **Me siento agradecido** de que estés aquí. — 谢谢你在这里。
03 | **Me siento agradecido** de que viajes conmigo. — 你陪我旅行，我很感激。
04 | **Me siento agradecido** de que seas tan buen amigo. — 我感恩有你如此友好。
05 | **Me siento agradecido** por la educación que recibí. — 我很感恩我所接受的教育。
06 | **Me siento agradecido** por el esfuerzo de mi hijo. — 我很感恩，儿子懂得努力了。
07 | **Me siento agradecido** por recuperar mi perro perdido. — 我很感恩，总算找回我失去的狗。
08 | **Me siento agradecido** por la cooperación. — 我很感谢大家的合作。
09 | **Me siento agradecido** por el cariño que me das. — 我很感谢你给我的爱。
10 | **Me siento agradecido** por todo el apoyo. — 我要感谢所有的支持。

补充
★01: venir 动 来；到来
★06: esfuerzo 名 努力；尽力
★08: cooperación 名 合作；协助

PASO 2 句子重组练习

01 | **Me siento agradecido** estar por sano. — 我很感恩健康良好。
02 | **Me siento agradecido** preocupación. tu por — 我很感谢你的关心。
03 | **Me siento agradecido** recuperar bolso. por mi — 我要感激手提包失而复得。
04 | **Me siento agradecido** un por trabajo. conseguir — 我很感激得到一份工作。

解答
★01: Me siento agradecido por estar sano.
★02: Me siento agradecido por tu preocupación.
★03: Me siento agradecido por recuperar mi bolso.
★04: Me siento agradecido por conseguir un trabajo.

PASO 3 应用篇

A: ¡Qué bien que tus padres te regalaran el viaje a México!
B: Sí, me siento muy agradecido por esta oportunidad.

A：多好啊，你父母要送你去墨西哥旅行！
B：是的，我非常感激他们给我这个机会。

060 | 表达感谢和帮助的句型

Gracias a Dios... 谢天谢地……

Gracias a Dios + que / por，表示"感谢上帝……"。

PASO 1 Top 必学句

01 | **Gracias a Dios** que Hitler perdió la guerra. — 谢天谢地，希特勒战败。

02 | **Gracias a Dios** que podemos pagar la hipoteca. — 谢天谢地，我们可以支付抵押贷款。

03 | **Gracias a Dios** que en el mundo existe tanta gente buena. — 谢天谢地，世界上有这么多的好人。

04 | **Gracias a Dios** que mis hijos estén bien. — 感谢上苍，我的孩子们都很好。

05 | **Gracias a Dios** por nuestros héroes. — 感谢上帝，赐给我们伟大的英雄。

06 | **Gracias a Dios** por esos muchachos que me ayudaron. — 感谢上苍，多亏那些帮助我的男孩们。

07 | **Gracias a Dios** que llegaste sano y salvo. — 谢天谢地，你平安健康回来。

08 | **Gracias a Dios** que hay suficiente agua en el mundo. — 谢天谢地，世界上有足够的水源。

09 | **Gracias a Dios** por tenerte conmigo. — 感谢上苍，让我生活中有你。

10 | **Gracias a Dios** por tener una vida fácil. — 感谢上苍，给了我一个安逸的生活。

补充
- ★02: hipoteca 〔名〕 抵押贷款
- ★05: héroe 〔名〕 英雄
- ★07: sano y salvo 〔片〕 健康平安的
- ★10: fácil 〔形〕 简单的；安逸的

PASO 2 句子重组练习

01 | **Gracias a Dios** volver que a podemos país. nuestro — 谢天谢地，我们可以回到自己的国家。

02 | **Gracias a Dios** alimento. por tener — 我有食物真是感谢上天。

03 | **Gracias a Dios** a verte. volver por — 谢天谢地，我能再见到你。

04 | **Gracias a Dios** llegar tormenta. por antes la de — 感谢上苍，我们在暴风雨前到达。

解答
- ★01: Gracias a Dios que podemos volver a nuestro país.
- ★02: Gracias a Dios por tener alimento.
- ★03: Gracias a Dios por volver a verte.
- ★04: Gracias a Dios por llegar antes de la tormenta.

PASO 3 应用篇

A: Julio, estás muy bien últimamente.
B: Sí, gracias a Dios que tengo este empleo.
A: 胡里欧，你最近好像还不错。
B: 是啊，感谢上苍，让我拥有这份工作。

061 | 表达感谢和帮助的句型

Aprecio mucho... 我非常感激……

Aprecio mucho + art. / v，表示"我非常感激……"。

PASO1 Top 必学句

01	**Aprecio mucho** la atención que me dan.	我很感激他们对我的关心。
02	**Aprecio mucho** poder visitar Barcelona.	我非常感谢可以参访巴塞罗那。
03	**Aprecio mucho** la oportunidad de ir a Canadá.	我非常感谢有机会去加拿大。
04	**Aprecio mucho** el trabajo que has hecho.	我很欣赏你所做的工作。
05	**Aprecio mucho** la actitud positiva que tienes.	我很欣赏你拥有的积极态度。
06	**Aprecio mucho** a mi madre.	我很感激母亲。
07	**Aprecio mucho** la preocupación que muestras.	我感谢你所表现出的关注。
08	**Aprecio mucho** la presencia de mis padres.	我感谢我父母的出席。
09	**Aprecio mucho** estar sano.	非常感恩我身体健康。
10	**Aprecio mucho** las personas limpias.	我喜欢爱干净的人。

补充
- ★01: atención [名] 关心
- ★08: presencia [名] 在场；出席；到场
- ★10: limpio   [形] 干净

PASO2 句子重组练习

01	**Aprecio mucho** coraje el mi padre. de	我感激父亲的勇气。
02	**Aprecio mucho** das. trato me que el	我很感谢你对我这么好。
03	**Aprecio mucho** Elena. de amistad la	我很重视爱琳娜的友谊。
04	**Aprecio mucho** muestras. que el entusiasmo	我很感激你表现出的热情。

解答
- ★01: Aprecio mucho el coraje de mi padre.
- ★02: Aprecio mucho el trato que me das.
- ★03: Aprecio mucho la amistad de Elena.
- ★04: Aprecio mucho el entusiasmo que muestras.

PASO3 应用篇

A：¿Qué suerte tienes, Juan!
B：Sí, mucha... Aprecio mucho las vacaciones que me da mi jefe.
A：胡安，你多么幸运！
B：是的，太幸运了……我很感激老板给我的假期。

062 | 表达感谢和帮助的句型

Es un placer... 很乐意……

con 和 mí, ti, si 连用时变成 conmigo, contigo, consigo。Es un placer + 动词，表示"很乐意/非常荣幸……"。

PASO1　Top 必学句

01 | **Es un placer** conocerte.　　　　　很荣幸见到你。
02 | **Es un placer** poder hablar contigo.　很荣幸能同你交谈。
03 | **Es un placer** estudiar idiomas.　　学习语言，是一件快乐的事。
04 | **Es un placer** cocinar para ti.　　很高兴为你做饭。
05 | **Es un placer** ir a tu casa.　　　很荣幸能去你家。
06 | **Es un placer** tocar el piano para ti.　很荣幸能为你演奏钢琴。
07 | **Es un placer** escuchar a Placido Domingo.　很荣幸聆听普拉西多·多明哥的演唱。
08 | **Es un placer** ayudarte con la limpieza.　很高兴能帮你打扫。
09 | **Es un placer** leer este libro.　阅读这本书，是一种乐趣。
10 | **Es un placer** trabajar en esta empresa.　我很高兴在这家公司工作。

补充
★01: conocer　动　见面；认识
★06: piano　名　钢琴
★08: limpieza　名　打扫；清洁

PASO2　句子重组练习

01 | **Es un placer**　en casa. acompañarte　很高兴陪你待在家里。
02 | **Es un placer**　hoy contigo. comer　很高兴今天能跟你一起用餐。
03 | **Es un placer**　el viajar por mundo.　环游世界，是一种多么惬意的事。
04 | **Es un placer**　película. esta ver　很高兴看这部影片。
05 | **Es un placer**　ruinas visitar mayas. las　很荣幸能参观玛雅遗址。

解答
★01: Es un placer acompañarte en casa.
★02: Es un placer comer contigo hoy.
★03: Es un placer viajar por el mundo.
★04: Es un placer ver esta película.
★05: Es un placer visitar las ruinas mayas.

PASO3　应用篇

A：¿Quieres ver la película de Nicole Kidman?
B：Sí, para mi es un placer ir al cine contigo.
A：你想不想去看妮可·基德曼的电影？
B：当然，我很高兴能和你一块看电影。

064

063 | 表达感谢和帮助的句型

Es un honor... 非常荣幸……

con 和 mí, ti, si 连用时变成 conmigo, contigo, consigo。Es un honor + 动词，表示"非常荣幸……"。

PASO 1　Top 必学句

01	**Es un honor** estar visitando la Casa Blanca.	参观白宫，是一种荣耀。
02	**Es un honor** conocer al presidente.	能认识总统，是一种荣耀。
03	**Es un honor** leer las obras de este afamado escritor.	很荣幸能阅读著名作家的作品。
04	**Es un honor** compartir este momento contigo.	非常荣幸能与你分享这个时刻。
05	**Es un honor** visitar al rey.	很荣幸能拜见国王。
06	**Es un honor** conversar con el actor.	非常荣幸能与演员交谈。
07	**Es un honor** participar en esta fiesta.	非常荣幸参加本次活动。
08	**Es un honor** ir a tu ceremonia de graduacion.	很荣幸去参加你的毕业典礼。
09	**Es un honor** ir al concierto de Carreras.	很荣幸去听卡雷拉斯音乐会。
10	**Es un honor** quedar aceptado en Harvard.	很荣幸被哈佛录取了。

补充
- ★02: presidente [名] 总统
- ★03: afamado [形] 著名的
- ★05: rey [名] 国王

PASO 2　句子重组练习

01	**Es un honor** este ganar premio.	很荣幸赢得这一奖项。
02	**Es un honor** mi luchar país. por	为国家而战是一种荣耀。
03	**Es un honor** elegido presidente. ser	当选总统是一种荣耀。
04	**Es un honor** ejército. en estar el	从军是一种荣耀。
05	**Es un honor** amigo. tu ser	很荣幸成为你的朋友。

解答
- ★01: Es un honor ganar este premio.
- ★02: Es un honor luchar por mi país.
- ★03: Es un honor ser elegido presidente.
- ★04: Es un honor estar en el ejército.
- ★05: Es un honor ser tu amigo.

PASO 3　应用篇

A：¿Quieres ver la película de Nicole Kidman?
B：Sí, para mi es un honor ir al cine contigo.
A：你想不想去看妮可·基德曼的电影？
B：当然，我很高兴能和你一块看电影。

064 | 表达感谢和帮助的句型

Es un agrado... 是愉快的……

con 和 mí, ti, si 连用时变成 conmigo, contigo, consigo。Es un agrado + 动词，表示"是愉快的……"。

PASO1　Top 必学句

01 | **Es un agrado** salir contigo el viernes.　　我很高兴星期五能跟你出去。
02 | **Es un agrado** ir al cine.　　去看电影是一件愉悦的事。
03 | **Es un agrado** tomar un café con amistades.　　和朋友喝咖啡是一件愉快事。
04 | **Es un agrado** caminar en el bosque.　　在树林里散步有一种愉悦的感觉。
05 | **Es un agrado** vivir cerca de la playa.　　住在海边是多么惬意的事。
06 | **Es un agrado** cuidar a mi abuela.　　照顾奶奶是一件愉快的事。
07 | **Es un agrado** estar en una buena compañía.　　在优质的公司上班是一件愉快的事。
08 | **Es un agrado** conducir este coche.　　驾驶这辆车是一种乐趣。
09 | **Es un agrado** esuchar esta música.　　听这种音乐是一件愉悦的事。
10 | **Es un agrado** tocar el violín.　　拉小提琴是一件愉悦的事。

补充
★03：amistades 名 友人
★04：bosque 名 树林；森林
★06：abuela 名 奶奶；祖母

PASO2　句子重组练习

01 | **Es un agrado** la ayudar a gente.　　帮助人是一件愉快的事。
02 | **Es un agrado** los con jugar niños.　　跟孩子嬉戏是一件愉悦的事。
03 | **Es un agrado** tu probar tarta fresas. de　　很高兴能品尝你做的草莓蛋糕。
04 | **Es un agrado** contigo. bailar　　很高兴和你一起跳舞。
05 | **Es un agrado** cartas. jugar las a　　打牌是一件愉悦的事。

解答
★01：Es un agrado ayudar a la gente.
★02：Es un agrado jugar con los niños.
★03：Es un agrado probar tu tarta de fresas.
★04：Es un agrado bailar contigo.
★05：Es un agrado jugar a las cartas.

PASO3　应用篇

A：¿Vamos a visitar a José?
B：Sí, claro... Es un agrado ir a verlo.
A：我们要去拜访荷塞？
B：当然要，去看他是一件愉快的事。

065 | 表达感谢和帮助的句型

Es un gusto... 很高兴……

con 和 mí, ti, si 连用时变成 conmigo, contigo, consigo。Es un gusto + 动词，表示"很高兴……"。

PASO1 Top 必学句

01 | **Es un gusto** volver a encontrarnos.　　很高兴我们再次见面。
02 | **Es un gusto** hablar contigo por teléfono.　　很高兴和你在电话中谈话。
03 | **Es un gusto** viajar juntos.　　一起旅行感觉真好。
04 | **Es un gusto** tomar una copa contigo.　　很高兴跟你一起喝酒。
05 | **Es un gusto** salir de vacaciones.　　去度假是一种乐事。
06 | **Es un gusto** estar solo a veces.　　偶尔独处感觉好快乐。
07 | **Es un gusto** estudiar música.　　学习音乐是一种乐趣。
08 | **Es un gusto** hacer deporte.　　做运动是蛮不错的感觉。
09 | **Es un gusto** jugar al golf.　　打高尔夫球，好悠闲。
10 | **Es un gusto** ir a un país tropical.　　去热带国家是一件乐事。

补充
★04: copa　名 杯（量词）
★06: a veces　片 有时候；偶尔
★10: tropical　形 热带的；酷热的

PASO2 句子重组练习

01 | **Es un gusto** baño tomar espuma. un de　　洗个泡泡浴感觉真好。
02 | **Es un gusto** una grande. vivir en casa　　住在一间大房子里，真好。
03 | **Es un gusto** amigos. tener muchos a　　有很多朋友真好。
04 | **Es un gusto** libros los leer Isabel Allende. de　　阅读伊莎贝尔·阿连德的书，真好。
05 | **Es un gusto** vecino. tu ser　　做你的邻居，真好。

解答
★01: Es un gusto tomar un baño de espuma.
★02: Es un gusto vivir en una casa grande.
★03: Es un gusto tener a muchos amigos.
★04: Es un gusto leer los libros de Isabel Allende.
★05: Es un gusto ser tu vecino.

PASO3 应用篇

A: Iré a visitarte durante las vacaciones.
B: Es un gusto volver a verte!
A: 我会在假期去探访你。
B: 能再次见到你，真好！

Quisiera agradecerte…
我想要感谢你……

Quisiera agradecerte + por（介词），表示"我想要感谢你……"。

PASO 1   Top 必学句

01 | **Quisiera agradecerte** por esta maravillosa velada.   感谢你带给我美好的晚会。

02 | **Quisiera agradecerte** por estas lindas flores.   感谢你送我这些美丽的花朵。

03 | **Quisiera agradecerte** por ayudarme.   感谢你对我的帮助。

04 | **Quisiera agradecerte** por perdonarme.   我想谢谢你原谅我。

05 | **Quisiera agradecerte** por la fiesta inesperada.   我想谢谢你的惊喜派对。

06 | **Quisiera agradecerte** por venir tan rápido.   感谢你这么快就来了。

07 | **Quisiera agradecerte** por invitarme a almorzar.   感谢你邀请我共进午餐。

08 | **Quisiera agradecerte** por enseñarme español.   感谢你教我西班牙语。

09 | **Quisiera agradecerte** por dejarme vivir en tu casa.   感谢你让我住你家。

10 | **Quisiera agradecerte** por arreglar mi bicicleta.   感谢你替我修自行车。

补充
- ★01: velada 名 晚会；联欢晚会
- ★05: sorpresa 名 惊喜
- ★07: almorzar 动 吃午餐

PASO 2   句子重组练习

01 | **Quisiera agradecerte** libro por cuentos. de el   我想谢谢你的故事书。

02 | **Quisiera agradecerte** buen por informe. el   感谢你优秀的报告。

03 | **Quisiera agradecerte** tu donación. por generosa   感谢你的慷慨捐赠。

04 | **Quisiera agradecerte** reunión. la por venir a   感谢你来参加会议。

解答
- ★01: Quisiera agradecerte por el libro de cuentos.
- ★02: Quisiera agradecerte por el buen informe.
- ★03: Quisiera agradecerte por tu generosa donación.
- ★04: Quisiera agradecerte por venir a la reunión.

PASO 3   应用篇

A: Jefe, las ventas han aumentado mucho…   A：老板，销量增加了不少……

B: Ya sé… **Quisiera agradecerte** por tu gran esfuerzo.   B：我知道……感谢你巨大的努力。

067 | 表达感谢和帮助的句型

¿Me podrías…? 你可以……吗?

¿Me podrías + 动词,表示"你可以……吗?"。

PASO 1　Top 必学句

01	¿**Me podrías** prestar el libro?	你可以借我这本书吗?
02	¿**Me podrías** llamar mañana?	明天你可以打电话给我吗?
03	¿**Me podrías** conseguir el empleo?	你可以帮我争取这份工作吗?
04	¿**Me podrías** dar un vaso de agua?	你可以给我一杯水吗?
05	¿**Me podrías** ayudar con la tarea?	你可以辅导我做功课吗?
06	¿**Me podrías** hacer una sopa?	你可以替我做一碗汤吗?
07	¿**Me podrías** enseñar chino mandarín?	你可以教我汉语吗?
08	¿**Me podrías** lavar la ropa?	你可以帮我洗衣服吗?
09	¿**Me podrías** comprar la entrada?	你可以帮我买入场券吗?
10	¿**Me podrías** reservar el hotel?	你可以替我预订酒店吗?

补充
- ★02: mañana 名 明天
- ★04: vaso de agua 短 一杯水
- ★07: chino mandarín 名 汉语
- ★09: boleto 名 入场券;门票

PASO 2　句子重组练习

01	¿**Me podrías**　pan?　comprar	你可以帮我买面包吗?
02	¿**Me podrías**　libro?　el　devolver	你可以还我书吗?
03	¿**Me podrías**　pregunta?　la　contestar	你可以回答这个问题吗?
04	¿**Me podrías**　hospital?　al　acompañar	你愿意陪我去医院吗?
05	¿**Me podrías**　cena?　la　preparar	你能为我做晚餐吗?

解答
- ★01: ¿Me podrías comprar pan?
- ★02: ¿Me podrías devolver el libro?
- ★03: ¿Me podrías contestar la pregunta?
- ★04: ¿Me podrías acompañar al hospital?
- ★05: ¿Me podrías preparar la cena?

PASO 3　应用篇

A：Sophie me escribió una carta en francés.

B：¿No la entiendes?

A：No, nada. ¿Me podrías ayudar a traducirla?

A：苏菲用法语写信给我。

B：你看不懂吗?

A：不懂,什么都看不懂。你能帮忙翻译一下吗?

¿Te importa si...? 如果……，你介意吗？

¿Te importa si + 动词，表示"如果……，你介意？"。

PASO 1　Top 必学句

01 | ¿Te importa si comemos temprano hoy? — 如果我们今天提早吃，你介意吗？
02 | ¿Te importa si vamos a la montaña el sábado? — 如果我们周六去山上，你介意吗？
03 | ¿Te importa si te pregunto algo? — 如果我问你某件事，你介意吗？
04 | ¿Te importa si compro la cámara? — 如果我买照相机，你介意吗？
05 | ¿Te importa si llamo a Ana? — 如果我呼叫安娜，你介意吗？
06 | ¿Te importa si conduzco yo? — 如果我开车，你介意吗？
07 | ¿Te importa si fumo aquí? — 如果我在这里抽烟，你介意吗？
08 | ¿Te importa si enciendo la TV? — 如果我打开电视，你介意吗？
09 | ¿Te importa si me tomo una copa de vino? — 如果我喝一杯酒，你介意吗？
10 | ¿Te importa si hablo yo primero? — 如果我先发言，你介意吗？

补充
★02: sábado 名 星期六；周六
★04: cámara 名 照相机
★07: fumar 动 抽烟；吸烟

PASO 2　句子重组练习

01 | ¿Te importa si cumpleaños José? de vamos a la fiesta de — 如果我们去荷塞的生日聚会，你介意吗？
02 | ¿Te importa si voy no la fiesta? a — 如果我不去参加聚会，你介意吗？
03 | ¿Te importa si TV? veo — 如果我看电视，你介意吗？
04 | ¿Te importa si terror? vemos película una de — 如果我们去看恐怖电影，你介意吗？
05 | ¿Te importa si Olga? verdad le la digo a — 如果我对欧嘉说实话，你在乎吗？

解答
★01: ¿Te importa si vamos a la fiesta de cumpleaños de José?
★02: ¿Te importa si no voy a la fiesta?
★03: ¿Te importa si veo TV?
★04: ¿Te importa si vemos una película de terror?
★05: ¿Te importa si le digo la verdad a Olga?

PASO 3　应用篇

A: Parece que tienes mucha hambre, Luisito.
B: Sí, mamá... ¿Te importa si como primero?

A: 你看起来好像很饿，小路易。
B: 是的，妈妈……你介意我先吃吗？

069 | 表达感谢和帮助的句型

Si no es mucha molestia, ¿podrías...?
如果不是太麻烦的话,你是否可以……?

表达礼貌或客气地给予一个善意建议时用条件句。Si no es mucha molestia, ¿podrías + 原形动词,表示"如果不是太麻烦的话,你是否可以……?"。

PASO1 Top 必学句

01 | Si no es mucha molestia, ¿podrías devolverme el dinero? — 如果不是太麻烦的话,你可以还我钱吗?

02 | Si no es mucha molestia, ¿podrías hacerme un favor? — 如果不是太麻烦的话,你可以帮我一个忙吗?

03 | Si no es mucha molestia, ¿podrías venir a mi casa? — 如果不是太麻烦的话,你能来我家吗?

04 | Si no es mucha molestia, ¿podrías ir conmigo a la cita? — 如果不是太麻烦的话,你能陪我赴约吗?

05 | Si no es mucha molestia, ¿podrías comprarme un café? — 如果不是太麻烦的话,你能否帮我买咖啡?

06 | Si no es mucha molestia, ¿podrías ayudarme a limpiar? — 如果不是太麻烦的话,你能否帮我打扫?

07 | Si no es mucha molestia, ¿podrías dejar de fumar? — 如果你不介意的话,请你不要抽烟好吗?

08 | Si no es mucha molestia, ¿podrías hablar en vozbaja? — 如果你不介意的话,请你小声点说话好吗?

补充
★04: cita 名 约会
★06: limpiar 动 打扫;清洁
★07: dejar de 短 停止;终止

PASO2 句子重组练习

01 | Si no es mucha molestia, ¿podrías a despertarme las 7? — 如果不麻烦的话,你能在七点叫醒我吗?

02 | Si no es mucha molestia, ¿podrías despacio? conducir más — 如果你不介意的话,请开慢点好吗?

03 | Si no es mucha molestia, ¿podrías habitación? tu limpiar — 如果你不介意的话,请打扫你的房间好吗?

解答
★01: Si no es mucha molestia, ¿podrías despertarme a las 7?
★02: Si no es mucha molestia, ¿podrías conducir más despacio?
★03: Si no es mucha molestia, ¿podrías limpiar tu habitación?

PASO3 应用篇

A: Juan, vamos a llegar tarde a la reunión.
B: Sí, sólo por algunos minutos.
A: Si no es mucha molestia, ¿podrías caminar más deprisa?

A: 胡安,参加会议,我们要迟到了。
B: 别急,就几分钟而已。
A: 如果你不介意的话,请走快一点好吗?

070 | 表达感谢和帮助的句型

Deseo pedirte... 我想请你……

　　Deseo pedirte que 中的连词 que 后面的从句动词用虚拟式现在时。（假设语气）虚拟式在西班牙语中使用得非常频繁。表达说话人主观的情绪与感觉、期盼或愿望以及命令与要求或劝诫等。Deseo pedirte que + 动词虚拟式，表示"我想请你……"。

PASO 1　Top 必学句

01	**Deseo pedirte** que me hagas un favor.	我想请你帮我一个忙。
02	**Deseo pedirte** que salgas conmigo.	我想请你陪我出去。
03	**Deseo pedirte** que vuelvas pronto.	我想请你早点回来。
04	**Deseo pedirte** que no te enojes conmigo.	我想请求你不要生我的气。
05	**Deseo pedirte** que trabajes hasta tarde.	我想请你加个班。
06	**Deseo pedirte** que obedezcas.	我想请你服从。
07	**Deseo pedirte** un consejo.	我想向你征求建议。
08	**Deseo pedirte** permiso.	我希望得到你的许可。
09	**Deseo pedirte** más plazo para pagar.	我希望你给我更多的时间来支付。
10	**Deseo pedirte** disculpas.	我想请你原谅。

补充
- ★04: enojarse 动 激怒；使生气
- ★06: obedecer 动 服从；听从
- ★08: permiso 名 许可；允许

PASO 2　句子重组练习

01	**Deseo pedirte** aplicado. más que seas	我想请你更刻苦点。
02	**Deseo pedirte** médico. al que acompañes me	我想请你陪我去看医生。
03	**Deseo pedirte** gran un favor.	我想请你帮个大忙。
04	**Deseo pedirte** poco de un comprensión.	我想请求多一点谅解。

解答
- ★01: Deseo pedirte que seas más aplicado.
- ★02: Deseo pedirte que me acompañes al médico.
- ★03: Deseo pedirte un gran favor.
- ★04: Deseo pedirte un poco de comprensión.

PASO 3　应用篇

A: ¿Cuándo te casas, María?
B: En agosto. Deseo pedirte que seas mi dama de honor.

A：你什么时候结婚，玛丽？
B：8月份，到时我想请你做我的伴娘。

071 | 表达感谢和帮助的句型

Tenga la amabilidad de...
请您……

Ten（tenga，tengan）la amabilidad de... 请你（您、你们）……，西班牙语中常用"请您"来表达说话人对受话者的尊敬和礼貌，常用在表达某项要求或传达某种意愿，甚至间接下达一个命令时。也具有反讽的意味，说话人用敬语间接达到贬讽受话者的目的。Tenga la amabilidad de + 动词原形，表示"请您……"。

PASO 1　Top 必学句

01 | **Tenga la amabilidad de** contestar mi pregunta.　　请您回答我的问题。
02 | **Tenga la amabilidad de** comunicarse conmigo.　　请您与我联系。
03 | **Tenga la amabilidad de** completar este formulario.　　请您填写此表格。
04 | **Tenga la amabilidad de** sentarse aquí.　　请您坐在这里。
05 | **Tenga la amabilidad de** aceptar mis disculpas.　　请您接受我的道歉。
06 | **Tenga la amabilidad de** esperarme aquí.　　请您在这里等我。
07 | **Tenga la amabilidad de** escucharme un momento.　　请您听一下我说的话。
08 | **Tenga la amabilidad de** no hablar mientras come.　　请您不要边吃饭边说话。

补充
★03: formulario　名　表格
★05: aceptar　动　接受
★07: escuchar　动　听；倾听

PASO 2　句子重组练习

01 | **Tenga la amabilidad** hacer trabajo. de dejarme mi　　请您让我做我的工作。
02 | **Tenga la amabilidad** padre. su de pedir perdón a　　请跟您的父亲道歉。
03 | **Tenga la amabilidad** tiempo. a llegar de　　请您准时到达。
04 | **Tenga la amabilidad** cena. la traerme de　　请您带来我的晚餐。

解答
★01: Tenga la amabilidad de dejarme hacer mi trabajo.
★02: Tenga la amabilidad de pedir perdon a su padre.
★03: Tenga la amabilidad de llegar a tiempo.
★04: Tenga la amabilidad de traerme la cena.

PASO 3　应用篇

A: Mi hijo es el candidato a alcalde de la ciudad.　　A: 我儿子是市长候选人。
B: ¿En serio?　　B: 真的吗?
A: Sí, por favor, tenga la amabilidad de votar por él.　　A: 是真的，请您投他一票。

072 | 表达感谢和帮助的句型

Tenga la bondad de...
请您……；劳驾……

Ten（tenga，tengan）la bondad de...，请你（您、你们）……。西班牙语中常用"请您"来表达说话人对受话者的尊敬和礼貌，常用在表达某项要求或传达某种意愿，甚至间接下达一个命令时。也具有反讽的意味，说话人用敬语间接达到贬讽受话者的目的。Tenga la bondad de + 动词原形，表示"请你（您、你们）……；劳驾……"。

PASO 1　Top 必学句

01 | **Tenga la bondad de** explicármelo.　请您向我解释一下那个。
02 | **Tenga la bondad de** darme el resultado.　请您给我结果。
03 | **Tenga la bondad de** decirme la verdad.　请您告诉我真相。
04 | **Tenga la bondad de** leer con atención.　请您仔细阅读。
05 | **Tenga la bondad de** cumplir con sus deberes.　请您履行您的职责。
06 | **Tenga la bondad de** ayudar al anciano.　请您帮助老人。
07 | **Tenga la bondad de** esforzarse más.　请您更努力。
08 | **Tenga la bondad de** felicitar a Pablo.　请您恭贺巴勃罗。

补充
★ 04：atención　图 注意；留心
★ 06：anciano　图 老人
★ 08：felicitar　动 祝贺；恭喜

PASO 2　句子重组练习

01 | **Tenga la bondad** que dan. apreciar lo le　请您感激他们给您的。
02 | **Tenga la bondad** salir de ahora. aquí de　请您现在从这里离开。
03 | **Tenga la bondad** no beber de tanto.　请您不要喝这么多。
04 | **Tenga la bondad** boda. su darme la fecha de　请您告诉我您的婚礼日期。
05 | **Tenga la bondad** de amigos. sus presentarme a　请把我介绍给您的朋友。

解答
★ 01：Tenga la bondad de apreciar lo que le dan.
★ 02：Tenga la bondad de salir de aquí ahora.
★ 03：Tenga la bondad de no beber tanto.
★ 04：Tenga la bondad de darme la fecha de su boda.
★ 05：Tenga la bondad de presentarme a sus amigos.

PASO 3　应用篇

A：¿Quiere jugar al ajedrez conmigo?
B：No sé jugar. Tenga la bondad de enseñarme, por favor.
A：想和我下一盘棋吗？
B：我不会下棋。请您教我。

073 | 表达感谢和帮助的句型

Tenga la gentileza de... 请您……

西班牙语中常用 敬语"请您"来表达说话人对受话者的尊敬和礼貌，常用在表达某项要求或传达某种意愿，甚至间接下达一个命令。也具有反讽的意味，说话人用敬语间接达到贬讽受话者的目的。Tenga la gentileza de + 动词原形，表示"请您……"。

PASO 1　Top 必学句

01 | **Tenga la gentileza de** hacer bien su trabajo.　　请您做好分内的工作。

02 | **Tenga la gentileza de** no llegar atrasado.　　请您不要迟到。

03 | **Tenga la gentileza de** decirme a qué hora va a llegar.　　请您告诉我，您几点会到。

04 | **Tenga la gentileza de** darme una explicación.　　请您给我一个解释。

05 | **Tenga la gentileza de** escribir más claro.　　请您写得清楚一点。

06 | **Tenga la gentileza de** llevar la maleta.　　请您携带手提箱。

07 | **Tenga la gentileza de** venir inmediatamente.　　请您马上过来。

08 | **Tenga la gentileza de** participar en el juego de voléibol.　　请您参加排球比赛。

补充
★ 02: atrasado　形　落在后面的
★ 06: maleta　名　手提箱
★ 08: participar　动　参加；参与

PASO 2　句子重组练习

01 | **Tenga la gentileza** de　su　llevarme　coche.　en　　请您开车带我。

02 | **Tenga la gentileza** oficina.　de　la　volver　a　　请您回到办公室。

03 | **Tenga la gentileza** orden.　de　ropa　en　poner　su　　请您把衣服整理好。

04 | **Tenga la gentileza** traje.　de　plancharme　el　　请您帮我熨烫西装。

解答
★ 01: Tenga la gentileza de llevarme en su coche.
★ 02: Tenga la gentileza de volver a la oficina.
★ 03: Tenga la gentileza de poner su ropa en orden.
★ 04: Tenga la gentileza de plancharme el traje.

PASO 3　应用篇

A: No escucho lo que dice Antonio.　　A: 听不到安东尼奥说什么。

B: Sí, el sonido de la música es muy qlto.　　B: 是啊，音乐声音太大了。

A: **Tenga la gentileza de** bajar el volumen, por favor.　　A: 请您把音量调低点。

074 | 表达感谢和帮助的句型

Haga el favor de... 请您帮助我……

西班牙语中常用敬语"请您"来表达说话人对受话者的尊敬和礼貌，常用在表达某项要求或传达某种意愿，甚至间接下达一个命令时。也具有反讽的意味，说话人用敬语间接达到贬讽受话者的目的。Haga el favor de + 动词原形，表示"请您帮助我……"。

PASO1　Top 必学句

01 | **Haga el favor de** no hacer ruido cuando come.　请您吃饭的时候不要发出声音。
02 | **Haga el favor de** obedecer a su madre.　请您服从您的母亲。
03 | **Haga el favor de** no pelear tanto.　请您不要那么爱吵架。
04 | **Haga el favor de** sentarse y esperar.　请您坐下等待。
05 | **Haga el favor de** investigar el problema.　请您调查这个问题。
06 | **Haga el favor de** leer las instrucciones.　请您阅读说明书。
07 | **Haga el favor de** enviarme el recibo.　请您寄收据给我。
08 | **Haga el favor de** llegar a tiempo.　请您准时到达。

补充
★03: pelear　动 吵架；争吵
★05: investigar　动 调查
★08: llegar a tiempo　短 准时到

PASO2　句子重组练习

01 | **Haga el favor** más. practicar de　请您多加练习。
02 | **Haga el favor** no hacer de ruido. tanto　请您不要制造这么多的噪声。
03 | **Haga el favor** aclararme las de dudas.　请您澄清我的疑虑。（释疑）
04 | **Haga el favor** tanto. no hablar de　请您不要那么爱说话。
05 | **Haga el favor** cuidar los niños. a de　请您照顾好孩子。

解答
★01: Haga el favor de practicar más.
★02: Haga el favor de no hacer tanto ruido.
★03: Haga el favor de aclararme las dudas.
★04: Haga el favor de no hablar tanto.
★05: Haga el favor de cuidar a los niños.

PASO3　应用篇

A：Me tengo que ir ahora.
B：¿Conduce sucoche?
A：No. **Haga el favor de** llamarme un taxi.

A：我该走了。
B：您是自己开车吗？
A：没开车。请您帮我叫一辆出租车。

075 | 表达感谢和帮助的句型

Te ruego... 我请求你 / 恳求你……

Te ruego + que 连词 + 动词虚拟式现在时，表达"我请求你 / 恳求你……"。

PASO 1 Top 必学句

01 | **Te ruego** que por favor me llames. — 我求你打电话给我。
02 | **Te ruego** que no insistas. — 我求你不要坚持。
03 | **Te ruego** que me expliques lo que pasa. — 请你向我解释发生的事情。
04 | **Te ruego** que repitas la pregunta. — 请你重说一遍问题。
05 | **Te ruego** que estudies la propuesta. — 我督促你研究提案。
06 | **Te ruego** que no negues tarde más. — 我求你不要再迟到了。
07 | **Te ruego** que nos des unos minutos. — 我求你给我们几分钟。
08 | **Te ruego** que aceptes mis disculpas. — 我请你接受我的道歉。
09 | **Te ruego** que te saques tus zapatos. — 请你脱掉你的鞋子。
10 | **Te ruego** que devuelvas el libro a la biblioteca. — 我请你把书还给图书馆。

补充
★02: insistir 动 坚持；坚决
★08: disculpas 名 原谅；饶恕
★10: biblioteca 名 图书馆

PASO 2 句子重组练习

01 | **Te ruego** limpies que baño. el — 请你清理浴室。
02 | **Te ruego** mi elijas a hermano que senador. como — 我恳请你选我的兄弟为议员。
03 | **Te ruego** empresa. que esta continúes en — 我恳请你继续留在这家公司。
04 | **Te ruego** apoyes. me que — 我恳请你支持我。
05 | **Te ruego** te acerque mí. no que a — 请求你不要靠近我。

解答
★01: Te ruego que limpies el baño.
★02: Te ruego que elijas a mi hermano como senador.
★03: Te ruego que continúes en esta empresa.
★04: Te ruego que me apoyes.
★05: Te ruego que no te acerques a mí.

PASO 3 应用篇

A: Te veo muy ocupado hoy.
B: Sí, te ruego que no me molestes.
A: 我看你今天似乎很忙。
B: 是的，我请求你不要打扰我。

077

Te quedaría muy agradecido si...

如果……，我将感激不尽

quedaría 条件式简单时态 + si + 虚拟式过去未完成时。Te quedaría muy agradecido si + 动词（虚拟式过去未完成时），表示"如果……，我将感激不尽"。

PASO 1 Top 必学句

01 | **Te quedaría muy agradecido si** trabajaras el sábado.
如果你能在周六工作，我将不胜感激。

02 | **Te quedaría muy agradecido si** vinieras a casa.
如果你回家，我将很高兴。

03 | **Te quedaría muy agradecido si** escucharas lo que digo.
如果你听我说话，我将很感激。

04 | **Te quedaría muy agradecido si** me lo explicaras.
如果你解释给我听，我将很感激。

05 | **Te quedaría muy agradecido si** trajeras más café.
如果你带来更多的咖啡，我将不胜感激。

06 | **Te quedaría muy agradecido si** cocinaras pollo con arroz.
如果你能煮鸡肉炖饭，我将感激不尽。

07 | **Te quedaría muy agradecido si** bajaras el volumen de la radio.
如果你调小收音机的音量，我将很感谢。

08 | **Te quedaría muy agradecido si** hicieras lo que te digo.
如果你照我说的去做，我将不胜荣幸。

补充
★01: sábado 名 周六；星期六
★06: arroz 名 米饭
★07: volumen 名 音量

PASO 2 句子重组练习

01 | **Te quedaría muy agradecido si** más. estudiaras
如果你能用功一点，我会感到欣慰。

02 | **Te quedaría muy agradecido si** temprano. más levantaras
如果你早一点起床，我将很欣慰。

03 | **Te quedaría muy agradecido si** pregunta. la repitieras
如果你能再说一遍问题，我将很感谢。

04 | **Te quedaría muy agradecido si** tus errores. corrigieras
如果你能纠正你的错误，我将很高兴。

解答
★01: Te quedaría muy agradecido si estudiaras más.
★02: Te quedaría muy agradecido si te levantaras más temprano.
★03: Te quedaría muy agradecido si repitieras la pregunta.
★04: Te quedaría muy agradecido si corrigieras tus errores.

PASO 3 应用篇

A: Hijo, te quedaría muy agradecida si trabajaras más y durmieras menos.
A: 儿子，如果你能花较多时间工作，少睡点，我会感到安慰。

B: ¿Por qué dices eso?
B: 为什么你这么说?

A: Porque te pasas el día sin hacer nada.
A: 因为，你整天无所事事。

077 | 表达感谢和帮助的句型

Te estoy muy agradecido…
我非常感谢你……

Te estoy muy + agradecido（表示动作和事件已完成）+ 介词短语，表示"我非常感谢你……"。

PASO 1　Top 必学句

01 | **Te estoy muy agradecido** por el excelente libro que me prestaste.　我很感谢你借给我的好书。

02 | **Te estoy muy agradecido** por estar presente hoy.　我很感谢你今天来到这里。

03 | **Te estoy muy agradecido** por tu apoyo.　我很感谢你的支持。

04 | **Te estoy muy agradecido** por la idea que me diste.　我很感谢你提供给我的想法。

05 | **Te estoy muy agradecido** por tu amistad incondicional.　我很感谢你无条件的友谊。

06 | **Te estoy muy agradecido** por la oportunidad que me das.　我很感谢你给我的机会。

07 | **Te estoy muy agradecido** por compartir tu vida conmigo.　我很感谢你与我分享你的生活。

08 | **Te estoy muy agradecido** por entenderme.　我很感激你对我的理解。

补充
- ★01: prestar　动 把……借给；借出
- ★05: amistad　名 友谊
- ★06: oportunidad　名 机会；时机
- ★08: entender　动 理解；了解

PASO 2　句子重组练习

01 | **Te estoy muy agradecido** regalo. tu por　我很感谢你的礼物。

02 | **Te estoy muy agradecido** conmigo. por momento. este en estar　我很感谢你此刻与我同在。

03 | **Te estoy muy agradecido** conducir. por a enseñarme　我很感谢你教我开车。

04 | **Te estoy muy agradecido** toda por cooperación. tu　我非常感谢你的合作。

解答
- ★01: Te estoy muy agradecido por tu regalo.
- ★02: Te estoy muy agradecido por estar conmigo en este momento.
- ★03: Te estoy muy agradecido por enseñarme a conducir.
- ★04: Te estoy muy agradecido por toda tu cooperación.

PASO 3　应用篇

A：No te preocupes tanto por eso.

B：Gracias por tu apoyo. Te estoy muy agradecido por entenderme.

A：De nada.

A：你不要太担心那个。

B：谢谢你的支持。我很感激你能理解。

A：别客气。

078 | 表达感谢和帮助的句型

Mil gracias... 非常感谢……

Mil gracias + por（介词，表示原因）+ 动词原形或名词或代词，表示"非常感谢……"。

PASO 1 Top 必学句

01 | **Mil gracias** por el ramo de rosas. 　非常感谢这一束玫瑰花。
02 | **Mil gracias** por tus cariñosos saludos. 　多谢你深情的问候。
03 | **Mil gracias** por acordarte de mi cumpleaños. 　非常感谢记得我的生日。
04 | **Mil gracias** por cuidar mi perro. 　非常感谢照顾我的狗。
05 | **Mil gracias** por tu gentileza. 　多谢你的热情。
06 | **Mil gracias** por votar por mí. 　谢谢投我一票。
07 | **Mil gracias** por tu invitación. 　非常感谢你的邀请。
08 | **Mil gracias** por invertir en esta nueva empresa. 　非常感谢投资这家新公司。
09 | **Mil gracias** por venir tan rápido. 　非常感谢来得这么快。
10 | **Mil gracias** por ayudarme a pasar la crisis. 　多谢你帮我度过危机。

补充
★01: ramo 名 （花、草等）束，把
★05: gentileza 名 好意；客气
★08: invertir 动 投资

PASO 2 句子重组练习

01 | **Mil gracias** cuidar a abuela. mi por 　非常感谢你照顾我奶奶。
02 | **Mil gracias** amistad. por tu 　非常感谢你的友谊。
03 | **Mil gracias** fumar no aquí. 　非常感谢你不在此吸烟。
04 | **Mil gracias** la participar competencia. por en 　非常感谢参加比赛。
05 | **Mil gracias** lejos verme. tan desde venir a por 　真是感谢你大老远跑来看我。

解答
★01: Mil gracias por cuidar a mi abuela.
★02: Mil gracias por tu amistad.
★03: Mil gracias por no fumar aquí.
★04: Mil gracias por participar en la competencia.
★05: Mil gracias por venir desde tan lejos a verme.

PASO 3 应用篇

A: Mil gracias por llegar justo a tiempo para el torneo.
B: No es nada.
A: 非常感谢你及时赶上比赛。
B: 这没什么。

079 | 表达感谢和帮助的句型

Un millón de gracias…
万分感谢……

Un millón de gracias + por（介词，表示原因）+ 动词原形、名词或代词，表示"万分感谢……"。

PASO 1　Top 必学句

01	**Un millón de gracias** por tu gran trabajo.	感谢你杰出的工作。
02	**Un millón de gracias** por limpiar la oficina.	感谢你清理办公室。
03	**Un millón de gracias** por ser parte de mi equipo.	感谢你成为我团队的一员。
04	**Un millón de gracias** por todo.	感谢你所有的一切。
05	**Un millón de gracias** por ofrecerme ese crucero al Mediterráneo.	你送我地中海游轮之旅，万分感谢。
06	**Un millón de gracias** por salvar mi gato.	感谢你救了我的猫。
07	**Un millón de gracias** por la valiosa información.	你提供了有价值的资讯，万分感谢。
08	**Un millón de gracias** por el favor.	感谢你的帮助。

补充
- ★03: equipo　名　团队；队
- ★05: crucero　名　巡航；游轮
- ★06: gato　名　猫
- ★08: favor　名　恩惠；帮助

PASO 2　句子重组练习

01	**Un millón de gracias** días pasar conmigo. estos por	感谢你这些天的陪伴。
02	**Un millón de gracias** cocinar. a enseñarme por	感谢你教我做饭。
03	**Un millón de gracias** deseos. por buenos tus	感谢你的美好祝愿。
04	**Un millón de gracias** mí. por disponible estar para siempre	感谢你始终把时间留给我。

解答
- ★01: Un millón de gracias por pasar estos días conmigo.
- ★02: Un millón de gracias por enseñarme a cocinar.
- ★03: Un millón de gracias por tus buenos deseos.
- ★04: Un millón de gracias por estar siempre disponible para mí.

PASO 3　应用篇

A: Mamá, un millón de gracias por ser un ejemplo para nosotros.

B: De nada, cariño.

A: 妈妈，你是我们的好榜样，万分感谢。

B: 没什么，亲爱的。

080 | 表达感谢和帮助的句型

Sírvase... 请……；劳驾……

Sírvase + 动词原形（客套语，用在命令式中），表示"请……；劳驾……"。

PASO 1　Top 必学句

01 | **Sírvase** darme su número de teléfono.　请给我您的电话号码。
02 | **Sírvase** ponerse de pie.　请您站起来。
03 | **Sírvase** traerme un té.　请您带给我一杯茶。
04 | **Sírvase** enviarme los documentos.　请您寄给我文件。
05 | **Sírvase** escribir los detalles.　请您写出细节。
06 | **Sírvase** llenar el formulario.　请您填写此表格。
07 | **Sírvase** aceptar mis disculpas.　请您接受我的道歉。
08 | **Sírvase** atender primero a las personas mayores.　请您首先接待长者。
09 | **Sírvase** dar de comer al niño.　请您先喂孩子。
10 | **Sírvase** consultar al médico.　请您咨询医生。

补充
- 02: ponerse de pie 短 站起来
- 05: detalles 名 详细信息；细节
- 08: persona mayor 短 老年人；长者

PASO 2　句子重组练习

01 | **Sírvase** mejor su hacer trabajo.　请把您的工作做得更好。
02 | **Sírvase** teléfono. el contestar　请您接电话。
03 | **Sírvase** carta. la firmar　请您在信上签字。
04 | **Sírvase** impuestos. sus declarar　请您申报税收。
05 | **Sírvase** al 119 tiene llamar problemas. si　如果您有问题，请拨打119。

解答
- ★01: Sírvase hacer mejor su trabajo.
- ★02: Sírvase contestar el teléfono.
- ★03: Sírvase firmar la carta.
- ★04: Sírvase declarar sus impuestos.
- ★05: Sírvase llamar al 119 si tiene problemas.

PASO 3　应用篇

A: Hola, ¿qué necesita?
B: **Sírvase** decirle a Carlos que necesito verlo hoy.
A: Sí, por supuesto.

A: 您好，需要什么吗？
B: 请您转告卡洛斯，今天我需要见他。
A: 是的，当然。

081 | 表达感谢和帮助的句型

Me complacería…si…
如果……，我会很高兴

Me complacería（条件式简单时态）+ si + 虚拟式过去未完成时。Me complacería si... 表示"如果……，我会很高兴"。

PASO 1 Top 必学句

01 | **Me complacería si** me devolvieras el libro.
如果你还我书，我会很高兴。

02 | **Me complacería si** llegaras a la hora exacta.
如果你准时到达，我会很高兴。

03 | **Me complacería si** hicieras los deberes ahora mismo.
如果你现在就做功课，我会很高兴。

04 | **Me complacería si** me dieras una nueva oportunidad.
如果你再给我一次机会，我会很高兴。

05 | **Me complacería si** viajaramos juntos a Pekín.
如果我们一起前往北京，我会很高兴。

06 | **Me complacería si** me informaras cuando llegues.
如果你能告诉我多久到，我会很高兴。

07 | **Me complacería si** te prepararas para el campeonato.
如果你为冠军赛做准备，我会很高兴。

08 | **Me complacería si** mejorara la economía.
如果经济好转，我会很高兴。

补充
- ★ 03: ahora mismo 短 马上；现在
- ★ 06: informar 动 通知；告知
- ★ 07: campeonato 名 冠军赛；锦标赛

PASO 2 句子重组练习

01 | **Me complacería si** su ciudad. visitáramos
如果我们参观您的城市，我会很高兴。

02 | **Me complacería si** te dijeras que gusta me lo comer.
如果你告诉我喜欢吃什么，我会很高兴。

03 | **Me complacería si** más. ahorrar pudiéramos
如果我们能节省更多，我会很高兴。

04 | **Me complacería si** propuesta. mi aceptaras
如果你接受我的建议，我会很高兴。

05 | **Me complacería si** paz. mundo estuviera el todo en
如果世界太平，我会很高兴。

解答
- ★ 01: Me complacería si visitáramos su ciudad.
- ★ 02: Me complacería si me dijeras lo que te gusta comer.
- ★ 03: Me complacería si pudiéramos ahorrar más.
- ★ 04: Me complacería si aceptaras mi propuesta.
- ★ 05: Me complacería si todo el mundo estuviera en paz.

PASO 3 应用篇

A：¿Te gustaría ir a Nueva York conmigo?
A：你愿意跟我去纽约吗？

B：Me complacería mucho si me invitaras.
B：如果你邀请我，我会非常高兴。

Debo agradecerte...
我应该感谢你……

Debo agradecerte + 动词原形或名词,表示"我应该感谢你……"。

PASO 1 Top 必学句

01 | **Debo agradecerte** la colaboración que me diste. — 我应该感谢你与我合作。
02 | **Debo agradecerte** el amor que me das. — 我应该感谢你给我的爱。
03 | **Debo agradecerte** la oportunidad de trabajar contigo. — 我要感谢你给我机会和你工作。
04 | **Debo agradecerte** las fotografías que me tomaste. — 我必须感谢你帮我拍的这些照片。
05 | **Debo agradecerte** la ayuda en traducir este libro. — 感谢你帮我翻译这本书。
06 | **Debo agradecerte** pagar el alquiler a tiempo. — 感谢你按时支付租金。
07 | **Debo agradecerte** ir a la opera conmigo. — 感谢你陪我去歌剧院。
08 | **Debo agradecerte** dedicarme la canción. — 感谢你将这首歌献给我。

补充
- ★04: fotografías 名 照片
- ★05: ayuda 名 帮助
- ★06: alquiler 名 出租;租

PASO 2 句子重组练习

01 | **Debo agradecerte** contribución. valiosa la — 感谢你宝贵的贡献。
02 | **Debo agradecerte** la discapacitados. los ayuda a — 感谢你帮助残疾人士。
03 | **Debo agradecerte** lealtad la a compañía. nuestra — 感谢你对我们公司的忠诚。
04 | **Debo agradecerte** durante hijos mi cuidar ausencia. a mis — 感谢你在我不在时照顾我的孩子。
05 | **Debo agradecerte** limpiar el jardín. — 感谢你帮我打扫庭院。

解答
- ★01: Debo agradecerte la valiosa contribución.
- ★02: Debo agradecerte la ayuda a los discapacitados.
- ★03: Debo agradecerte la lealtad a nuestra compañía.
- ★04: Debo agradecerte cuidar a mis hijos durante mi ausencia.
- ★05: Debo agradecerte limpiar el jardín.

PASO 3 应用篇

A: El color de esa camisa te va muy mal, Daniel.
B: Debo agradecerte tu franqueza, cariño.

A: 丹尼尔,这件衬衫的颜色让你看起来糟透了。
B: 亲爱的,我要感谢你的坦诚。

西班牙语入门口语
句型大全

常用提问句
的句型

PARTE
3

¿Me puedes...? 你可以……我吗?

¿Me puedes + 动词原形，表示"你可以……我吗？"。

PASO 1 Top 必学句

01 | **¿Me puedes** hacer un favor?　你能帮我个忙吗？
02 | **¿Me puedes** comprar la entrada del concierto?　你可以帮我买音乐会的票吗？
03 | **¿Me puedes** dejar dormir aquí?　你可以让我睡在这里吗？
04 | **¿Me puedes** vender el cuadro?　你可以卖我这幅画吗？
05 | **¿Me puedes** terminar el informe?　你是否能帮我完成报告？
06 | **¿Me puedes** abrazar?　你可以给我一个拥抱吗？
07 | **¿Me puedes** aceptar en tu grupo?　你能接受我加入你的团队吗？
08 | **¿Me puedes** dar una leche caliente?　你能给我一杯热牛奶吗？
09 | **¿Me puedes** coser el vestido?　你可以帮我缝衣服吗？
10 | **¿Me puedes** concertar una cita?　你可以帮我预约吗？

补充
★06: abrazar 〔动〕拥抱
★08: leche 〔名〕牛奶
★09: coser 〔动〕缝；缝纫
★10: concertar 〔动〕安排

PASO 2 句子重组练习

01 | **¿Me puedes** reunión? la averiguar dónde es　你可以帮我查明会议在哪举行吗？
02 | **¿Me puedes** de antes las despertar 6?　你可以在6点前叫醒我吗？
03 | **¿Me puedes** mano? una echar　你可以助我一臂之力吗？
04 | **¿Me puedes** presté? libro que devolver el te　你可以把我借给你的书还我吗？
05 | **¿Me puedes** paquete? el envolver　你可以帮我包包裹吗？

解答
★01: ¿Me puedes averiguar dónde es la reunión?
★02: ¿Me puedes despertar antes de las 6?
★03: ¿Me puedes echar una mano?
★04: ¿Me puedes devolver el libro que te presté?
★05: ¿Me puedes envolver el paquete?

PASO 3 应用篇

A: Papá, ¿me puedes arreglar la bicicleta?
B: Sí, hijo. Espérame un minuto.

A: 爸爸，你能帮我修理自行车吗？
B: 好啊，儿子。请等一分钟。

¿Cada cuánto tiempo…?
每隔多久的时间……?

Cuánto 意思是多少、多大、多长。¿Cada cuánto tiempo + 动词现在时,表示"每隔多久的时间……?"。

PASO1 Top 必学句

01 | **¿Cada cuánto tiempo** haces yoga? 你每隔多久做一次瑜伽?
02 | **¿Cada cuánto tiempo** debo renovar mi licencia de conducir? 每隔多久我要更新驾驶执照?
03 | **¿Cada cuánto tiempo** pagas tus impuestos? 每隔多久你要缴税?
04 | **¿Cada cuánto tiempo** sube el precio de la gasolina? 每隔多久汽油会涨价?
05 | **¿Cada cuánto tiempo** vas al médico? 每隔多久你去看一次病?
06 | **¿Cada cuánto tiempo** debo hacer ejercicio? 我应该多长时间做一次运动?
07 | **¿Cada cuánto tiempo** hay que lavar la alfombra? 应该每隔多久清洗一次地毯?
08 | **¿Cada cuánto tiempo** vas al cine? 每隔多久你去看一次电影?

补充
★02: renovar 动 更新
★03: impuestos 名 税收;征税
★07: alfombra 名 地毯

PASO2 句子重组练习

01 | **¿Cada cuánto tiempo** lavarse el conviene pelo? 应该隔多久洗一次头?
02 | **¿Cada cuánto tiempo** tus visitas padres? a 每隔多久你去探望一次父母?
03 | **¿Cada cuánto tiempo** novia flores? a regalas tu le 每隔多久你送花给女朋友?
04 | **¿Cada cuánto tiempo** bebé? un come 婴儿每隔多久吃一次东西?

解答
★01: ¿Cada cuánto tiempo conviene lavarse el pelo?
★02: ¿Cada cuánto tiempo visitas a tus padres?
★03: ¿Cada cuánto tiempo le regalas flores a tu novia?
★04: ¿Cada cuánto tiempo come un bebé?

PASO3 应用篇

A: Este presidente es malísimo.
B: Sí, así veo… ¿Cada cuánto tiempo tienen elecciones presidenciales?
A: 这位总统坏透了。
B: 是啊,我知道……你们每隔多久举行总统选举?

085 | 常用提问句的句型

¿Serías tan amable…? 你可以……吗?

Sería 是动词 Ser 的条件式简单时态,用于表达礼貌或客气地给予一个善意的建议。¿Serías tan amable + de(前置词)+ 动词原形,表示"你可以……吗?"。

PASO 1　Top 必学句

01 | ¿Serías tan amable de pasarme la sal?　你可以把盐递给我吗?
02 | ¿Serías tan amable de abrocharme la falda?　你可以帮我扣上裙子吗?
03 | ¿Serías tan amable de responderme?　你可以回答我吗?
04 | ¿Serías tan amable de cortarme el pelo?　你可以帮我剪头发吗?
05 | ¿Serías tan amable de darme tu número de teléfono?　你可以给我你的电话号码吗?
06 | ¿Serías tan amable de contactarme?　你介意联络我吗?
07 | ¿Serías tan amable de prestar atención en clases?　请你在课堂上认真点,行吗?
08 | ¿Serías tan amable de darme tu opinión?　你可以提供给我一些意见吗?
09 | ¿Serías tan amable de leer en voz alta?　请你大声朗读,好吗?
10 | ¿Serías tan amable de traerme una taza de té?　你可以给我一杯茶吗?

补充
★02: abrochar　动 系紧; 扣上
★07: atención　阴 注意; 专心
★09: voz alta　阴 大声

PASO 2　句子重组练习

01 | ¿Serías tan amable asunto? de el explicarme　你可以跟我解释这件事吗?
02 | ¿Serías tan amable foto? una tomarme de　你可以帮我拍照吗?
03 | ¿Serías tan amable gritar? no de　请你不要尖叫,好吗?
04 | ¿Serías tan amable probar leche? el dulce de　你可以品尝焦糖吗?

解答
★01: ¿Serías tan amable de explicarme el asunto?
★02: ¿Serías tan amable de tomarme una foto?
★03: ¿Serías tan amable de no gritar?
★04: ¿Serías tan amable de probar el dulce de leche?

PASO 3　应用篇

A: Hoy voy a llamar a Pedro. Es su cumpleaños.
B: ¿Serías tan amable de saludarlo de mi parte?
A: 今天是佩德罗得的生日,我会打电话给他。
B: 你可以顺便帮我问候他吗?

086 | 常用提问句的句型

¿Está bien si...? 如果……好吗？

¿Está bien si + 动词现在时，表示"如果……好吗？"。

PASO 1 Top 必学句

01	¿**Está bien si** me siento aquí?	如果我坐这里，好吗？
02	¿**Está bien si** comemos ahora?	如果我们现在吃饭，可以吗？
03	¿**Está bien si** enciendo la TV?	如果我打开电视，好吗？
04	¿**Está bien si** untar mantequilla en el pan?	如果我在面包上涂奶油，可以吗？
05	¿**Está bien si** vamos todos a ver el partido?	如果我们都去观看比赛，你介意吗？
06	¿**Está bien si** me levanto más tarde hoy?	如果我今天晚点起床，好吗？
07	¿**Está bien si** me ducho primero?	如果我先洗澡，好吗？
08	¿**Está bien si** le echo un vistazo a tu tarea?	如果我看一下你的作业，好吗？
09	¿**Está bien si** cambio el canal?	如果我换电视频道，好吗？
10	¿**Está bien si** tomo la tarde libre?	如果我下午请假，可以吗？

补充
★04: mantequilla 名 奶油
★08: echar un vistazo 短 瞧一眼
★09: canal 名 频道

PASO 2 句子重组练习

01	¿**Está bien si** paseo? un damos	如果我们去散步，可以吗？
02	¿**Está bien si** de jugamos partida una póker?	如果我们玩一局扑克牌，可以吗？
03	¿**Está bien si** beso? un doy te	如果我亲你一下，可以吗？
04	¿**Está bien si** llamo te mañana?	如果我明天打电话给你，行吗？
05	¿**Está bien si** a vamos domingo? pescar el	如果我们周日去钓鱼，可以吗？

解答
★01: ¿Está bien si damos un paseo?
★02: ¿Está bien si jugamos una partida de póker?
★03: ¿Está bien si te doy un beso?
★04: ¿Está bien si te llamo mañana?
★05: ¿Está bien si vamos a pescar el domingo?

PASO 3 应用篇

A: Estoy muy cansado… ¿Está bien si me acuesto?
B: Sí... descansa.
A: 我好累……如果我去睡，你介意吗？
B: 没关系……你去休息吧。

¿Qué vas a...? 你将……什么?

¿Qué vas a + 动词原形，表示"你将……什么？"。

PASO1 Top 必学句

01 | ¿Qué vas a hacer hoy?　　　　　今天你将做什么？
02 | ¿Qué vas a comer?　　　　　　　你将吃什么？
03 | ¿Qué vas a preparar para la cena?　晚餐你将准备什么？
04 | ¿Qué vas a ver en la TV?　　　　你将看什么电视节目？
05 | ¿Qué vas a plantar en el huerto?　你将在花园里种什么？
06 | ¿Qué vas a comprar?　　　　　　你将买什么？
07 | ¿Qué vas a preguntar al profesor?　你将问老师什么？
08 | ¿Qué vas a decirle a Marta?　　　你将跟玛塔说什么？
09 | ¿Qué vas a llevar a la comida?　　你将带什么食物来？
10 | ¿Qué vas a escribir en tu próxima novela?　下一部小说你将计划写什么？

补充
★ 05: plantar 动 种植；栽种
★ 05: huerto 名 菜园；果园
★ 09: comida 名 食物
★ 10: novela 名 小说

PASO2 句子重组练习

01 | ¿Qué vas a al proponerle jefe?　　你将跟老板建议些什么？
02 | ¿Qué vas a noche? cantar esta　　今晚你计划唱什么歌？
03 | ¿Qué vas a fin hacer de semana? este　这个周末你将做什么？
04 | ¿Qué vas a Paco su para cumpleaños? regalarle a　你将送巴科什么生日礼物？
05 | ¿Qué vas a documento? el corregir en　你将在文档中修改什么？

解答
★ 01: ¿Qué vas a proponerle al jefe?
★ 02: ¿Qué vas a cantar esta noche?
★ 03: ¿Qué vas a hacer este fin de semana?
★ 04: ¿Qué vas a regalarle a Paco para su cumpleaños?
★ 05: ¿Qué vas a corregir en el documento?

PASO3 应用篇

A: Y tú Olivia, ¿qué vas a ponerte para la fiesta?
B: No sé aún. Creo que me pondré el vestido rojo.
A: 你呢，奥利维亚，你将穿什么去参加派对？
B: 我还不知道。我想我会穿红色的连衣裙。

088 | 常用提问句的句型

¿Cuánto cuesta / cuestan…?
……多少钱？

¿Cuánto cuesta / cuestan + 名词，表示"……多少钱？"。

PASO 1　Top 必学句

01	¿Cuánto cuesta el sillón?	椅子要多少钱？
02	¿Cuánto cuestan las flores?	这些鲜花要多少钱？
03	¿Cuánto cuesta el vino?	这瓶葡萄酒要多少钱？
04	¿Cuánto cuestan los libros?	这些书是多少钱？
05	¿Cuánto cuesta el café?	这罐咖啡要多少钱？
06	¿Cuánto cuesta el celular?	这手机要多少钱？
07	¿Cuánto cuesta el curso de inglés?	英语学费要多少钱？
08	¿Cuánto cuesta el computador?	这台电脑要多少钱？
09	¿Cuánto cuesta un pasaje a Miami?	飞往迈阿密的机票要多少钱？
10	¿Cuánto cuesta la casa en la playa?	海边的房子是什么价钱？

补充
★06: (teléfono) celular　名 手机；移动电话
★09: pasaje　名 船票；机票；票
★10: playa　名 海边；海滩

PASO 2　句子重组练习

01	¿Cuánto cuesta alrededor un mundo? del viaje	环游世界要多少钱？
02	¿Cuánto cuesta pan? el	这面包要多少钱？
03	¿Cuánto cuesta cuadro? el	这幅画是多少钱？
04	¿Cuánto cuestan manzanas? las	这些苹果要多少钱？
05	¿Cuánto cuestan zapatos? los	这些鞋要多少钱？

解答
★01: ¿Cuánto cuesta un viaje alrededor del mundo?
★02: ¿Cuánto cuesta el pan?
★03: ¿Cuánto cuesta el cuadro?
★04: ¿Cuánto cuestan las manzanas?
★05: ¿Cuánto cuestan los zapatos?

PASO 3　应用篇

A: Quiero tomarme unas vacaciones en el sur.
B: ¿Cuánto cuestan los billetes de tren?
A: 我想去南部度假。
B: 火车票是多少钱？

089 | 常用提问句的句型

¿Me permites…? 你允许我……?

¿Me permites + 动词原形，表示"你允许我……？"。

PASO 1　Top 必学句

01 | **¿Me permites** hacerte una sugerencia? 你允许我提出一个建议吗？
02 | **¿Me permites** poner mis zapatos aquí? 你允许我在这里穿鞋吗？
03 | **¿Me permites** ayudarte a limpiar la casa? 我能帮你打扫房子吗？
04 | **¿Me permites** usar tu teléfono? 我能用你的电话吗？
05 | **¿Me permites** cuidar a tu perro? 你会让我照顾你的狗吗？
06 | **¿Me permites** aparcar mi coche aquí? 我能在这里停车吗？
07 | **¿Me permites** apagar la TV? 我能关掉电视吗？
08 | **¿Me permites** darle un dulce a tu hijo? 我能给你孩子一颗糖吗？
09 | **¿Me permites** preguntarte algo? 我能问你一件事吗？
10 | **¿Me permites** pagarte con cheque? 我能用支票支付你吗？

补充
★ 01: sugerencia　名　建议；意见
★ 06: aparcar　动　停车；停放
★ 08: dulce　名　糖果；糖

PASO 2　句子重组练习

01 | **¿Me permites** tu llevarte a casa? 我能带你回家吗？
02 | **¿Me permites** Alicia? a invitar 我能邀请艾丽丝吗？
03 | **¿Me permites** médico? contigo ir al 我能和你一起去医生那吗？
04 | **¿Me permites** plantas? las regar 我能帮植物浇水吗？
05 | **¿Me permites** el pagar restaurante? gusto del 我来付餐厅费用，可以吗？

解答
★ 01: ¿Me permites llevarte a tu casa?
★ 02: ¿Me permites invitar a Alicia?
★ 03: ¿Me permites ir contigo al médico?
★ 04: ¿Me permites regar las plantas?
★ 05: ¿Me permites pagar el restaurante? gasto del

PASO 3　应用篇

A: Mamá, ¿me permites probar el pastel de chocolate?

B: Sí, cariño. Prueba un trozo.

A: 妈妈，我可以尝尝巧克力蛋糕吗？

B: 可以啊，亲爱的。你可以吃一块。

¿Qué estás...? 你在……什么?

¿Qué estás + gerundio（现在分词），代表正在进行的动作，不是起始，也非结束，是进行的过程，表示"你在……什么？"。

PASO 1　Top 必学句

01	¿Qué estás haciendo?	你在干什么？
02	¿Qué estás comiendo?	你在吃什么？
03	¿Qué estás planeando?	你在计划什么？
04	¿Qué estás bebiendo?	你在喝什么？
05	¿Qué estás viendo en la TV?	你在看什么电视节目？
06	¿Qué estás cocinando?	你在做什么饭？
07	¿Qué estás estudiando?	你在学习什么？
08	¿Qué estás mirando?	你在看什么？
09	¿Qué estás pensando?	你在想什么？
10	¿Qué estás diciendo?	你在说什么？

补充
- ★03: planear 动 打算；计划
- ★08: mirar 动 看；瞧
- ★10: decir 动 讲话；说

PASO 2　句子重组练习

01	¿Qué estás cajón? el buscando en	你在抽屉里找什么？
02	¿Qué estás decir? de tratando	你到底想说些什么？
03	¿Qué estás bolso? tu guardando en	你往袋子里放什么？
04	¿Qué estás cama? la escondiendo de debajo	你往床底下藏什么？
05	¿Qué estás con Sara? hablando	你在跟莎拉说什么？

解答
- ★01: ¿Qué estás buscando en el cajón?
- ★02: ¿Qué estás tratando de decir?
- ★03: ¿Qué estás guardando en tu bolso?
- ★04: ¿Qué estás escondiendo debajo de la cama?
- ★05: ¿Qué estás hablando con Sara?

PASO 3　应用篇

A：¿Qué estás llevando a casa de Juan esta noche?
B：Creo que voy a preparar una tarta de fresas.
A：今晚你将带什么东西到胡安家？
B：我想我会做一个草莓蛋糕。

091 | 常用提问句的句型

¿Necesito...? 我需要……？

¿Necesito + 动词原形，表示"我需要……？"。

PASO 1　Top 必学句

01	¿**Necesito tener una** visa para ir a Europa?	去欧洲我是否需要签证？
02	¿**Necesito** hacer dieta?	我需要节食吗？
03	¿**Necesito** llegar temprano?	我是否需要提前到？
04	¿**Necesito** tomarme el remedio?	我需要吃药吗？
05	¿**Necesito** ayudarte?	我有必要帮你吗？
06	¿**Necesito** cambiar las sábanas?	我需要换床单吗？
07	¿**Necesito** comer más?	我需要多吃点吗？
08	¿**Necesito** aprender japonés?	我需要学习日语吗？
09	¿**Necesito** ahorrar más?	我是否需要更节省？
10	¿**Necesito** vestirme formal?	我需要穿正式点的衣服吗？

补充
- ★04：remedio 名 药
- ★06：sábana 名 床单
- ★09：ahorrar 动 储蓄；节省
- ★10：formal 形 正式的

PASO 2　句子重组练习

01	¿**Necesito** actuación de ver la Luisa?	我需要看路易莎的表演吗？
02	¿**Necesito** dinero? mucho llevar	我需要带很多钱吗？
03	¿**Necesito** almuerzo? el preparar	我需要准备午餐吗？
04	¿**Necesito** los lavar platos?	我需要洗碗吗？
05	¿**Necesito** más practicar deporte?	我需要多运动吗？

解答
- ★01：¿Necesito ver la actuación de Luisa?
- ★02：¿Necesito llevar mucho dinero?
- ★03：¿Necesito preparar el almuerzo?
- ★04：¿Necesito lavar los platos?
- ★05：¿Necesito practicar más deporte?

PASO 3　应用篇

A：¿Necesito tener más dinero para el viaje?
B：Yo creo que sí. No tienes suficiente dinero.
A：我需要准备更多钱去旅行吗？
B：我想是的。你的钱还不够。

¿Puedes creer que…? 你能相信……吗?

¿Puedes creer + que（连词）+ 各种从句，表示"你能相信……吗？"。

PASO 1　Top 必学句

01	¿Puedes creer que me gané la lotería?	你能相信吗? 我竟然中大乐透了。
02	¿Puedes creer que no me queda dinero?	你能相信我没剩下钱吗?
03	¿Puedes creer que por fin me dieron el ascenso?	你能相信我终于升迁了吗?
04	¿Puedes creer que tengo que sacarme una muela?	你能相信我必须被拔掉一颗臼齿吗?
05	¿Puedes creer que me voy a Australia?	你能相信吗? 我竟然要去澳大利亚了。
06	¿Puedes creer que me saqué la mejor nota de la clase?	你能相信我得到全班最好的成绩吗?
07	¿Puedes creer que me gradúo en diciembre?	你能相信我12月毕业吗?
08	¿Puedes creer que terminé mi tesis?	你能相信吗? 我居然写完了论文。
09	¿Puedes creer que aprobé el examen?	你能相信我通过了考试吗?
10	¿Puedes creer que dejé de fumar?	你能相信吗? 我竟然戒烟了。

补充
- ★01: ganarse 动 赚得；赢
- ★03: ascenso 名 升迁
- ★04: muela 名 臼齿
- ★08: tesis 名 论文

PASO 2　句子重组练习

01	¿Puedes creer que precio que carne el subió? la de	你能相信吗? 肉价竟然上涨了。
02	¿Puedes creer que Carlos compró en Madrid? se casa una	你能相信吗? 卡洛斯竟然在马德里买了间房子。
03	¿Puedes creer que Luis y Ana casar? van se a	你能相信吗? 路易斯和安娜竟然要结婚。
04	¿Puedes creer que premio? el gané	你能相信吗? 我居然获奖了。

解答
- ★01: ¿Puedes creer que el precio de la carne subió?
- ★02: ¿Puedes creer que Carlos se compró una casa en Madrid?
- ★03: ¿Puedes creer que Luis y Ana se van a casar?
- ★04: ¿Puedes creer que gané el premio?

PASO 3　应用篇

A：¿Puedes creer que Julio sufrió un accidente?
B：Sí, sí supe, y me alegro que no le haya pasado nada.
A：你相信吗? 胡里奥出事了。
B：是的，我知道，我很高兴他什么事也没有。

093 | 常用提问句的句型

¿Estás...? 你……，是吗？

Estás 是动词 Estar 现在时的第二人称单数。Estar 表示主语（人或事物）处于某种暂时的状态。¿Estás + 形容词 + 介词 + 动词原形，表示"你……，是吗？"。

PASO 1　Top 必学句

01 | ¿Estás cansado de correr?　　你跑累了，是吗？
02 | ¿Estás enojado conmigo?　　你在跟我生气，是吗？
03 | ¿Estás triste por tu mala nota?　　你因成绩不好而难过，是吗？
04 | ¿Estás contento con el resultado?　　你为结果开心，是吗？
05 | ¿Estás ansioso por irte?　　你赶时间吗？
06 | ¿Estás ilusionado de ver a Elisa otra vez?　　你仍满怀再见一次依丽莎的希望，对吗？
07 | ¿Estás aburrido en la reunión?　　你觉得开会很无聊，对吗？
08 | ¿Estás celoso de José?　　你嫉妒荷塞，对吗？
09 | ¿Estás molesto con el gerente?　　你觉得经理很烦，对吗？
10 | ¿Estás nervioso con el exámen?　　你为考试紧张，对吗？

补充
★02: enojado　形 生气的
★05: ansioso　形 焦虑的
★06: ilusionado　形 满怀希望的
★07: aburrido　形 无聊的

PASO 2　句子重组练习

01 | ¿Estás hijo? tu orgulloso de　　你为你的儿子感到骄傲，是吗？
02 | ¿Estás aceptar a reacio puesto? nuevo el　　你不愿意接受新的职位，是吗？
03 | ¿Estás ahora? tranquilo　　你现在平静了吗？
04 | ¿Estás ir entusiasmado Londres? de a　　你很兴奋要去伦敦，是吗？
05 | ¿Estás tu ocupado en trabajo?　　你忙于工作，是吗？

解答
★01: ¿Estás orgulloso de tu hijo?
★02: ¿Estás reacio a aceptar el nuevo puesto?
★03: ¿Estás tranquilo ahora?
★04: ¿Estás entusiasmado de ir a Londres?
★05: ¿Estás ocupado en tu trabajo?

PASO 3　应用篇

A：¿Estás preocupado por Laura?
B：Sí, ya es medianoche y aún no regresa.
A：你很担心劳拉是吗？
B：是啊，已经午夜了，她还没有回来。

¿Puedes...? 你能……?

¿Puedes + 动词原形，表示"你会（能 / 可以）……？"。

PASO 1 Top 必学句

01 | **¿Puedes** jugar al baloncesto?　　你会打篮球吗？
02 | **¿Puedes** hablar chino mandarín?　　你能说中文（普通话）吗？
03 | **¿Puedes** venir ahora?　　你可以现在来吗？
04 | **¿Puedes** correr más rápido ?　　你能跑得更快吗？
05 | **¿Puedes** decirme cómo llegar al museo?　　你能告诉我怎么去博物馆吗？
06 | **¿Puedes** entender esto?　　你能理解这个吗？
07 | **¿Puedes** hacer el pastel de limón?　　你会做柠檬派吗？
08 | **¿Puedes** enseñarme a nadar ?　　你可以教我游泳吗？
09 | **¿Puedes** decir "hola" en inglés?　　你会用英语说"你好"吗？
10 | **¿Puedes** darme tu apellido?　　你可以告诉我你的姓吗？

补充
★07: limón　名 柠檬
★08: nadar　动 游泳
★10: apellido　名 姓

PASO 2 句子重组练习

01 | **¿Puedes** el piano? tocar　　你会弹钢琴吗？
02 | **¿Puedes** naranjas? comprar　　你可以买橘子吗？
03 | **¿Puedes** guitarra? tu traer　　你可以把吉他带来吗？
04 | **¿Puedes** bebé? al pañales cambiarle　　你能替宝宝换尿布吗？
05 | **¿Puedes** coches conducir automáticos?　　你可以驾驶自动挡的车吗？

解答
★01: ¿Puedes tocar el piano?
★02: ¿Puedes comprar naranjas?
★03: ¿Puedes traer tu guitarra?
★04: ¿Puedes cambiarle pañales al bebé?
★05: ¿Puedes conducir coches automáticos?

PASO 3 应用篇

A: No puedo quedarme en tu casa hasta tan tarde hoy.
B: ¿Puedes pedirle permiso a tus padres?
A: No sé si estarán de acuerdo.

A: 我今天不能在你家待得太晚。
B: 你可以征求父母同意吗？
A: 我不知道他们是否会答应。

095 | 常用提问句的句型

¿Es este / esta…? 这是 / 这……?

¿Es este / esta + 所有格形容词或名词，用以表达该名词（事物）归谁所有，表示"这是 / 这……?"。

PASO 1　Top 必学句

01 | **¿Es esta** tu casa?　　　　　　　这是你的房子吗？
02 | **¿Es esta** tu habitación?　　　　这是你的房间吗？
03 | **¿Es este** tu perro?　　　　　　这是你的狗吗？
04 | **¿Es esta** tu hija?　　　　　　 这是你的女儿吗？
05 | **¿Es esta** tu maestra?　　　　　这是你的老师吗？
06 | **¿Es este** tu lápiz?　　　　　　这是你的笔吗？
07 | **¿Es este** tu equipaje?　　　　 这是你的行李吗？
08 | **¿Es este** tu ordenador portátil?　这是你的笔记本电脑吗？
09 | **¿Es este** tu auto?　　　　　　这是你的车吗？
10 | **¿Es esta** tu cámara?　　　　　这是你的照相机吗？

补充
★05: maestra　　名 老师
★07: equipaje　　名 行李
★08: ordenador portátil　名 笔记本电脑

PASO 2　句子重组练习

01 | **¿Es este** bolígrafo?　tu　　　这是你的圆珠笔吗？
02 | **¿Es esta** blusa?　tu　　　　这是你的（女）衬衫吗？
03 | **¿Es esta** llave?　tu　　　　这是你的钥匙吗？
04 | **¿Es este** sombrero?　tu　　 这是你的帽子吗？

解答
★01: ¿Es este tu bolígrafo?
★02: ¿Es esta tu blusa?
★03: ¿Es esta tu llave?
★04: ¿Es este tu sombrero?

PASO 3　应用篇

A：No puedo encontrar mis pantalones azules.
B：¿Es este?
A：Sí, gracias!

A：我找不到我的蓝色裤子。
B：是这件吗？
A：是的，谢谢！

096 | 常用提问句的句型

¿Te fue bien...? 你……进行得好吗?

fue 是动词原形 " ir " 的简单过去时的第三人称单数，表示在过去某个时刻（某段时间）发生且已经结束的行为，和现在没有关系。与 bien, mal 一类副词连用，意思是进行得好（坏）。¿Te fue bien...? 表示 "你……进行得好吗？"。

PASO 1　Top 必学句

01 | ¿**Te fue bien** en la prueba?　你考试考得还好吗？
02 | ¿**Te fue bien** en la entrevista?　你在面试中表现得好吗？
03 | ¿**Te fue bien** en tu primer día de clases?　你第一天上课还好吗？
04 | ¿**Te fue bien** en la universidad?　你在大学还好吗？
05 | ¿**Te fue bien** en la competencia?　你在竞赛中表现得好吗？
06 | ¿**Te fue bien** en la gira por Sudáfrica?　你的南非之旅还顺利吗？
07 | ¿**Te fue bien** en la carrera de autos?　赛车比赛中你表现好吗？
08 | ¿**Te fue bien** en la escuela?　你在学校的功课好吗？
09 | ¿**Te fue bien** en la cita con Andrea?　你与安德里亚的约会还好吗？
10 | ¿**Te fue bien** en el médico?　你的医生怎么说，还好吗？

补充
★01：prueba　[图] 测试；考试
★06：Sudáfrica　[图] 南非
★08：escuela　[图] 学校

PASO 2　句子重组练习

01 | ¿**Te fue bien** paseo? el en　你散步愉快吗？
02 | ¿**Te fue bien** Alemania? en　你在德国还好吗？
03 | ¿**Te fue bien** boda en la Luis? de　路易斯的婚礼进行得还好吗？
04 | ¿**Te fue bien** el entrenamiento? en　你的训练还顺利吗？
05 | ¿**Te fue bien** operación? la en　你的手术还顺利吗？

解答
★01：¿Te fue bien en el paseo?
★02：¿Te fue bien en Alemania?
★03：¿Te fue bien en la boda de Luis?
★04：¿Te fue bien en el entrenamiento?
★05：¿Te fue bien en la operación?

PASO 3　应用篇

A：¿Te fue bien en el partido de golf?
B：Sí, ¡gané!
A：你在高尔夫球比赛中表现如何？
B：是的，我赢了！

097 | 常用提问句的句型

¿Te diste cuenta de…?
你有没有注意到……？

¿Te diste cuenta + de（前置词）+ 名词，表示"你有没有注意到……？"。

PASO1　Top 必学句

01 | **¿Te diste cuenta de** tu error?　你有没有注意到你犯的错误？
02 | **¿Te diste cuenta de** la camisa que llevaba Luis?　你有没有注意到路易斯穿的衬衫？
03 | **¿Te diste cuenta de** lo que hablaban en la reunión?　你有没有注意到他们在会议上谈的？
04 | **¿Te diste cuenta del** precio de la fruta?　你有没有注意到水果的价格？
05 | **¿Te diste cuenta de** la cola que había en el banco?　你有没有注意到银行里的队伍？
06 | **¿Te diste cuenta de** lo bonita que es María?　你有没有注意到玛丽是多么漂亮？
07 | **¿Te diste cuenta de** lo que cuesta un BMW?　你有没有注意到宝马车的价格？
08 | **¿Te diste cuenta de** la marca de la bolsa?　你有没有注意到包包的品牌？

补充
★04: fruta　[名] 水果
★05: cola　[名]（动物的）尾巴；行列
★08: marca　[名] 牌；品牌

PASO2　句子重组练习

01 | **¿Te diste cuenta** propuesta de Jorge? la de　你有没有注意到豪尔赫的提案？
02 | **¿Te diste cuenta** letra la de canción? la de　你有没有注意到这首歌的歌词？
03 | **¿Te diste cuenta** peinado de Sara? del　你有没有注意到莎拉的发型？
04 | **¿Te diste cuenta** robo? del　你有没有注意到盗窃？

解答
★01: ¿Te diste cuenta de la propuesta de Jorge?
★02: ¿Te diste cuenta de la letra de la canción?
★03: ¿Te diste cuenta del peinado de Sara?
★04: ¿Te diste cuenta del robo?

PASO3　应用篇

A: ¿Te diste cuenta del automóvil que se compró Javier?
B: No. No lo he visto aún.
A: 你有没有注意到哈维尔买的车？
B: 不，我还没看到。

098 | 常用提问句的句型

¿Te importa si...? 你介意……吗?

¿Te importa si + 动词,表示"你介意……吗?"。

PASO1　Top 必学句

01	¿Te importa si nos casamos más temprano?	你介意我们早点结婚吗?
02	¿Te importa si vamos a Puerto Rico juntos?	你介意我们一起去波多黎各吗?
03	¿Te importa si te hago algunas preguntas?	你介意我问你几个问题吗?
04	¿Te importa si preparo la cena?	你介意我做晚餐吗?
05	¿Te importa si me saco los zapatos?	你介意我脱掉鞋子吗?
06	¿Te importa si me quedo en casa?	你介意我留在家里吗?
07	¿Te importa si uso tu computador?	你介意我用你的计算机吗?
08	¿Te importa si fumo?	你介意我抽烟吗?
09	¿Te importa si salimos un poco más temprano?	你介意我们早一点出去吗?
10	¿Te importa si me doy una ducha?	你介意我淋浴吗?

补充
- ★01: casarse 动 结婚
- ★02: Puerto Rico 名 波多黎各
- ★05: sacarse 动 取出; 脱掉

PASO2　句子重组练习

01	¿Te importa si sirvo de vaso me agua? un	你介意我为自己倒一杯水吗?
02	¿Te importa si me pedazo de un como pan?	你介意我吃一块面包吗?
03	¿Te importa si pregunto te algo?	你介意我问你一些事吗?
04	¿Te importa si esta quedo noche me aquí?	你介意我今晚在这儿过夜吗?
05	¿Te importa si tu hablo padre? con	你介意我跟你父亲谈吗?

解答
- ★01: ¿Te importa si me sirvo un vaso de agua?
- ★02: ¿Te importa si me como un pedazo de pan?
- ★03: ¿Te importa si te pregunto algo?
- ★04: ¿Te importa si me quedo esta noche aquí?
- ★05: ¿Te importa si hablo con tu padre?

PASO3　应用篇

A: ¿Te importa si duermo mientras tú trabajas?

B: ¡No seas tan flojo y ayúdame!

A: 你介意我在你工作时睡觉吗?

B: 不要这么懒惰,帮我一些忙吧!

099 | 常用提问句的句型

¿Cómo te está yendo...?
你……近来如何？

¿Cómo te está yendo + en / con（前置词）+ 名词，表示"你……近来如何？"。

PASO 1 Top 必学句

01 | **¿Cómo te está yendo** en las clases de alemán?　你的德语课进展得如何？
02 | **¿Cómo te está yendo** en tu nuevo trabajo?　你的新工作怎么样？
03 | **¿Cómo te está yendo** en tu negocio?　你的生意近来如何？
04 | **¿Cómo te está yendo** con las ventas?　销售近来如何？
05 | **¿Cómo te está yendo** en la escuela?　你在学校还好吗？
06 | **¿Cómo te está yendo** en tu relación con Anita?　你跟安妮塔的交往进展怎样？
07 | **¿Cómo te está yendo** en tus estudios?　你最近的学习状况如何？
08 | **¿Cómo te está yendo** en Europa?　你的欧洲之行如何？
09 | **¿Cómo te está yendo** con la nueva ley de educación?　你对新的教育法案有怎样的看法？
10 | **¿Cómo te está yendo** con tu jefa?　与你老板的关系近来如何？

补充
★01: alemán　名 德国人；德语
★03: negocio　名 生意
★09: educación　名 教育

PASO 2 句子重组练习

01 | ¿Cómo te está yendo casa? tu nueva en　你的新家怎么样？
02 | ¿Cómo te está yendo Nicolás? con　你与尼古拉斯关系怎么样？
03 | ¿Cómo te está yendo tu rehabilitación? en　你的康复状况如何？
04 | ¿Cómo te está yendo de tomates? con cultivo el　你栽种番茄进展得如何？

解答
★01: ¿Cómo te está yendo en tu nueva casa?
★02: ¿Cómo te está yendo con Nicolás?
★03: ¿Cómo te está yendo en tu rehabilitación?
★04: ¿Cómo te está yendo con el cultivo de tomates?

PASO 3 应用篇

A：¿Cómo te está yendo con los analgésicos?
B：No muy bien. Todavía me duele la cabeza.
A：你觉得止痛药的药效如何呢？
B：不是很好。我仍然头痛。

100 | 常用提问句的句型

¿Terminaste de...? 你做完……了吗?

¿Terminaste + de（前置词）+ 动词原形，表示"你做完……了吗?"。

PASO1　Top 必学句

01 | ¿**Terminaste de** hacer tus deberes?　你写完功课了吗?
02 | ¿**Terminaste de** comer?　你吃完了吗?
03 | ¿**Terminaste de** jugar a las cartas?　你打完牌了吗?
04 | ¿**Terminaste de** limpiar la casa?　你打扫完屋子了吗?
05 | ¿**Terminaste de** leer el libro?　你读完这本书了吗?
06 | ¿**Terminaste de** ver la película?　你看完这部电影了吗?
07 | ¿**Terminaste de** hablar por teléfono?　你打完电话了吗?
08 | ¿**Terminaste de** comerte el bocadillo?　你吃完夹肉面包了吗?
09 | ¿**Terminaste de** trabajar?　你做完工作了吗?
10 | ¿**Terminaste de** desayunar?　你吃完早餐了吗?

补充
★03: jugar a las cartas　阄 打牌
★04: limpiar　阄 打扫
★10: desayunar　阄 吃早餐

PASO2　句子重组练习

01 | ¿**Terminaste de** platos de lavadora? en poner los la　你把餐具放进洗碗机了吗?
02 | ¿**Terminaste de** carta? de la escribir　你写完信了吗?
03 | ¿**Terminaste de** supermercado? el comprar de en　你在超市买好东西了吗?
04 | ¿**Terminaste de** instalar de impresora? la　你安装好打印机了吗?
05 | ¿**Terminaste de** lavar de ropa? la　你洗好衣服了吗?

解答
★01: ¿Terminaste de poner los platos en la lavadora?
★02: ¿Terminaste de escribir la carta?
★03: ¿Terminaste de comprar en el supermercado?
★04: ¿Terminaste de instalar la impresora?
★05: ¿Terminaste de lavar la ropa?

PASO3　应用篇

A: ¿Terminaste de hacer dieta para adelgazar?
B: Sí. Ya bajé varios kilos.
A: 为了减肥你做到控制饮食了吗?
B: 是的，我减掉了好几千克。

101 | 常用提问句的句型

¿Viste si...? 你有没有看到……?

¿Viste si...? 表示"你有没有看到……?"

PASO 1　Top 必学句

01	¿Viste si había suficiente leche en el refrigerador?	你有没有看到冰箱里是否有足够的牛奶?
02	¿Viste si Antonio tenía dinero?	你是否看到安东尼奥有钱?
03	¿Viste si caminaban hacia acá?	你有没有看到他们往这里走来?
04	¿Viste si vivían en la misma casa?	你有没有看到他们住在同一所房子里?
05	¿Viste si estaban jugando?	你是否看到他们在玩?
06	¿Viste si traían las llaves?	你有没有看到他们带钥匙?
07	¿Viste si ponían las velas en la torta?	你有没有看到他们把蜡烛放在蛋糕上?
08	¿Viste si nadaban en la piscina?	你有没有看到他们在游泳池游泳?
09	¿Viste si practicaban los ejercicios?	你有没有看到他们在操练?
10	¿Viste si el pájaro volaba?	你有没有看到鸟儿在飞翔?

补充
- ★01: leche 名 牛奶
- ★06: traer 动 带来；携带
- ★10: pájaro 名 鸟

PASO 2　句子重组练习

01	¿Viste si rápido? corrían	你有没有看到他们跑得很快?
02	¿Viste si daban al moneda le mendigo? una	你有没有看到他们给乞丐一枚硬币?
03	¿Viste si ventana? la miraba por	你有没有看到他(她)从窗户往外望?
04	¿Viste si final? para examen el estudiaban	你有没有看到他们准备期末考试?
05	¿Viste si misma usaban ropa? la	你有没有看到他们穿同样的衣服?

解答
- ★01: ¿Viste si corrían rápido?
- ★02: ¿Viste si le daban una moneda al mendigo?
- ★03: ¿Viste si miraba por la ventana?
- ★04: ¿Viste si estudiaban para el examen final?
- ★05: ¿Viste si usaban la misma ropa?

PASO 3　应用篇

A: ¿Viste si Pedro y Rosa bailaban juntos?
B: Sí, y parecían muy enamorados.
A: 你有没有看到佩德罗和罗莎一起跳舞?
B: 有啊，他们似乎很相爱。

¿Alguna vez has…? 你是否（曾经）……？

¿Alguna vez has + pretérito perfecto（现在完成时），现在完成式动词原形结尾 ar 变成 ado，bailar → bailado，或动词原形结尾 ir 和 er 变成 ido，ir → ido、comer → comido。

¿Alguna vez has...? 表示"你是否（曾经）……？"。

PASO 1　Top 必学句

01 | ¿Alguna vez has comido insectos?　你是否吃过昆虫？
02 | ¿Alguna vez te has ganado la lotería?　你是否中过大乐透？
03 | ¿Alguna vez has ido a Inglaterra?　你是否去过英国？
04 | ¿Alguna vez te has casado?　你是否结过婚？
05 | ¿Alguna vez te has enamorado?　你是否谈过恋爱？
06 | ¿Alguna vez has bailado salsa?　你是否跳过萨尔萨舞？
07 | ¿Alguna vez has hecho trampa en los exámenes?　你是否考试作过弊？
08 | ¿Alguna vez has jugado al ajedrez chino?　你是否玩过中国象棋？

补充
★ 03: Inglaterra 名 英国
★ 05: enamorado 形 恋爱
★ 07: hacer trampa 短 作弊

PASO 2　句子重组练习

01 | ¿Alguna vez has　ovnis?　visto　你是否见过不明飞行物？
02 | ¿Alguna vez has　país?　del　fuera　vivido　你是否在国外生活过？
03 | ¿Alguna vez has　comida　la　probado　árabe?　你是否吃过阿拉伯的食物？
04 | ¿Alguna vez has　un　plantado　árbol?　你是否种过树？

解答
★ 01: ¿Alguna vez has visto ovnis?
★ 02: ¿Alguna vez has vivido fuera del país?
★ 03: ¿Alguna vez has probado la comida árabe?
★ 04: ¿Alguna vez has plantado un árbol?

PASO 3　应用篇

A: Mañana tengo que dar un discurso en la escuela.
B: ¿Alguna vez has hablado en público?
A: No, nunca. Estoy muy nervioso.

A：明天我要在学校发表演讲。
B：你是否有过公开演说的经验？
A：没有，从来没有。所以我很紧张。

103 | 常用提问句的句型

¿Qué...te gusta? 你喜欢什么……?

¿Qué + 名词 + te gusta？表示"你喜欢什么……？"。

PASO 1 Top 必学句

01	¿Qué animal te gusta?	你喜欢什么动物?
02	¿Qué fruta te gusta?	你喜欢什么水果?
03	¿Qué película te gusta?	你喜欢看什么样的电影?
04	¿Qué color te gusta?	你喜欢什么颜色?
05	¿Qué comida te gusta?	你喜欢什么样的食物?
06	¿Qué música te gusta?	你喜欢什么样的音乐?
07	¿Qué cantante te gusta?	你喜欢哪位歌手?
08	¿Qué asignatura te gusta?	你喜欢什么科目?
09	¿Qué serie de TV te gusta?	你喜欢什么电视剧?
10	¿Qué equipo de fútbol te gusta?	你喜欢哪支足球队?

补充
- ★07: cantante 名 歌手
- ★08: asignatura 名 学科；课程
- ★09: serie 名 系列

PASO 2 句子重组练习

01	¿Qué auto de marca te gusta?	你喜欢什么品牌的车?
02	¿Qué música de tipo te gusta?	你喜欢什么样的音乐?
03	¿Qué restaurante te gusta?	你喜欢什么餐厅?
04	¿Qué España de ciudad te gusta?	你喜欢西班牙的哪个城市?
05	¿Qué chica te gusta?	你喜欢哪个女孩?

解答
- ★01: ¿Qué marca de auto te gusta?
- ★02: ¿Qué tipo de música te gusta?
- ★03: ¿Qué restaurante te gusta?
- ★04: ¿Qué ciudad de España te gusta?
- ★05: ¿Qué chica te gusta?

PASO 3 应用篇

A：¿Qué estación del año te gusta?
B：Me gusta la primavera.
A：你喜欢一年中的哪个季节?
B：我喜欢春天。

104 | 常用提问句的句型

¿Quién puede...?
有谁能够/可以……?

¿Quién puede + 动词原形，表示"有谁能够/可以……?"。

PASO1　Top 必学句

01 | **¿Quién puede** socorrerme?　　有谁可以帮我?
02 | **¿Quién puede** venir ahora?　　有谁可以现在来?
03 | **¿Quién puede** ayudar a Ana?　　有谁可以帮安娜?
04 | **¿Quién puede** cuidar a mi perro?　　有谁可以照顾我的狗?
05 | **¿Quién puede** jugar al billar conmigo?　　有谁可以和我打台球?
06 | **¿Quién puede** enseñarme matemáticas?　　有谁可以教我们数学?
07 | **¿Quién puede** alimentar al gato?　　有谁可以喂猫?
08 | **¿Quién puede** lavar el coche?　　有谁可以洗车?
09 | **¿Quién puede** recomendarme un buen dentista?　　有谁可以推荐一个好的牙医?
10 | **¿Quién puede** preparar arroz con leche?　　有谁可以做牛奶甜米粥?

补充
★01: socorrer　动 救助；援救
★05: billar　名 台球
★06: matemáticas　名 数学

PASO2　句子重组练习

01 | **¿Quién puede** colegio? al hijo a mi buscar ir a　　有谁可以帮我到学校接我儿子?
02 | **¿Quién puede** bien? bailar　　有谁跳舞跳得好?
03 | **¿Quién puede** violín? tocar　　有谁会拉小提琴?
04 | **¿Quién puede** puerta? la cerrar　　有谁可以关门?
05 | **¿Quién puede** bizcocho? un hacer　　有谁可以做一个饼干?

解答
★01: ¿Quién puede ir a buscar a mi hijo al colegio?
★02: ¿Quién puede bailar bien?
★03: ¿Quién puede tocar violín?
★04: ¿Quién puede cerrar a puerta?
★05: ¿Quién puede hacer un bizcocho?

PASO3　应用篇

A: ¿Quién puede decorar el árbol de Navidad?
B: Todos podemos hacerlo.
A: 有谁可以帮忙装饰圣诞树?
B: 我们都可以。

105 | 常用提问句的句型

¿Quién quiere...?
谁想（愿意）……？

¿Quién quiere + 动词原形，表示 "谁想（愿意）……？"。

PASO 1　Top 必学句

01	¿**Quién quiere** bailar conmigo?	有谁愿意和我跳舞？
02	¿**Quién quiere** lavar los platos?	有谁愿意洗碗？
03	¿**Quién quiere** hacer la cena?	有谁愿意做晚餐？
04	¿**Quién quiere** comprar mi bicicleta?	有谁愿意买我的自行车？
05	¿**Quién quiere** ir a visitar a Luisa?	有谁愿意去探访路易莎？
06	¿**Quién quiere** madrugar mañana?	明天有谁想早起？
07	¿**Quién quiere** hacer las compras?	有谁愿意去购物？
08	¿**Quién quiere** jugar al boliche?	有谁愿意去打保龄球？
09	¿**Quién quiere** aprender alemán?	有谁想学德语？
10	¿**Quién quiere** repartir los premios?	有谁要颁发奖品？

补充
- ★06: madrugar 动 早起
- ★08: boliche 名 保龄球
- ★09: alemán 名 德国人；德语

PASO 2　句子重组练习

01	¿**Quién quiere** música? escuchar	有谁想听音乐？
02	¿**Quién quiere** Santa Claus? de disfrazarse	有谁愿意装扮成圣诞老人？
03	¿**Quién quiere** fiesta? la organizar	有谁愿意负责筹备晚会？
04	¿**Quién quiere** jugando? seguir	有谁想继续玩？
05	¿**Quién quiere** José la darle a noticia? mala	有谁愿意去告诉荷塞这个坏消息？

解答
- ★01: ¿Quién quiere escuchar música?
- ★02: ¿Quién quiere disfrazarse de Santa Claus?
- ★03: ¿Quién quiere organizar la fiesta?
- ★04: ¿Quién quiere seguir jugando?
- ★05: ¿Quién quiere darle a José la mala noticia?

PASO 3　应用篇

A: Ya vamos a almorzar. ¿**Quién quiere** poner la mesa?

B: Yo la pongo, mami.

A: 我们要吃午餐了。有谁愿意负责摆放餐具？

B: 妈妈，我来摆放。

¿Qué tipo de...?
什么样（种类/类型）……？

¿Qué tipo de + 名词，表示"什么样（种类/类型）……？"。

PASO 1　Top 必学句

01 | ¿**Qué tipo de** música te gusta?　你喜欢什么样的音乐？
02 | ¿**Qué tipo de** persona eres?　你是什么类型的人？
03 | ¿**Qué tipo de** libro te gusta?　你喜欢看什么类型的书？
04 | ¿**Qué tipo de** pasatiempo prefieres?　你偏爱什么业余活动？
05 | ¿**Qué tipo de** lugares te gusta conocer?　你想认识什么样的地方？
06 | ¿**Qué tipo de** fruta te gusta?　你喜欢什么水果？
07 | ¿**Qué tipo de** perfume te gusta?　你喜欢什么香水？
08 | ¿**Qué tipo de** negocio te gustaría hacer?　你想经营什么类型的生意？
09 | ¿**Qué tipo de** personalidad tiene Susana?　苏珊娜是什么样的性格？
10 | ¿**Qué tipo de** sangre tienes?　你是什么血型？

补充
★02: persona　[名] 人；人物
★04: pasatiempo　[名] 爱好；嗜好
★10: sangre　[名] 血；血液

PASO 2　句子重组练习

01 | ¿**Qué tipo de**　prefieres? gafas　你比较喜欢什么类型的眼镜？
02 | ¿**Qué tipo de**　practicar? deporte gustaría te　你喜欢什么样的运动？
03 | ¿**Qué tipo de**　prefiere comida Pedro?　佩德罗比较喜欢什么样的食物？

解答
★01: ¿Qué tipo de gafas prefieres?
★02: ¿Qué tipo de deporte te gustaría practicar?
★03: ¿Qué tipo de comida prefiere Pedro?

PASO 3　应用篇

A：Hoy mi madre cumple 60 años.
B：Sí, yo quiero regalarle flores.
A：¿Sabes qué tipo de flores prefiere?

A：今天是我母亲60岁的生日。
B：是啊，我想送她花。
A：你知道她比较喜欢什么种类的花吗？

¿Qué tal si...? 如果……怎么样？

107 | 常用提问句的句型

¿Qué tal si + 动词现在时，表示"如果……怎么样？"。

PASO 1　Top 必学句

01 | ¿Qué tal si nos acostamos temprano?　我们早点就寝，你看怎么样？
02 | ¿Qué tal si vemos TV?　我们看电视好吗？
03 | ¿Qué tal si vamos de excursión?　我们去郊游，你觉得怎么样？
04 | ¿Qué tal si nos tomamos una copa?　我们去喝一杯怎么样？
05 | ¿Qué tal si planeamos el viaje?　我们去旅行怎么样？
06 | ¿Qué tal si escribimos un libro?　我们写一本书怎么样？
07 | ¿Qué tal si invitamos a nuestros amigos a casa?　我们邀请朋友到家里来，怎么样？
08 | ¿Qué tal si te compras un nuevo coche?　你买辆新车怎么样？
09 | ¿Qué tal si te pones la chaqueta verde?　你穿绿色外套怎么样？
10 | ¿Qué tal si festejamos mi cumpleaños?　我们庆祝我的生日怎么样？

补充
★ 03: excursión 名 短程旅行；郊游
★ 05: planear 动 计划
★ 10: festejar 动 庆祝

PASO 2　句子重组练习

01 | ¿Qué tal si Elisa? le matrimonio a propones　你向艾丽莎求婚好吗？
02 | ¿Qué tal si vemos afuera? nos　我们在外面碰面如何？
03 | ¿Qué tal si mañana? juntos desayunamos　我们明天一起吃早餐，如何？
04 | ¿Qué tal si a ver Teresa vamos Barcelona? a　我们一起去巴塞罗那看泰瑞莎，如何？
05 | ¿Qué tal si textos? repasamos los　我们一起复习课文怎么样？

解答
★ 01: ¿Qué tal si le propones matrimonio a Elisa?
★ 02: ¿Qué tal si nos vemos afuera?
★ 03: ¿Qué tal si desayunamos juntos mañana?
★ 04: ¿Qué tal si vamos a ver a Teresa a Barcelona?
★ 05: ¿Qué tal repasamos los textos?

PASO 3　应用篇

A：¿Qué tal si vamos a la playa mañana?
B：¡Ya! El tiempo está fantástico.
A：我们明天去海边怎么样？
B：耶！天气真是太棒了。

¿Dónde...? 哪里……?

¿Dónde(疑问副词)+ 动词现在时 + 名词或代词,表示"哪里……?"。

PASO1 Top 必学句

01 | ¿**Adónde** vas? 你去哪里?
02 | ¿**Dónde** es la boda? 婚礼在哪儿举办?
03 | ¿**Dónde** aparcaste el coche? 你在哪里停的车?
04 | ¿**Dónde** vives? 你住在哪里?
05 | ¿**Dónde** dejaste las llaves? 你把钥匙放在哪里了?
06 | ¿**Dónde** está la biblioteca? 图书馆在哪里?
07 | ¿**Dónde** quieres ir? 你要去哪里?
08 | ¿**Dónde** está el baño? 盥洗室在哪里?
09 | ¿**Dónde** vas de vacaciones? 你要去哪里度假?
10 | ¿**Dónde** está la salida? 出口在哪里?

补充
★06: biblioteca 名 图书馆
★08: baño 名 盥洗室
★10: salida 名 出口

PASO2 句子重组练习

01 | ¿**Dónde** Japón? queda 日本在哪里?
02 | ¿**Dónde** tu compras ropa? 你在哪里买的衣服?
03 | ¿**Dónde** pingüinos? hay 哪里有企鹅?
04 | ¿**Donde** hijos? mis están 我的孩子们在哪里?
05 | ¿**Dónde** Elena? trabaja 爱琳娜在哪里工作?

解答
★01: ¿Dónde queda Japón?
★02: ¿Dónde compras tu ropa?
★03: ¿Dónde hay pingüinos?
★04: ¿Dónde están mis hijos?
★05: ¿Dónde trabaja Elena?

PASO3 应用篇

A: ¿Dónde te vas a alojar en París?
B: En la casa de mi hija.
A: 你去巴黎要住在哪里?
B: 我女儿的家。

¿Qué te parece si...?
如果……，你觉得如何？

¿Qué te parece si + 动词现在时，表示"如果……，你觉得如何？"。

PASO1 Top 必学句

01 | ¿Qué te parece si aprendemos inglés juntos? — 如果我们一起学英语，你觉得如何？
02 | ¿Qué te parece si olvidamos el pasado? — 如果让我们尽释前嫌，你觉得如何？
03 | ¿Qué te parece si alquilamos un apartamento en el centro? — 如果我们在市中心租房，你觉得如何？
04 | ¿Qué te parece si nos vamos de picnic? — 如果我们去野餐，你觉得如何？
05 | ¿Qué te parece si hablamos con la profesora? — 如果我们去找老师谈谈，你觉得如何？
06 | ¿Qué te parece si vamos a México? — 如果我们去墨西哥，你觉得如何？
07 | ¿Qué te parece si hacemos las paces? — 如果我们和平相处，你觉得如何？
08 | ¿Qué te parece si te vas ahora? — 如果你现在就走，你觉得如何？

补充
- ★02: pasado 图 过去
- ★03: apartamento 图 公寓
- ★07: hacer las paces 短 和好；讲和

PASO2 句子重组练习

01 | ¿Qué te parece si en casa? quedas te — 如果你留在家里，你觉得如何？
02 | ¿Qué te parece si a Daniel? invitamos — 如果我们邀请丹尼尔，你觉得如何？
03 | ¿Qué te parece si algo? comemos — 如果我们吃点东西，你觉得如何？
04 | ¿Qué te parece si pides a mano la Cristina? le — 如果你向克莉丝蒂娜求婚，你说呢？
05 | ¿Qué te parece si descanso? un tomas te — 如果你休息一会儿，你觉得如何？

解答
- ★01: ¿Qué te parece si te quedas en casa?
- ★02: ¿Qué te parece si invitamos a Daniel?
- ★03: ¿Qué te parece si comemos algo?
- ★04: ¿Qué te parece si le pides la mano a Cristina?
- ★05: ¿Qué te parece si te tomas un descanso?

PASO3 应用篇

A：Están robando en la casa del vecino.
B：¿Qué te parece si llamamos a la policía?
A：他们正在邻居家偷东西。
B：如果我们叫警察来，你觉得如何？

110 | 常用提问句的句型

¿Qué tan...?
有多（这/那）么……；是如此……？

¿Qué tan + 形容词，表示"有多（这/那）么……；是如此……？"。

PASO 1　Top 必学句

01	¿**Qué tan** rápido puedes correr?	你能跑多快？
02	¿**Qué tan** lejos vives?	你住得有多远？
03	¿**Qué tan** bien manejas?	你驾驶技术有多好？
04	¿**Qué tan** importante es dormir?	睡眠有多重要？
05	¿**Qué tan** guapo es Roberto?	罗伯特有多帅？
06	¿**Qué tan** bueno es el té verde?	绿茶有那样好吗？
07	¿**Qué tan** simpática es Amelia?	阿梅莉亚是如此可亲吗？
08	¿**Qué tan** salvaje es el tigre?	老虎是如此凶残吗？
09	¿**Qué tan** inteligente es tu perro?	你的狗有这么聪明吗？
10	¿**Qué tan** bien te fue en la prueba de geometría?	你的几何考试考得有多好？

补充
- ★03: manejar　动 驾驶
- ★07: simpático　形 亲切的
- ★08: salvaje　形 野蛮的

PASO 2　句子重组练习

01	¿**Qué tan** cocinas? bien	你做饭做得有多好？
02	¿**Qué tan** cantante? es popular el	这歌手是那么受欢迎吗？
03	¿**Qué tan** supermercado? es barato ese	那间超市有这么便宜吗？
04	¿**Qué tan** nuevo el fácil teléfono? usar es?	新电话有这么简单就能使用吗？
05	¿**Qué tan** tu sucia está casa?	你家有这么脏乱吗？

解答
- ★01: ¿Qué tan bien cocinas?
- ★02: ¿Qué tan popular es el cantante?
- ★03: ¿Qué tan barato es ese supermercado?
- ★04: ¿Qué tan fácil es usar el nuevo teléfono?
- ★05: ¿Qué tan sucia está tu casa?

PASO 3　应用篇

A: ¿Qué tan lejos puedes ver?
B: No muy lejos. Creo que tengo problemas de la visión.
A: 你能看到多远？
B: 不太远。我想我的视力有问题。

111 | 常用提问句的句型

¿No sería mejor si...?
如果……岂不是更好?

为表达礼貌或客气地给予一个善意建议时用条件句。虚拟式在西班牙语中使用得非常频繁，表达说话人主观的情绪与感觉、期盼或愿望以及命令与要求或劝诫等。Sería 条件式简单时态 + si + 虚拟式过去未完成时 。¿No sería mejor si...，表示"如果……岂不是更好？"。

PASO1 Top 必学句

01 | **¿No sería mejor si** viajáramos en tren? — 如果我们搭火车旅行，岂不是更好？

02 | **¿No sería mejor si** compraras los pasajes ahora? — 如果你现在就买票，不是更好吗？

03 | **¿No sería mejor si** te fueras a tu casa? — 如果你回家的话，那岂不是更好？

04 | **¿No sería mejor si** te callaras? — 如果你闭嘴的话，那岂不是更好？

05 | **¿No sería mejor si** te alejaras de María? — 如果你离玛丽亚远点，不是更好吗？

06 | **¿No sería mejor si** bebieras menos alcohol? — 如果你少喝点酒，不是更好吗？

07 | **¿No sería mejor si** le dijeras la verdad a tu madre? — 如果你告诉你母亲真相，不是更好吗？

08 | **¿No sería mejor si** fueras más honesto? — 如果你诚实一些，不是更好吗？

补充
- ★01: tren 图 火车
- ★04: callarse 动 不作声；住口
- ★05: alejarse 动 疏远；脱离

PASO2 句子重组练习

01 | **¿No sería mejor si** más caminaras rápido? — 如果你走快点，岂不是更好？

02 | **¿No sería mejor si** esta viéramos película? — 如果我们看这部电影，岂不是更好？

03 | **¿No sería mejor si** ventana? abriéramos la — 如果我们打开窗户，岂不是更好？

04 | **¿No sería mejor si** fuésemos avión? en — 如果我们搭飞机，岂不是更好？

解答
- ★01: ¿No sería mejor si caminaras más rápido?
- ★02: ¿No sería mejor si viéramos esta película?
- ★03: ¿No sería mejor si abriéramos la ventana?
- ★04: ¿No sería mejor si fuésemos en avión?

PASO3 应用篇

A: Es posible que Ricardo sea el jefe de la calse.

B: ¿No sería mejor si fuese Miguel ?

A：里卡尔多极有可能当选班长。

B：如果是米盖尔，岂不是更好？

¿Cuál...prefieres?
你比较喜欢哪个……?

¿Cuál + 名词或形容词 + prefieres，表示"你比较喜欢哪个……?"。

PASO 1　Top 必学句

01 | ¿**Cuál** celular **prefieres**? 　你比较喜欢什么手机?
02 | ¿**Cuál** animal **prefiere**? 　你比较喜欢哪种动物?
03 | ¿**Cuál** ciudad **prefieres**? 　你比较喜欢哪个城市?
04 | ¿**Cuál** comida **prefieres**? 　你比较喜欢哪种食物?
05 | ¿**Cuál** camisa **prefieres**? 　你比较喜欢哪件衬衫?
06 | ¿**Cuál** canción **prefieres**? 　你比较喜欢哪首歌曲?
07 | ¿**Cuál** moto **prefieres**? 　你比较喜欢哪款摩托车?
08 | ¿**Cuál** marca de maquillaje **prefieres**? 　你比较喜欢哪个品牌的化妆品?

补充
★02：animal　名 动物
★07：moto　名 摩托车
★08：maquillaje　名 化妆品

PASO 2　句子重组练习

01 | ¿**Cuál** las bailarinas dos de **prefieres**? 　这两个舞者，你比较喜欢哪个?
02 | ¿**Cuál** ciudad de lugar la **prefieres**? 　城里的哪个地方，你比较喜欢?
03 | ¿**Cuál** clases de estas **prefieres**? 　这些课程，你比较喜欢哪个?
04 | ¿**Cuál** los pantalones de **prefieres**? 　你比较喜欢哪条裤子?
05 | ¿**Cuál** de deportes estos **prefieres**? 　你比较喜欢哪项运动?

解答
★01：¿Cuál de las dos bailarinas prefieres?
★02：¿Cuál lugar de la ciudad prefieres?
★03：¿Cuál de estas clases prefieres?
★04：¿Cuál de los pantalones prefieres?
★05：¿Cuál de estos deportes prefieres?

PASO 3　应用篇

A：Quiero aprender italiano, pero inglés es más útil.
B：Pero, ¿cuál idioma prefieres?
A：Me gustan los dos.

A：我想学意大利语，不过英语比较有用。
B：但是，你比较喜欢学哪种语言呢?
A：我两种都喜欢。

113 | 常用提问句的句型

¿Cuál es el / la mejor…?
哪个……是最好的？

¿Cuál es el / la mejor + 名词，表示"哪个……是最好的？"。

PASO 1　Top 必学句

01 | ¿Cuál es el mejor celular?　　　　哪款手机是最好的？
02 | ¿Cuál es la mejor universidad?　　哪所大学是最好的？
03 | ¿Cuál es el mejor café del mundo?　哪种咖啡是世界上最好的？
04 | ¿Cuál es la última noticia?　　　最新的消息是什么？
05 | ¿Cuál es la ciudad más segura?　　哪个城市是最安全的？
06 | ¿Cuál es el mejor vino?　　　　　哪种酒是最好的？
07 | ¿Cuál es la mejor profesión?　　　哪种职业是最好的？
08 | ¿Cuál es el mejor grupo musical?　哪个乐团是最好的？
09 | ¿Cuál es la mejor librería del pueblo?　哪个图书馆是村里最好的？
10 | ¿Cuál es el mejor alumno de la clase?　哪位学生是班上最好的？

补充
★05: seguro　形 安全
★07: profesión　名 行业；职业
★10: alumno　名 学生

PASO 2　句子重组练习

01 | ¿Cuál es la mejor　juguetes?　de tienda　　哪家玩具店是最好的？
02 | ¿Cuál es la mejor　mundo?　del escritora　　哪位女作家是世界上最好的？
03 | ¿Cuál es el mejor　esta　profesor　de escuela?　　哪位老师是这所学校最好的？
04 | ¿Cuál es el mejor　baloncesto?　de jugador　　哪位篮球运动员是最好的？

解答
★01: ¿Cuál es la mejor tienda de juguetes?
★02: ¿Cuál es la mejor escritora del mundo?
★03: ¿Cuál es el mejor profesor de esta escuela?
★04: ¿Cuál es el mejor jugador de baloncesto?

PASO 3　应用篇

A: Quiero vivir en el extranjero.　　　A: 我想住在国外。
B: Sí, es una idea estupenda.　　　　B: 是啊，这是一个好主意。
A: ¿Cuál es el mejor país para vivir?　A: 哪个国家是最适合居住的？

032 　　　　　　　　　114 ｜ 常用提问句的句型

¿Cuándo vas a...?
你打算什么时候……？

　　Cuándo，意思是什么时候；何时。¿Cuándo vas a + 动词原形，表示"你打算什么时候……？"。

PASO1　Top 必学句

01	¿Cuándo vas a cortarte el pelo?	你打算什么时候去剪头发？
02	¿Cuándo vas a presentarme a tu novio?	你打算什么时候把我介绍你男朋友？
03	¿Cuándo vas a traducir el libro?	你打算什么时候翻译这本书？
04	¿Cuándo vas a traerme el agua?	你打算什么时候把水带给我？
05	¿Cuándo vas a casarte?	你打算什么时候结婚？
06	¿Cuándo vas a viajar a Argentina?	你打算什么时候到阿根廷旅行？
07	¿Cuándo vas a bañarte?	你打算什么时候洗澡？
08	¿Cuándo vas a apagar la luz?	你打算什么时候关灯？
09	¿Cuándo vas a firmar el reporte?	你什么时候签署报告？
10	¿Cuándo vas a hacer una tarta?	你什么时候做蛋糕？

补充
★01：cabello　名 头
★03：traducir　动 翻译
★06：Argentina　阿根廷

PASO2　句子重组练习

01	¿Cuándo vas a remedio? el tomarte	你打算什么时候吃药？
02	¿Cuándo vas a el examen? estudiar para	你打算什么时候准备考试？
03	¿Cuándo vas a piano? practicar	你打算什么时候练钢琴？
04	¿Cuándo vas a de salir vacaciones?	你打算什么时候去度假？

解答
★01：¿Cuándo vas a tomarte el remedio?
★02：¿Cuándo vas a estudiar para el examen?
★03：¿Cuándo vas a practicar piano?
★04：¿Cuándo vas a salir de vacaciones?

PASO3　应用篇

A：Sigo muy enojada con Carlos.
B：¡Pobre! ¿Cuándo vas a perdonarlo?
A：我还在跟卡洛斯生气。
B：真可怜！你打算什么时候原谅他？

117

¿Cuántos / Cuántas...? 多少……?

西班牙语的名词分"阴阳"两性以及"单复"数。阴性名词以 -a 结尾,阳性名词以 -o 结尾,而名词复数一般在名词的词尾加 +(e)s(只有少数例外)。形容词为名词的修饰,随其所修饰的名词的"阴阳"性以及"单复"数变化,即 Cuánto / Cuánta / Cuántos / Cuántas。Cuánto,意思是多少(么);多大(长)。¿Cuántos / Cuántas + 名词,表示"多少……?"。

PASO 1 Top 必学句

01	¿**Cuántos** libros hay en el estante?	书架上有多少本书?
02	¿**Cuántas** naranjas hay en la mesa?	桌上有多少个橘子?
03	¿**Cuántos** estudiantes hay en la clase?	课堂上有多少位学生?
04	¿**Cuántos** pasajeros hay en el barco?	船上有多少位乘客?
05	¿**Cuántos** minutos faltan para el año nuevo?	还差几分钟新的一年即将到来?
06	¿**Cuántos** años tienes?	你多大了?
07	¿**Cuántos** hermanos tienes?	你有多少个兄弟姐妹?
08	¿**Cuántas** lámparas hay en la sala?	客厅里有多少盏灯?

补充
- ★01: estante 图 架子
- ★02: naranja 图 橘子
- ★07: hermano 图 弟兄

PASO 2 句子重组练习

01	¿**Cuántos** navidad? recibiste regalos para	你圣诞节收到多少份礼物?
02	¿**Cuántos** Sudamérica? hay países en	南美洲有多少个国家?
03	¿**Cuántos** este hay médicos en hospital?	这家医院共有多少位医生?
04	¿**Cuántas** cancha? hay pelotas la en	有多少个球在球场?

解答
- ★01: ¿Cuántos regalos recibiste para la Navidad
- ★02: ¿Cuántos países hay en Sudamérica?
- ★03: ¿Cuántos médicos hay en este hospital?
- ★04: ¿Cuántas pelotas hay en la cancha?

PASO 3 应用篇

A: Tengo una familia grande.
B: ¿En serio? ¿Cuántas personas hay en tu familia?
A: Como veinte.

A: 我有一个大家庭。
B: 真的吗?你家有多少人?
A: 大约20人。

¿Cuánto tiempo hace que…?
……有多久？

¿Cuánto tiempo hace que + 陈述式现在时 / 过去时，表示"……有多久？"。

PASO 1　Top 必学句

01 | **¿Cuánto tiempo hace que** vives en esta ciudad?　你住在这个城市有多久了？
02 | **¿Cuánto tiempo hace que** compras en esta tienda?　你在这家商店购物有多久了？
03 | **¿Cuánto tiempo hace que** sales con Francisco?　你和弗朗西斯科交往有多久了？
04 | **¿Cuánto tiempo hace que** estás casado?　你结婚有多久了？
05 | **¿Cuánto tiempo hace que** vienes a esta iglesia?　你来这个教堂有多久了？
06 | **¿Cuánto tiempo hace que** te operaron?　你多久之前做的手术？
07 | **¿Cuánto tiempo hace que** murió tu padre?　你父亲去世有多久了？
08 | **¿Cuánto tiempo hace que** aprendiste a conducir?　你多久之前学会开车的？

补充
★ 03: salir 　动 出去；离开
★ 05: iglesia 　图 教堂
★ 06: operarse 　动 开刀；动手术

PASO 2　句子重组练习

01 | ¿Cuánto tiempo hace que　trabajo? del saliste　你多久之前离职的？
02 | ¿Cuánto tiempo hace que　Buenos Aires? a fuiste　你多久之前去过布宜诺斯艾利斯？
03 | ¿Cuánto tiempo hace que　español? al conoces de profesor　你认识西班牙语老师有多久了？
04 | ¿Cuánto tiempo hace que　trago? no un echamos nos　已经有多久我们没一块喝一杯了？
05 | ¿Cuánto tiempo hace que　Luis? con terminaste　你跟路易斯分手有多久了？

解答
★ 01: ¿Cuánto tiempo hace que saliste del trabajo?
★ 02: ¿Cuánto tiempo hace que fuiste a Buenos Aires?
★ 03: ¿Cuánto tiempo hace que conoces al profesor de español?
★ 04: ¿Cuánto tiempo hace que no nos echamos un trago?
★ 05: ¿Cuánto tiempo hace que terminaste con Luis?

PASO 3　应用篇

A: Todavía no hablo bien el inglés.　　A: 我还是说不好英语。
B: ¿Y **cuánto tiempo hace que** lo estudias?　　B: 你英语学了多长时间？

¿Por dónde...? 在（往）哪里？

¿Por dónde + 陈述式现在时 / 过去时，表示"在（往）哪里？"。

PASO 1　Top 必学句

01 | ¿Por dónde vives?　　你住在什么地方？
02 | ¿Por dónde queda la farmacia?　　药店在什么地方？
03 | ¿Por dónde está el correo?　　邮局在哪里？
04 | ¿Por dónde andas para regresar a casa?　　你回家从哪里走？
05 | ¿Por dónde pasa el tren?　　火车经过哪里？
06 | ¿Por dónde se llega a la clínica?　　从哪里走可以到诊所？
07 | ¿Por dónde subes al cerro?　　你从哪里爬到山上？
08 | ¿Por dónde entras a la sala de conferencias?　　从哪里可以进到会议室？
09 | ¿Por dónde hay una biblioteca?　　在哪里有图书馆？
10 | ¿Por dónde andas ahora?　　你现在在哪里？

补充
- ★02：farmacia　名 药店
- ★06：clínica　名 诊所
- ★07：cerro　名 小山

PASO 2　句子重组练习

01 | ¿Por dónde apartamento queda de Juan? el　　胡安的公寓在什么地方？
02 | ¿Por dónde terraza? a sales la　　从哪里可以去阳台？
03 | ¿Por dónde dar puedo paseo? un　　我可以在什么地方散步？
04 | ¿Por dónde Santiago? encuentra se　　圣地亚哥在什么地方？

解答
- ★01：¿Por dónde queda el apartamento de Juan?
- ★02：¿Por dónde sales a la terraza?
- ★03：¿Por dónde puedo dar un paseo?
- ★04：¿Por dónde se encuentra Santiago?

PASO 3　应用篇

A：Quiero comprarme un auto.
B：Sí, pero no tienes suficiente dinero.
A：¿No sabes por dónde puedo comprarme uno de segunda mano?

A：我想买一辆车。
B：是啊，然而你没有足够的钱。
A：你知不知道，我在哪里可以买二手车？

118 | 常用提问句的句型

¿Te das cuenta...?
你是否意识（注意）到……？

¿Te das cuenta + de que，表示"你是否意识（注意）到……？"。

PASO1　Top 必学句

01	¿Te das cuenta de que Alicia está embarazada?	你是否意识到艾丽西亚怀孕了？
02	¿Te das cuenta de que el niño está enfermo?	你是否注意到孩子生病了？
03	¿Te das cuenta de que el precio de los comestibles subió?	你是否注意到食品涨价了？
04	¿Te das cuenta de que ya no te quiero?	你是否意识到我已经不爱你了？
05	¿Te das cuenta de que el bebé es hermoso?	你有没有发现婴儿很漂亮？
06	¿Te das cuenta de que tienes mucho talento?	你有没有发现你很有才华？
07	¿Te das cuenta de que los brasileños son muy alegres?	你有没有发现巴西人很开朗？

补充
- ★01: embarazada 形 怀孕的
- ★03: comestible 图 食品；食物
- ★06: talento 图 天赋；才能

PASO2　句子重组练习

01	¿Te das cuenta de que Tailandia en voy dos me a días?	你是否意识到我两天后就要去泰国了？
02	¿Te das cuenta de que compró se Jaime deportivo? un coche	你有没有发现海梅买了一辆跑车？
03	¿Te das cuenta de que nevera? no huevos hay en la	你是否发现到冰箱里没有鸡蛋了？
04	¿Te das cuenta de que Laura la tener a un va bebé?	你是否觉察到劳拉要生孩子了？
05	¿Te das cuenta de que elecciones? ganó las Miranda	你是否注意到米兰达赢得选举了？

解答
- ★01: ¿Te das cuenta de que me voy a Tailandia en dos días?
- ★02: ¿Te das cuenta de que Jaime se compró un coche deportivo?
- ★03: ¿Te das cuenta de que no hay huevos en la nevera?
- ★04: ¿Te das cuenta de que Laura va a tener un bebé?
- ★05: ¿Te das cuenta de que ganó Miranda las elecciones?

PASO3　应用篇

A：Hoy la maestra me dio un cero en el examen.

B：¿Te das cuenta de que no se puede hacer trampa?

A：今天，老师给我考试打了个零分。

B：你是否意识到不能作弊？

¿De quién es...? 这是谁的……?

119 | 常用提问句的句型

¿De quién es（动词原形 ser）+ 名词，表示"这是谁的……?"。

PASO 1　Top 必学句

01	¿**De quién es** este lápiz?	这是谁的铅笔?
02	¿**De quién es** esta botella de agua?	这是谁的水瓶?
03	¿**De quién es** aquel maletín marrón?	那个咖啡色公文包是谁的?
04	¿**De quién es** la billetera?	这个钱包是谁的?
05	¿**De quién es** el dinero?	这是谁的钱?
06	¿**De quién es** el cachorro?	这只小狗是谁的?
07	¿**De quién es** la mochila?	这个背包是谁的?
08	¿**De quién es** este número de teléfono?	这是谁的电话号码?
09	¿**De quién es** esta canción?	这首歌是谁唱的?
10	¿**De quién es** el cuaderno?	这是谁的笔记本?

补充
- ★03: maletín 名 公事包, 手提包
- ★04: billetera 名 钱包
- ★06: cachorro 名 小狗

PASO 2　句子重组练习

01	¿**De quién es** anillo? el	这枚戒指是谁的?
02	¿**De quién es** cinturón? el	这条皮带是谁的?
03	¿**De quién es** corbata? la	这条领带是谁的?
04	¿**De quién es** fotografía? la	这张照片是谁的?
05	¿**De quién es** gorra? la	这顶帽子是谁的?

解答
- ★01: ¿De quién es el anillo?
- ★02: ¿De quién es el cinturón?
- ★03: ¿De quién es la corbata?
- ★04: ¿De quién es la fotografía?
- ★05: ¿De quién es la gorra?

PASO 3　应用篇

A：¿Sabes de quién es la pintura?
B：Me parece que es de Picasso.
A：¡Es una obra maestra!

A：你知道这幅画是谁的吗?
B：我认为是毕加索的。
A：是他的画，真是一幅杰作啊!

120 | 常用提问句的句型

¿De qué color es / son...?
……是什么颜色的？

¿De qué color es/son（动词原形 ser）+ 名词，表示"……是什么颜色的？"。

PASO1　Top 必学句

01 | ¿De qué color es tu casa?　　　　　你的房子是什么颜色的？
02 | ¿De qué color son tus pantalones?　你的裤子是什么颜色的？
03 | ¿De qué color son tus ojos?　　　　你的眼睛是什么颜色的？
04 | ¿De qué color es tu cabello?　　　　你的头发是什么颜色的？
05 | ¿De qué color son tus calcetines?　你的袜子是什么颜色的？
06 | ¿De qué color es tu falda?　　　　　你的裙子是什么颜色的？
07 | ¿De qué color son las flores?　　　鲜花是什么颜色的？
08 | ¿De qué color es la alfombra?　　　地毯是什么颜色的？
09 | ¿De qué color es la pared?　　　　墙壁是什么颜色的？
10 | ¿De qué color es la cortina?　　　　窗帘是什么颜色的？

补充
★03: ojo　　　　名 眼睛
★05: calcetine　名 袜子
★08: alfombra　名 地毯

PASO2　句子重组练习

01 | ¿De qué color es　coche? tu nuevo　　你的新车是什么颜色的？
02 | ¿De qué color es　Diana? de gato el　戴安娜的猫是什么颜色的？
03 | ¿De qué color es　suéter? tu　　　　你的毛衣是什么颜色的？
04 | ¿De qué color es　maleta? la　　　　行李箱是什么颜色的？
05 | ¿De qué color son　zapatos? tus　　你的鞋子是什么颜色的？

解答
★01: ¿De qué color es tu nuevo coche?
★02: ¿De qué color es el gato de Diana?
★03: ¿De qué color es tu suéter?
★04: ¿De qué color es la maleta?
★05: ¿De qué color son tus zapatos?

PASO3　应用篇

A: ¿De qué color es la manzana, verde o roja?

B: Es roja.

A: 苹果是什么颜色的？绿色或红色？

B: 它是红色的。

121 | 常用提问句的句型

¿De dónde eres / es / son...?
……从哪里来？……是哪里人？

ser 现在时动词变化：yo soy / tú eres / él es / nosotros somos / vosotros sois / ellos son。ser de，来自（表示出生地、出产地等）。¿De dónde eres / es / son + 名词，表示"……从哪里来？……是哪里人？"。

PASO 1　Top 必学句

01	¿De dónde eres?	你是哪里人？
02	¿De dónde es Francisco?	弗朗斯科是哪里人？
03	¿De dónde son José y Blanca?	荷塞和布兰卡是哪里人？
04	¿De dónde es usted?	您来自哪里？
05	¿De dónde es el mejor vino?	最好的酒产在哪里？
06	¿De dónde es la uva?	葡萄来自哪里？
07	¿De dónde son los osos panda?	熊猫来自哪里？
08	¿De dónde es el chico?	这个男孩是哪里人？
09	¿De dónde es el pintor?	这个画家是哪里人？
10	¿De dónde es el cantante?	这个歌手是哪里人？

补充
★ 05： vino　　名 葡萄酒
★ 07： oso panda　名 熊猫
★ 09： pintor　　名 画家

PASO 2　句子重组练习

01	¿De dónde es profesora inglés? de	英语老师是哪里人？
02	¿De dónde son turistas? los	这些游客是从哪里来的？
03	¿De dónde es estudiante? nueva la	新来的学生是哪里人？
04	¿De dónde es de Carmen? padre el	卡门的父亲是哪里人？

 解答
★ 01：¿De dónde es la profesora de inglés?
★ 02：¿De dónde son los turistas?
★ 03：¿De dónde es la nueva estudiante?
★ 04：¿De dónde es el padre de Carmen?

PASO 3　应用篇

A：¿De dónde es aquel chico rubio?
B：Es suizo.
A：那个金发的男孩是哪里人？
B：他是瑞士人。

¿Tienes ganas de...?
你想（做什么）……吗？

¿Tienes ganas + de（前置词）+ 原形动词，表示"你想（做什么）……吗？"。

PASO 1 Top 必学句

01	¿Tienes ganas de ver a Tomás?	你想看到托马斯吗？
02	¿Tienes ganas de comer sandía?	你想吃西瓜吗？
03	¿Tienes ganas de vomitar?	你想要呕吐吗？
04	¿Tienes ganas de ir de compras?	你想要去购物吗？
05	¿Tienes ganas de ir a un gimnasio?	你想去健身房做运动吗？
06	¿Tienes ganas de darte un baño de espuma?	你想洗个泡泡浴吗？
07	¿Tienes ganas de gritar?	你想尖叫吗？
08	¿Tienes ganas de salir a bailar?	你想去跳舞吗？
09	¿Tienes ganas de tener a un bebé?	你想要有个孩子吗？
10	¿Tienes ganas de ayudarnos como voluntario?	你想以志愿者的身份来帮我们吗？

补充
- ★02: sandía 名 西瓜
- ★05: hacer gimnasia 短 健身
- ★06: baño de espuma 短 泡泡浴

PASO 2 句子重组练习

01	¿Tienes ganas de nueva? gente conocer a	你想认识新人吗？
02	¿Tienes ganas de juego? en participar el	你想参加比赛吗？
03	¿Tienes ganas de atrapar al ladrón?	你想逮到小偷吗？

解答
- ★01: ¿Tienes ganas de conocer a gente nueva?
- ★02: ¿Tienes ganas de participar en el juego?
- ★03: ¿Tienes ganas de atrapar al ladrón?

PASO 3 应用篇

A: ¿Tienes ganas de pedirle matrimonio a Sofía?

B: Sí. ¡Me muero por casarme con ella!

A: Entonces adelante.

A: 你想求索菲亚嫁给你吗？

B: 是啊，我渴望和她结婚！

A: 那么你就去做吧。

123 | 常用提问句的句型

¿Por qué no...? 为什么不……呢？

¿Por qué no + 动词现在时，表示"为什么不……呢？"。

PASO 1　Top 必学句

01 | **¿Por qué no** te callas?　　　你为什么不闭嘴？
02 | **¿Por qué no** dejas de moverte?　　　你为什么不停止动来动去？
03 | **¿Por qué no** te vas?　　　你为什么不走？
04 | **¿Por qué no** te arreglas mejor?　　　你为什么不把自己装扮得更好？
05 | **¿Por qué no** sales con Antonio?　　　你为什么不跟安东尼奥出去呢？
06 | **¿Por qué no** comes ?　　　你为什么不吃？
07 | **¿Por qué no** lees el diario ?　　　你为什么不看报纸？
08 | **¿Por qué no** te acuestas temprano?　　　你为什么不早点睡觉？
09 | **¿Por qué no** te gustan los lunes?　　　你为什么不喜欢星期一？
10 | **¿Por qué no** llamas a tu amiga ?　　　你为什么不打电话给你的朋友？

补充
- ★04: arreglarse 动 装扮（自己）
- ★07: diario 名 报纸
- ★09: lunes 名 星期一
- ★10: amigo 名 朋友

PASO 2　句子重组练习

01 | **¿Por qué no** nada? dices　　　你为什么什么都不说？
02 | **¿Por qué no** música? escuchas　　　你为什么不听音乐呢？
03 | **¿Por qué no** el aceptas consejo?　　　你为什么不接受建议呢？
04 | **¿Por qué no** otra vez? intentas　　　你为什么不再试一次呢？
05 | **¿Por qué no** Luisa? a invitas　　　你为什么不邀请路易莎呢？

解答
- ★01: ¿Por qué no dices nada?
- ★02: ¿Por qué no escuchas música?
- ★03: ¿Por qué no aceptas el consejo?
- ★04: ¿Por qué no intentas otra vez?
- ★05: ¿Por qué no invitas a Luisa?

PASO 3　应用篇

A：Patricio, tienes el cabello larguísimo.
B：¿Tú crees?
A：Sí…¿por qué no te lo cortas?

A：帕特里西奥，你的头发可真够长的。
B：你觉得吗？
A：是啊……你为什么都不剪呢？

124 | 常用提问句的句型

¿Por qué...? 为什么……?

¿Por qué + 动词，表示"为什么……？"。

PASO1　Top 必学句

01 | **¿Por qué** has hecho eso?　　　你为什么要这样做呢?
02 | **¿Por qué** te duele tanto la espalda?　　你为什么背痛得这么厉害?
03 | **¿Por qué** necesitas tanto dinero?　　你为什么需要这么多钱?
04 | **¿Por qué** han venido?　　他们为什么要来?
05 | **¿Por qué** trajiste ese perro?　　你为什么把那只狗带来?
06 | **¿Por qué** dejaste de estudiar?　　你为什么要休学?
07 | **¿Por qué** te enojaste conmigo?　　你为什么要生我的气?
08 | **¿Por qué** hay tanto desempleo en España?　　西班牙为什么会有这么多的失业者呢?
09 | **¿Por qué** estás tan contento hoy?　　你今天怎么这么高兴呢?
10 | **¿Por qué** peleaste con tu novia?　　你为什么跟女朋友吵架呢?

补充
★02: espalda　名 背
★08: desempleo　名 失业者
★10: pelearse　动 吵架

PASO2　句子重组练习

01 | **¿Por qué** anoche? tarde tan llegaste　　昨晚你为什么这么晚才来呢?
02 | **¿Por qué** profesor? castigó el te　　老师为什么要惩罚你呢?
03 | **¿Por qué** has marchado? te　　你为什么离开呢?
04 | **¿Por qué** calle? gente tanta hay　　为什么有这么多人在街上呢?
05 | **¿Por qué** tanto? hablas　　你为什么说这么多话呢?

解答
★01: ¿Por qué llegaste tan tarde anoche?
★02: ¿Por qué te castigó el profesor?
★03: ¿Por qué te has marchado?
★04: ¿Por qué hay tanta gente en la calle?
★05: ¿Por qué hablas tanto?

PASO3　应用篇

A: ¿Por qué hay tantos robos en esta ciudad?
B: Porque la fuerza policial no es suficiente.
A: 这个城市为什么会发生这么多的盗窃事件呢?
B: 因为警察的力量远远不足。

¿Por qué estás tan...?
你为什么这么……？

estar 是联系动词，用以联系主语，说明主语处于某种暂时的状态或性质。Estar 现在时动词变化：yo estoy / tú estás / él está / nosotros estamos / vosotros estáis / ellos están（西班牙语有两个联系动词：ser 和 estar）。¿Por qué estás tan + 形容词，表示"你为什么这么……？"。

PASO 1　Top 必学句

01	¿Por qué estás tan nervioso?	你为什么这么紧张？
02	¿Por qué estás tan asustado?	你为什么这么害怕？
03	¿Por qué estás tan pálido?	你为什么如此苍白？
04	¿Por qué estás tan triste?	你为什么如此伤心？
05	¿Por qué estás tan preocupado?	你为什么这么担心呢？
06	¿Por qué estás tan deprimido?	你为什么这么郁闷？
07	¿Por qué estás tan indiferente?	你为什么如此冷漠？
08	¿Por qué estás tan distraído?	你为什么这么心不在焉？

补充
★03: pálido　形 苍白
★05: preocupado　形 担心的
★07: indiferente　形 冷漠的

PASO 2　句子重组练习

01	¿Por qué estás tan　hoy?　enfadado	今天你为什么如此生气？
02	¿Por qué estás tan　conmigo?　generoso	你为什么对我这么大方？
03	¿Por qué estás tan　hijo?　exigente tu con	你为什么对你儿子这么挑剔？
04	¿Por qué estás tan　a impaciente Marta?　esperando	你为什么等玛塔这么不耐烦？

解答
★01: ¿Por qué estás tan enfadado hoy?
★02: ¿Por qué estás tan generoso conmigo?
★03: ¿Por qué estás tan exigente con tu hijo?
★04: ¿Por qué estás tan impaciente esperando a Marta?

PASO 3　应用篇

A：¡Estoy feliz! ¡Por fin nos vamos de viaje!
B：¿Por qué estás tan entusiasmado?
A：Porque estoy muy cansado de trabajar.

A：我很高兴！我们终于要去旅行了！
B：你为什么这么激动呢？
A：因为我已疲于工作。

¿Por qué tienes…?
你为什么……?

tener（有）是西班牙语中四个辅助动词之一，其他三个分别为：ser（是）、estar（是）、haber（有）；它们都是不规则动词。tener（有）是很常用的动词，表达主语处于某种状态、情绪、感觉或拥（持）有某物。（tú）tienes 是现在直陈式第二人称单数。¿Por qué tienes...，表示"你为什么……?"。

PASO1　Top 必学句

01	¿**Por qué tienes** pena?	你为什么难过？
02	¿**Por qué tienes** rabia?	你为什么生气？
03	¿**Por qué tienes** pereza?	你为什么懒惰？
04	¿**Por qué tienes** esa cara larga?	你为什么拉长着脸？
05	¿**Por qué tienes** hambre?	你为什么饿了？
06	¿**Por qué tienes** sed?	你为什么会口渴？
07	¿**Por qué tienes** esa idea?	你为什么会有这种想法？
08	¿**Por qué tienes** sueño?	你为什么觉得困？
09	¿**Por qué tienes** asco?	你为什么感到恶心？
10	¿**Por qué tienes** tanta confianza?	你为什么那么有信心？

补充
- ★04: cara larga　[名] 拉长着脸
- ★06: sed　[名] 口渴
- ★10: confianza　[名] 信心

PASO2　句子重组练习

01	¿**Por qué tienes**　el　hinchado?　dedo	为什么你手指肿胀？
02	¿**Por qué tienes**　camisa　la　rota?	为什么你衬衫破裂？
03	¿**Por qué tienes**　con Patricio?　paciencia　tanta	你为什么对帕特里西奥这么有耐心？

解答
- ★01: ¿Por qué tienes el dedo hinchado?
- ★02: ¿Por qué tienes la camisa rota?
- ★03: ¿Por qué tienes tanta paciencia con Patricio?

PASO3　应用篇

A: ¿Por qué tienes los ojos rojos, Daniel?
B: Porque no dormí bien anoche.

A: 丹尼尔，为什么你眼睛发红？
B: 因为我昨晚没有睡好。

127 | 常用提问句的句型

¿Estás seguro / a...?
你确定……吗？

estar 是联系动词，用以联系主语，不行使动作，只说明主语处于某种暂时的状态或性质。estás 是第二人称单数 tú estás。¿Estás seguro / a de +（que），表示"你确定……吗？"。

PASO 1　Top 必学句

01 | ¿**Estás seguro** de eso?　　　　　你确定吗？
02 | ¿**Estás segura** que quieres ir?　　你确定你想要去吗？
03 | ¿**Estás seguro** de tu decisión?　　你确定你的决定吗？
04 | ¿**Estás segura** de tus sentimientos?　你确定你的感情吗？
05 | ¿**Estás seguro** de que es ella?　　你确定是她吗？
06 | ¿**Estás seguro** de que son tus anteojos?　你确定是你的眼镜吗？
07 | ¿**Estás segura** de que esta es tu silla?　你确定这是你的椅子吗？
08 | ¿**Estás seguro** de querer volver?　你确定你想回来吗？

补充
★03: decisión　名 决定
★04: sentimiento　名 感情
★06: anteojos　名 眼镜

PASO 2　句子重组练习

01 | ¿**Estás seguro** habla que ruso? Alicia　你肯定艾丽西亚会讲俄语吗？
02 | ¿**Estás segura** querer de Holanda? a ir　你确定你想要去荷兰吗？
03 | ¿**Estás seguro** volver a mañana? que vas de　你确定你明天会回来吗？
04 | ¿**Estás segura** banco que el aprobará de préstamo? tu　你确定银行将核准你的贷款吗？

解答
★01: ¿Estás seguro que Alicia habla ruso?
★02: ¿Estás segura de querer ir a Holanda?
★03: ¿Estás seguro de que vas a volver mañana?
★04: ¿Estás segura de que el banco aprobará tu préstamo?

PASO 3　应用篇

A: ¿Estás seguro de que aún quedan habitaciones disponibles?
B: Sí, el hotel está casi vacío en esta época del año.
A: 你确定还有空的房间吗？
B: 是的，每年的这个时候酒店几乎是空的。

128 | 常用提问句的句型

¿A qué hora...? 几点……？

¿A qué hora + 动词，表示"几点……？"。

PASO1 Top 必学句

01 | **¿A qué hora** es la reunión? 会议在几点开始？
02 | **¿A qué hora** empieza la película? 电影几点开始？
03 | **¿A qué hora** termina el ensayo? 排演在几点结束？
04 | **¿A qué hora** te levantas? 你几点起床？
05 | **¿A qué hora** sale el sol? 太阳什么时候升起？
06 | **¿A qué hora** nos podemos ir? 我们几点可以离开？
07 | **¿A qué hora** es la clase de ciencias? 自然科学课几点开始？
08 | **¿A qué hora** tienes que trabajar esta tarde? 你要在今天下午几点工作？
09 | **¿A qué hora** puedes llamarme el domingo? 星期日几点你可以打电话给我？
10 | **¿A qué hora** vas a comprar pan? 你几点去买面包？

补充
★03: ensayo 名 排演；排练
★05: salir el sol 短 日出；日升
★09: domingo 名 星期日

PASO2 句子重组练习

01 | **¿A qué hora** vuelo? el sale 飞机在几点起飞？
02 | **¿A qué hora** los llegan alumnos? 学生在几点到达？
03 | **¿A qué hora** premio? el se distribuye 奖品在几点开始颁发？
04 | **¿A qué hora** aquí estar puedes mañana? 明天几点你可以来这里？
05 | **¿A qué hora** peluquería? ir la quieres a 你想几点去理发店？

解答
★01: ¿A qué hora sale el vuelo?
★02: ¿A qué hora llegan los alumnos?
★03: ¿A qué hora se distribuye el premio?
★04: ¿A qué hora puedes estar aquí mañana?
★05: ¿A qué hora quieres ir a la peluquería?

PASO3 应用篇

A：¿A qué hora sale el tren a Sevilla?
B：A las ocho de la mañana.
A：到塞维利亚的火车几点出发？
B：早上八点。

¿Cuánto queda...? 还剩下多少……？

Cuánto / Cuánta / Cuántos / Cuántas。¿Cuánto queda + para / en / por（前置词），表示"还剩下多少……？"。

PASO 1 Top 必学句

01 | ¿**Cuántas** horas **quedan** para el año nuevo? —— 还剩下多少小时就是新年了？

02 | ¿**Cuánto** trabajo **queda** por hacer? —— 你还剩下多少工作要做？

03 | ¿**Cuántos** niños **quedan** aún en la guardería? —— 还剩下多少孩子在幼儿园？

04 | ¿**Cuánta** agua **queda** en el vaso? —— 杯子里剩下多少水？

05 | ¿**Cuánta** comida **queda** en la mesa? —— 桌上还剩下多少食物？

06 | ¿**Cuánto** jugo **queda** en el jarro? —— 水罐中还剩下多少果汁？

07 | ¿**Cuántas** semanas **quedan** para tu boda? —— 还剩下几周就是你结婚的日子？

08 | ¿**Cuántos** días **quedan** para el viaje? —— 去旅行的日期还剩多少天？

补充
- ★ 03: guardería 名 托儿所；幼儿园
- ★ 04: agua 名 水
- ★ 06: jarro 名 水罐

PASO 2 句子重组练习

01 | ¿Cuánta olla? en sopa la queda —— 锅里剩下多少汤？

02 | ¿Cuántos quedan el frasco? en dulces —— 罐子里的糖果剩下多少？

03 | ¿Cuánta plato el queda? ensalada en —— 盘子里剩下多少沙拉？

04 | ¿Cuántas abiertas? quedan tiendas —— 有多少商店在营业？

解答
- ★ 01：¿Cuánta sopa queda en la olla?
- ★ 02：¿Cuántos dulces quedan en el frasco?
- ★ 03：¿Cuánta ensalada queda en el plato?
- ★ 04：¿Cuántas tiendas quedan abiertas?

PASO 3 应用篇

A: Mam, ¿cuánto tiempo queda para llegar a Buenos Aires?
B: No lo sé cariño, pregúntale a la azafata.

A：妈妈，还剩下多少时间就要到达布宜诺斯艾利斯？
B：亲爱的，我不知道，你去问空乘人员吧。

¿A quién...? 向谁……? 为谁……?

¿A quién（疑问代词）+ 动词，表示"向谁……？""为谁……？"

PASO1　Top 必学句

01 | ¿A quién quieres visitar hoy? —— 你今天要去拜访谁？
02 | ¿A quién crees que va a ganar? —— 你认为谁会赢？
03 | ¿A quién vas a bloquear en facebook? —— 你要在脸谱里拉黑谁？
04 | ¿A quién le vas a vender la moto? —— 你要将摩托车卖给谁？
05 | ¿A quién le quieres tomar el pelo? —— 你要捉弄谁？
06 | ¿A quién amas? —— 你爱谁？
07 | ¿A quién le contarás tu secreto? —— 你会把你的秘密告诉谁？
08 | ¿A quién le hiciste el pedido de lana? —— 你向谁采购了羊毛？
09 | ¿A quién le dijiste eso? —— 你和谁了说那个？
10 | ¿A quién llamas? —— 你和谁打电话？

补充
★02: ganar 动 赢
★03: bloquear 动 限制；封锁
★05: tomar el pelo 短 捉弄

PASO2　句子重组练习

01 | ¿A quién después ver trabajo? vas del a —— 下班后你打算去看谁？
02 | ¿A quién pegar? quieres le —— 你想打谁？
03 | ¿A quién regalaste le gafas? las —— 你把眼镜送给谁了？
04 | ¿A quién en supermercado? viste el —— 你在超市看到谁了？
05 | ¿Para quién le licores? compras los —— 你为谁买的酒？

解答
★01: ¿A quién vas a ver después del trabajo?
★02: ¿A quién le quieres pegar?
★03: ¿A quién le regalaste las gafas?
★04: ¿A quién viste en el supermercado?
★05: ¿Para quién le compras los licores?

PASO3　应用篇

A: Voy a ir al extranjero por unos días.
B: Entonces, ¿a quién le vas a pedir para que cuide tu mascota?
A: A mi vecino.

A: 我将要出国几天。
B: 那你会请谁来照顾你的宠物？
A: 我的邻居。

131 | 常用提问句的句型

¿Con quién...? 和谁……？

¿Con quién（疑问代词）+ 动词，表示"和谁……？"。

PASO 1　Top 必学句

01 | **¿Con quién** fuiste a Miami?　　你和谁一起去迈阿密的？
02 | **¿Con quién** te vas a casar?　　你要和谁结婚？
03 | **¿Con quién** vives?　　你和谁住在一起？
04 | **¿Con quién** sueles comer?　　你时常和谁一块用餐？
05 | **¿Con quién** vas al concierto el viernes?　你周五会和谁去听音乐会？
06 | **¿Con quién** hablas?　　你在和谁说话？
07 | **¿Con quién** se va a Suiza tu hijo?　　你的儿子将跟谁去瑞士？
08 | **¿Con quién** anda Laura?　　罗拉跟谁交往？
09 | **¿Con quién** deseas pasar el resto de tu vida?　你想和谁共度余生？
10 | **¿Con quién** chateas por las noches?　每天晚上你跟谁在网上闲聊？

补充
★04: soler　动 惯于；经常
★07: Suiza　名 瑞士
★09: resto de tu vida　短 你的余生

PASO 2　句子重组练习

01 | **¿Con quién** bebé? al dejaste　　你让宝宝和谁在一起？
02 | **¿Con quién** gusta te bailar?　　你喜欢和谁跳舞？
03 | **¿Con quién** todos los días? sales　你每天跟谁出去？
04 | **¿Con quién** avión? iba estaba en　您和谁在飞机上？
05 | **¿Con quién** vas te quedar? a　　你会跟谁住？

解答
★01: ¿Con quién dejaste al bebé?
★02: ¿Con quién te gusta bailar?
★03: ¿Con quién sales todos los días?
★04: ¿Con quién estaba en el avión?
★05: ¿Con quién te vas a quedar?

PASO 3　应用篇

A：¿Con quién vas a pasar el fin de semana?
B：Me encantaría pasarlo con ustedes.
A：你要和谁共度周末？
B：我想和大家一起。

¿Con qué...? 用什么……?

¿Con qué + 动词 / 名词，表示"用什么……?"。

PASO 1　Top 必学句

01	¿**Con qué** te secas el pelo?	用什么擦干你的头发?
02	¿**Con qué** haces el pan?	你用什么做面包?
03	¿**Con qué** quito la mancha de aceite?	我用什么去除油污?
04	¿**Con qué** color combino el verde?	我用什么颜色配绿色?
05	¿**Con qué** soñaste anoche?	你昨晚梦见什么了?
06	¿**Con qué** puedo limpiar el cuero?	我可以用什么来清洁皮革?
07	¿**Con qué** ingrediente se hace la gelatina?	果冻是用什么原料制成的?
08	¿**Con qué** vestido voy a la fiesta?	我穿什么衣服去参加舞会?
09	¿**Con qué** decoraste las galletas?	你用什么来装饰饼干?
10	¿**Con qué** bajo el colesterol?	我用什么来降低胆固醇?

补充
- ★02: pan　名 面包
- ★05: soñar　动 做梦
- ★07: ingrediente　名 (烹调的)原料

PASO 2　句子重组练习

01	¿**Con qué** ojeras? las quitan se	用什么可去除黑眼圈?
02	¿**Con qué** ropa? tu lavas	你用什么洗衣服?
03	¿**Con qué** clase tienes hoy? profesor	你今天有哪个老师的课?
04	¿**Con qué** juega equipo Messi?	梅西跟哪支球队踢球?
05	¿**Con qué** regañas? me derecho	你有什么权利骂我?

解答
- ★01: ¿Con qué se quitan las ojeras?
- ★02: ¿Con qué lavas tu ropa?
- ★03: ¿Con qué profesor tienes clase hoy?
- ★04: ¿Con qué equipo juega Messi?
- ★05: ¿Con qué derecho me regañas?

PASO 3　应用篇

A: Hoy voy a hacer un pollo para la cena.
B: ¡Qué rico! ¿Y, con qué lo vas a acompañar?
A: Con puré de patatas.

A: 今天晚餐我做鸡肉。
B: 多么美味! 那你要搭配什么副食?
A: 土豆泥。

133 | 常用提问句的句型

¿Para qué...? 为什么……?

¿Para qué + 动词现在时，表示"为什么……？"。

PASO 1　Top 必学句

01 | **¿Para qué** vas a repetir el curso?　为什么你要重修课程？
02 | **¿Para qué** quieres tener tanto dinero?　为什么你想拥有这么多钱呢？
03 | **¿Para qué** te vas a comprar un apartamento?　为什么你打算买一间公寓？
04 | **¿Para qué** sirve el ajo?　大蒜有什么作用？
05 | **¿Para qué** me haces llorar?　为什么你要惹我哭呢？
06 | **¿Para qué** gritas tan fuerte?　为什么你这么大声地尖叫？
07 | **¿Para qué** te quejas tanto?　为什么你这么爱抱怨呢？
08 | **¿Para qué** le haces daño a Carlos?　为什么你要伤害卡洛斯呢？
09 | **¿Para qué** te ríes de mí?　为什么你要笑我呢？
10 | **¿Para qué** se usa el aceite de coco?　为什么要使用椰子油？

补充
★04: ajo　名 大蒜
★08: hacer daño　短 伤害
★10: aceite de coco　短 椰子油

PASO 2　句子重组练习

01 | **¿Para qué** ese compraste tan coche te caro?　为什么你买那么贵的车呢？
02 | **¿Para qué** tanto? criticas lo　为什么你那么爱批评他呢？
03 | **¿Para qué** carta Pedro? de rompes la　为什么你撕毁佩得罗的信呢？
04 | **¿Para qué** largo? dejas te cabello el tan　为什么你头发要留那么长呢？

解答
★01: ¿Para qué te compraste ese coche tan caro?
★02: ¿Para qué lo criticas tanto?
★03: ¿Para qué rompes la carta de Pedro?
★04: ¿Para qué te dejas el cabello tan largo?

PASO 3　应用篇

A: Papá, me tengo que ir ahora.
B: Pero, ¿para qué te vas tan temprano?
A: Tengo que llegar a las 7 al aeropuerto.

A：爸爸，我现在得走了。
B：可是，为什么你要这么早走呢？
A：我得在早上7点到达机场。

¿Cuánto hay…(a - o / os - as)?
有多少……?

Cuánto，Cuánta，Cuántos，Cuántas。¿Cuánto hay + en / de（前置词）+ 名词，表示"有多少……?"。

PASO1 Top 必学句

01 | ¿**Cuánta** gente **hay** en esta ciudad?　　有多少人在这个城市?
02 | ¿**Cuánta** bebida **hay** en la botella?　　瓶子里还有多少饮料?
03 | ¿**Cuántos** socios **hay** en la empresa?　　公司里有多少合作伙伴?
04 | ¿**Cuántos** ancianos **hay** en el asilo?　　有多少老人在疗养院?
05 | ¿**Cuántos** tipos de sangre **hay**?　　血型有多少种?
06 | ¿**Cuánta** leche **hay** en el refrigerador?　　冰箱里有多少牛奶?
07 | ¿**Cuántas** jirafas **hay** en el zoológico?　　动物园里有多少只长颈鹿?
08 | ¿**Cuánto** dinero **hay** en la caja fuerte?　　保险柜里有多少钱?

补充
★02: bebida　名 饮料
★04: asilo　名 疗养院
★08: caja fuerte　短 保险柜

PASO2 句子重组练习

01 | ¿**Cuánto** horno? el pan en **hay**　　有多少面包在烤箱里?
02 | ¿**Cuántos** este médicos en hospital? **hay**　　这家医院有多少位医生?
03 | ¿**Cuánta** congelador? el en carne **hay**　　冷冻柜里有多少肉?
04 | ¿**Cuántas** día? un en horas **hay**　　一天有多少个小时?

解答
★01: ¿Cuánto pan hay en el horno?
★02: ¿Cuántos médicos hay en este hospital?
★03: ¿Cuánta carne hay en el congelador?
★04: ¿Cuántas horas hay en un día?

PASO3 应用篇

A：¿Quién me puede decir cuántos minutos hay en una hora?
B：Sesenta minutos.
A：谁可以告诉我一个小时有多少分钟?
B：六十分钟。

¿Desde cuándo…?
从什么时候……?

Desde cuándo 是（副词短语）。西班牙语的副词是不变词，不像名词、形容词那样分"阴阳"两性以及"单复"数。¿Desde cuándo + 动词现在时，表示"从什么时候……？"。

PASO1 Top 必学句

01	¿**Desde cuándo** vas a esa universidad?	你是什么时候去那个大学的？
02	¿**Desde cuándo** hablas chino mandarín?	你是从什么时候开始会说汉语（普通话）的？
03	¿**Desde cuándo** conoces a Miguel?	你是从什么时候认识米格尔的？
04	¿**Desde cuándo** tomas estas pastillas?	你是从什么时候开始服用这些药丸的？
05	¿**Desde cuándo** tienes tos?	你从什么时候你开始咳嗽的？
06	¿**Desde cuándo** no te afeitas?	你从什么时候开始就不刮胡子了？
07	¿**Desde cuándo** existe facebook?	从什么时候开始有脸谱的？
08	¿**Desde cuándo** estás enfermo?	你从什么时候开始生病的？
09	¿**Desde cuándo** no llamas a tu tía?	从什么时候起你就没再打电话给你阿姨？
10	¿**Desde cuándo** estudias filosofía?	你是从什么时候开始学哲学的？

补充
- ★04: pastilla 名 药丸
- ★05: tener tos 短 咳嗽
- ★10: filosofía 名 哲学

PASO2 句子重组练习

01	¿**Desde cuándo** trabajo? este haces	你从什么时候就做这个工作了？
02	¿**Desde cuándo** ves a Ricardo? no	从什么时候开始你就没跟里卡尔多碰面了？
03	¿**Desde cuándo** no fumas? ya	从什么时候开始你就不抽烟了？

解答
- ★01: ¿Desde cuándo haces este trabajo?
- ★02: ¿Desde cuándo no ves a Ricardo?
- ★03: ¿Desde cuándo ya no fumas?

PASO3 应用篇

A：Julio y yo vamos a cumplir 25 años de matrimonio.

B：Y ¿desde cuándo se conocen?

A：胡里奥和我结婚即将满25年。

B：你们从什么时候就认识对方了呢？

¿Hasta cuándo...?
直到什么时候……？

¿Hasta cuándo + 动词现在时 / 将来时，表示"直到什么时候……？"

PASO 1 Top 必学句

01	¿**Hasta cuándo** crecen los hombres?	男人会成长到什么时候？
02	¿**Hasta cuándo** vas a seguir llorando?	你打算不停地哭到什么时候？
03	¿**Hasta cuándo** te quedas en España?	你要留在西班牙到什么时候？
04	¿**Hasta cuándo** está abierta la tienda?	商店开门会开到什么时候？
05	¿**Hasta cuándo** te pondrás el mismo abrigo?	什么时候你会穿同样的外套？
06	¿**Hasta cuándo** me vas a molestar?	你打算打扰我到什么时候？
07	¿**Hasta cuándo** serás tan inmaduro?	你会幼稚到什么时候？
08	¿**Hasta cuándo** no hay clases?	到什么时候才会没课？
09	¿**Hasta cuándo** vas a estar enojado conmigo?	你要跟我生气到什么时候？
10	¿**Hasta cuándo** van a cobrar tantos intereses los bancos?	银行收这么高的利息一直到什么时候？

补充
★ 01: hombre 名 男人
★ 05: abrigo 名 外套
★ 10: cobrar 动 收集；收

PASO 2 句子重组练习

01	¿**Hasta cuándo** usar corbata? a vas esa	你打算用那条领带到什么时候？
02	¿**Hasta cuándo** que tengo te esperar?	我得等你到什么时候？
03	¿**Hasta cuándo** ver? nos podremos	到什么时候我们才能见面？

解答
★ 01: ¿Hasta cuándo vas a usar esa corbata?
★ 02: ¿Hasta cuándo te tengo que esperar?
★ 03: ¿Hasta cuándo nos podremos ver?

PASO 3 应用篇

A：Quiero ir a ver a Sara a los Estados Unidos.
B：Me parece una buena idea. ¿Y hasta cuándo piensas en estar en el país?
A：我想去美国看望莎拉。
B：听起来是很不错的主意。那你打算住多久？

¿Cómo puedo...?
我如何（可以）才能……？

¿Cómo puedo + 动词原形，表示"我如何（可以）才能……？"。

PASO1　Top 必学句

01	¿Cómo puedo aprender a esquiar?	我怎样才能学会滑雪？
02	¿Cómo puedo bajar de peso?	我怎样才能减肥？
03	¿Cómo puedo encontrar mi a ula?	我如何才能找到我的教室？
04	¿Cómo puedo saber la verdad?	我如何才能得知真相？
05	¿Cómo puedo preparar el brocoli?	我能怎样准备西兰花？
06	¿Cómo puedo prevenir un accidente automovilístico?	我如何能预防交通事故？
07	¿Cómo puedo mejorar mi ortografía?	我该怎样提升我的拼写能力？
08	¿Cómo puedo salir de este lío?	我怎样才能摆脱这个烂摊子？

补充
- ★02：bajar de peso　短 减肥
- ★06：prevenir　动 预防
- ★07：ortografía　名 拼写（字）

PASO2　句子重组练习

01	¿Cómo puedo relación novio? mi mejorar con	我该怎样来改善我跟男朋友的关系？
02	¿Cómo puedo mal controlar mi carácter?	我怎样才能控制自己的坏脾气？
03	¿Cómo puedo ti creer otra en vez?	我怎么能再次相信你？
04	¿Cómo puedo baño? de cuarto decorar mi	我该如何装饰我的浴室？

解答
- ★01：¿Cómo puedo mejorar mi relación con mi novio?
- ★02：¿Cómo puedo controlar mi mal carácter?
- ★03：¿Cómo puedo creer en ti otra vez?
- ★04：¿Cómo puedo decorar mi cuarto de baño?

PASO3　应用篇

A：Deberías hacer algún deporte.

B：Sí, es verdad. ¿Cómo puedo aprender a jugar al tenis de mesa?

A：Yo te puedo enseñar.

A：你应该做一些运动。

B：是啊，的确。我怎么才能学会打乒乓球？

A：我可以教你。

138 | 常用提问句的句型

¿Cómo te llamas / se llama…?
你（您）叫什么名字？

llamar，（把某人或某物）叫作、称为。¿Cómo te llamas / se llama + 名词，表示"你（您）叫什么名字？"。

PASO 1　Top 必学句

01 | **¿Cómo te llamas**? 你叫什么名字？
02 | **¿Cómo se llama** usted? 你的名字是什么？
03 | **¿Cómo se llama** tu madre? 你母亲的名字是什么？
04 | **¿Cómo se llama** tu padre? 你父亲的名字是什么？
05 | **¿Cómo se llama** tu hermano? 你兄弟的名字是什么？
06 | **¿Cómo se llama** tu marido? 你丈夫的名字是什么？
07 | **¿Cómo se llama** tu esposa? 你妻子的名字是什么？
08 | **¿Cómo se llama** tu primo? 你表哥（弟）的名字是什么？
09 | **¿Cómo se llama** tu cuñado? 你姐夫的名字是什么？
10 | **¿Cómo se llama** tu sobrino? 你侄子的名字是什么？

补充
★06：marido 名 丈夫
★08：primo 名 表兄弟
★09：cuñado 名 小舅子／姐夫
★10：sobrino 名 侄子

PASO 2　句子重组练习

01 | **¿Cómo se llama** abuelo? tu 你爷爷叫什么名字？
02 | **¿Cómo se llama** perro? tu 你的狗叫什么名字？
03 | **¿Cómo se llama** hermana la de amiga? tu 你朋友的妹妹叫什么名字？
04 | **¿Cómo se llama** nuera? tu 你儿媳叫什么名字？

解答
★01：¿Cómo se llama tu abuelo?
★02：¿Cómo se llama tu perro?
★03：¿Cómo se llama la hermana de tu amiga?
★04：¿Cómo se llama tu nuera?

PASO 3　应用篇

A：¿Cómo se llama el director del colegio?
B：Se llama David Liu.
A：学校校长的名字是什么？
B：他叫刘大卫。

141

¿Cómo te fue...? 你……怎么样？

¿Cómo te fue + en（前置词），表示"你……如何（怎样）？"。

PASO 1　Top 必学句

01 | ¿**Cómo te fue** en Egipto?　你的埃及之旅怎么样？
02 | ¿**Cómo te fue** en el trabajo?　你的工作做得怎么样？
03 | ¿**Cómo te fue** en el médico?　你的病诊断如何？
04 | ¿**Cómo te fue** en el banco?　你去银行顺利吗？
05 | ¿**Cómo te fue** en tu viaje?　你的旅行怎么样？
06 | ¿**Cómo te fue** en la escuela?　你在学校上课怎么样？
07 | ¿**Cómo te fue** en tus vacaciones?　你的假期过得怎么样？
08 | ¿**Cómo te fue** en la entrevista?　你的面试怎么样？
09 | ¿**Cómo te fue** en el campeonato de natación?　你在游泳冠军赛表现如何？
10 | ¿**Cómo te fue** en la cita con Samuel?　你和萨穆埃尔的约会怎么样？

补充
★01: Egipto　[名] 埃及
★07: vacación　[名] 假期
★09: natación　[名] 游泳

PASO 2　句子重组练习

01 | ¿**Cómo te fue** Carolina? de casa en　你在卡罗琳娜家玩得怎么样？
02 | ¿**Cómo te fue** clase la historia? en de　你的历史课上得怎么样？
03 | ¿**Cómo te fue** de semana? el fin　你的周末过得怎么样？
04 | ¿**Cómo te fue** conducir? tu de examen en　你的驾照考得怎么样？

解答
★01: ¿Cómo te fue en casa de Carolina?
★02: ¿Cómo te fue en la clase de historia?
★03: ¿Cómo te fue el fin de semana?
★04: ¿Cómo te fue en tu examen de conducir?

PASO 3　应用篇

A: Ayer jugamos al mahjong con unos amigos.
B: ¿Y cómo te fue?
A: No muy bien. Perdí algo de dinero.

A: 昨天我们几个朋友在打麻将。
B: 嗯，你怎么样呢？
A: 不是很好。我输了一些钱。

¿Sería posible que...?
有没有可能……?

sería（条件式简单时态）+ 虚拟式过去未完成时。¿Sería posible + 动词（虚拟式过去未完成时），表示"有没有可能……?"。

PASO1 Top 必学句

01	¿Sería posible que comiéramos pasta hoy?	我们今天可不可以吃面?
02	¿Sería posible que me dieras tu número de teléfono?	能给我你的电话号码吗?
03	¿Sería posible que cerráramos la tienda mañana?	我们有没有可能在明天关店?
04	¿Sería posible que fuéramos a caminar?	我们可以步行吗?
05	¿Sería posible que abrieras un poco la ventana?	可不可以打开一点窗户?
06	¿Sería posible que cortaras el césped?	你能否去修剪草坪?
07	¿Sería posible que te tomaras el jarabe?	请你去喝糖浆好吗?
08	¿Sería posible que leyeras en voz alta?	请你大声朗读好吗?

补充
★04: caminar 动 走
★06: césped 名 草坪
★08: voz alta 短 大声

PASO2 句子重组练习

01	¿Sería posible que lasaña? prepararas	你可以做个烤意大利千层面吗?
02	¿Sería posible que dieras me dirección? tu	你能给我你的地址吗?
03	¿Sería posible que supermercado? al fuéramos	我们可以去超市吗?

解答
★01: ¿Sería posible que prepararas lasaña?
★02: ¿Sería posible que me dieras tu dirección?
★03: ¿Sería posible que fuéramos al supermercado?

PASO3 应用篇

A: Mi coche no arranca. ¿Sería posible que usáramos el tuyo hoy?
B: Sí, no hay problema.

A: 我的车无法发动。请问今天是否可以用你的车?
B: 当然，没问题。

141 | 常用提问句的句型

¿Cuántas veces...? 多少次……?

¿Cuántas veces + 动词（一般现在时/现在完成时），表示"多少次……？"。

PASO 1　Top 必学句

01 | ¿**Cuántas veces** come tu perro al día?　你的狗每天吃多少次食？
02 | ¿**Cuántas veces** puedo donar sangre?　我可以献多少次血？
03 | ¿**Cuántas veces** se casó tu tía?　你阿姨结过几次婚？
04 | ¿**Cuántas veces** te has enamorado?　你谈过几次恋爱？
05 | ¿**Cuántas veces** has chocado el auto?　你撞过几次车？
06 | ¿**Cuántas veces** has ganado el juego?　你赢了多少次游戏？
07 | ¿**Cuántas veces** te cepillas los dientes al día?　你每天刷几次牙？
08 | ¿**Cuántas veces** te duchas al día?　你每天洗几次澡？
09 | ¿**Cuántas veces** quieres que te lo repita?　你要我重复多少次？
10 | ¿**Cuántas veces** a la semana vas al gimnasio?　你一个星期去几次健身房？

补充
★02: donar sangre　短 捐血
★05: chocar　动 碰；撞
★08: ducharse　动 淋浴

PASO 2　句子重组练习

01 | ¿**Cuántas veces** vacunado la contra hepatitis B? has te　你接种过几次乙肝疫苗？
02 | ¿**Cuántas veces** Patricio? te con has peleado　你跟帕特里西奥吵过多少次架？
03 | ¿**Cuántas veces** comido has ensalada hoy?　你今天吃过几次沙拉？
04 | ¿**Cuántas veces** a la semana noche? de trabajas　一周有几个晚上你上夜班？
05 | ¿**Cuántas veces** dinero? contado tu has　你已经数过多少次你的钱？

解答
★01: ¿Cuántas veces te has vacunado contra la hepatitis B?
★02: ¿Cuántas veces te has peleado con Patricio?
★03: ¿Cuántas veces has comido ensalada hoy?
★04: ¿Cuántas veces a la semana trabajas de noche?
★05: ¿Cuántas veces has contado tu dinero?

PASO 3　应用篇

A: ¿Cuántas veces comes al día?
B: Tres veces.
A: 你一天吃几次饭？
B: 吃三次。

¿Tienes tiempo para...?
你有时间……?

¿Tienes tiempo + para（前置词）+ 动词或名词，表示"你有时间……?"。

PASO 1 Top 必学句

01	¿Tienes tiempo para una copa?	你有时间喝一杯吗?
02	¿Tienes tiempo para ir de excursión?	你有时间去郊游吗?
03	¿Tienes tiempo para mí?	你有给我的时间吗?
04	¿Tienes tiempo para salir a correr?	你有时间去跑步吗?
05	¿Tienes tiempo para ir a la iglesia?	你有时间到教堂吗?
06	¿Tienes tiempo para trapear el piso?	你有时间去拖地吗?
07	¿Tienes tiempo para tocar la trompeta?	你有时间吹小号吗?
08	¿Tienes tiempo para coserme los pantalones?	你有时间帮我缝裤子吗?

补充
- ★06: trapear 动 拖地
- ★07: trompeta 名 小喇叭
- ★08: coser 动 缝；缝补

PASO 2 句子重组练习

01	¿Tienes tiempo para ejercicio? hacer	你有时间去健身吗?
02	¿Tienes tiempo para química? Enseñarme	你有时间教我化学吗?
03	¿Tienes tiempo para tallarines? Preparar	你有时间准备面条吗?
04	¿Tienes tiempo para buscar a Juan a aeropuerto? ir al	你有时间到机场接胡安吗?

解答
- ★01: ¿Tienes tiempo para hacer ejercicio?
- ★02: ¿Tienes tiempo para enseñarme química?
- ★03: ¿Tienes tiempo para preparar tallarines?
- ★04: ¿Tienes tiempo para ir a buscar a Juan al aeropuerto?

PASO 3 应用篇

A: ¿Tienes tiempo para cenar conmigo esta noche?
B: Lo siento, pero no puedo hoy.
A: Está bien, otra vez será.

A: 今晚你有时间和我共进晚餐吗?
B: 很抱歉，但我今天不行。
A: 没关系，下次再约。

MEMO

西班牙语入门口语
句型大全

否定陈述句的句型

PARTE

4

No puedo… 我不能……；我无法……

No puedo + 动词，表示"我不能……；我无法……"。

PASO1　Top 必学句

01 | **No puedo** encontrar mis gafes.　我找不到我的眼镜。
02 | **No puedo** salir hoy.　我今天不能出去。
03 | **No puedo** hacer lo que me pides.　我不能答应你的要求。
04 | **No puedo** quedarme fuera de casa.　我不能外宿。
05 | **No puedo** cumplir mi promesa.　我不能实现我的诺言。
06 | **No puedo** dejar de pensar en ti.　我无法停止想你。
07 | **No puedo** callarme.　我无法保持沉默。
08 | **No puedo** respirar.　我无法呼吸。
09 | **No puedo** beber mucho alcohol.　我不能喝太多酒。
10 | **No puedo** arreglar mi computadora.　我无法修好我的电脑。

补充
★01： gafas　名 眼镜
★08： respirar　动 呼吸
★10： arreglar　动 修复；修理

PASO2　句子重组练习

01 | **No puedo** ansiedad. mi calmar　我无法平静下来。
02 | **No puedo** lo dices. que creer me　我不能相信你对我说的。
03 | **No puedo** tranquilo. estudiar　我不能安静地读书。
04 | **No puedo** calor. el soportar　我无法忍受炎热。
05 | **No puedo** verte. a ir　我无法去看你。

解答
★01： No puedo calmar mi ansiedad.
★02： No puedo creer lo que me dices.
★03： No puedo estudiar tranquilo.
★04： No puedo soportar el calor.
★05： No puedo ir a verte.

PASO3　应用篇

A： Hoy no puedo ir a clases.
B： ¿Por qué?
A： Porque casi no dormí anoche.

A： 今天我不能去上学。
B： 为什么呢？
A： 因为我昨晚几乎没睡。

No quiero... 我不想……；我不希望……

No quiero + que（连词）+ 动词，表示"我不想……；我不希望……"。

PASO1　Top 必学句

01 | **No quiero** que llores.　　　　　我不想要你哭。
02 | **No quiero** verte triste.　　　　我不希望看到你伤心。
03 | **No quiero** que te vayas.　　　　我不希望你走。
04 | **No quiero** perder tu amistad.　　我不想失去和你的友谊。
05 | **No quiero** pagar con la tarjeta de crédito.　　我不想付信用卡。
06 | **No quiero** hacer nada.　　　　　我不想做任何事情。
07 | **No quiero** que te enojes conmigo.　　我不希望你跟我生气。
08 | **No quiero** hablar contigo.　　　我不想跟你说话。
09 | **No quiero** recibir tus mensajes.　　我不想收到你的信息。
10 | **No quiero** que me llames.　　　我不希望你打电话给我。

补充
★05: tarjeta de crédito 短 信用卡
★07: enojarse 动 生气
★09: mensaje 名 信息

PASO2　句子重组练习

01 | **No quiero** contigo. disculparme　　我不想向你道歉。
02 | **No quiero** casa. regresar a　　　我不想回家。
03 | **No quiero** ese comer restaurante. en　　我不想在那家餐厅用餐。
04 | **No quiero** molestes. me que　　　我不希望你打扰我。
05 | **No quiero** café. tomar un　　　我不想喝咖啡。

解答
★01: No quiero disculparme contigo.
★02: No quiero regresar a casa.
★03: No quiero comer en ese restaurante.
★04: No quiero que me molestes.
★05: No quiero tomar un café.

PASO3　应用篇

A：Nos vamos a las cinco de la mañana.
B：¡Oh, no! ¡No quiero levantarme tan temprano!
A：我们早上五点出发。
B：哦，不！我不想那么早起床！

145 | 否定陈述句的句型

No entiendo... 我不明白……

No entiendo cómo（疑问的口气），表示"我不明白……"。

PASO 1 Top 必学句

01 | **No entiendo** cómo has hecho eso. — 我不明白你怎么会这样做。
02 | **No entiendo** cómo te caíste. — 我不明白你怎么会跌倒。
03 | **No entiendo** cómo perdiste el dinero. — 我不明白你怎么会丢了钱。
04 | **No entiendo** cómo te robaron el bolso. — 我不明白他们怎么偷了你的皮包。
05 | **No entiendo** cómo pudiste portarte tan mal. — 我不明白你怎么能表现得如此糟糕。
06 | **No entiendo** cómo te perdiste en Los Angeles. — 我不明白你是怎么在洛杉矶迷路的。
07 | **No entiendo** cómo estuviste tanto tiempo en India. — 我不明白你怎么会在印度停留这么久。
08 | **No entiendo** cómo saliste ileso del accidente. — 我不明白你怎么能在事故中安全脱险。
09 | **No entiendo** cómo saltaste tan alto. — 我不明白你怎么能跳得那么高。
10 | **No entiendo** cómo aprendiste a hablar ruso tan rápido. — 我不明白你怎么学俄语学得那么快。

补充
★05：portarse mal 短 行为不端
★07：India 名 印度
★08：salir ileso 短 安全脱险

PASO 2 句子重组练习

01 | **No entiendo** el funciona celular. cómo — 我不知道手机是怎么运转的。
02 | **No entiendo** usar cómo horno. el — 我不知道如何使用烤箱。
03 | **No entiendo** la conferencia. de cómo sales medio en — 我不明白你怎么会在会议中途离席。
04 | **No entiendo** tanto. cómo comes — 我不明白你怎么吃那么多。

解答
★01：No entiendo cómo funciona el celular.
★02：No entiendo cómo usar el horno.
★03：No entiendo cómo sales en medio de la conferencia.
★04：No entiendo cómo comes tanto.

PASO 3 应用篇

A：Patricio, no entiendo cómo te sacaste tan mala nota en el examen.
B：Es que no estudié. Estaba muy cansado.
A：帕特里西奥，我不明白你怎么会有如此糟糕的成绩。
B：我当时非常疲累，根本没读书。

146 | 否定陈述句的句型

No pienso... 我不会……

No pienso + 动词，表示"我不会……"。

PASO1　Top 必学句

01	**No pienso** ponerme ese vestido.	我不会穿那条裙子。
02	**No pienso** ir a trabajar.	我不会去上班。
03	**No pienso** jugar a las escondidas.	我不会去玩捉迷藏。
04	**No pienso** escucharte.	我不会听你的。
05	**No pienso** hacerte caso.	我不会理睬你。
06	**No pienso** comprar esos zapatos.	我不买那些鞋。
07	**No pienso** tomarme ese remedio.	我不会服用那个药。
08	**No pienso** esperarte.	我不会等你。
09	**No pienso** votar por ese candidato.	我不会投票给那个候选人。
10	**No pienso** dejar de fumar.	我不会戒烟。

补充
★03: jugar a las escondidas　短 玩捉迷藏（游戏）
★05: hacer caso　短 理睬　在意
★07: tomar　动 取；服用

PASO2　句子重组练习

01	**No pienso** más. creerte	我不会再相信你了。
02	**No pienso** televisor. ese comprarme	我不会买这款电视。
03	**No pienso** perdón. pedirte	我不会跟你道歉。
04	**No pienso** de despedirme Teresa.	我不会跟特雷莎说再见。
05	**No pienso** ahora. cama a irme la	我现在不会去睡觉。

解答
★01: No pienso creerte más.
★02: No pienso comprarme ese televisor.
★03: No pienso pedirte perdón.
★04: No pienso despedirme de Teresa.
★05: No pienso irme a la cama ahora.

PASO3　应用篇

A：No pienso salir contigo mañana.

B：Está bien, no importa.

A：我明天不会跟你出去。

B：好吧，没关系。

No conozco a... 我不认识……

No conozco + a（前置词）+ 名词或代词，表示"我不认识……"。

PASO 1　Top 必学句

01 | **No conozco a** nadie aquí.　　　我不认识这里的人。
02 | **No conozco a** Javier.　　　我不认识哈维尔。
03 | **No conozco a** tu madrina.　　　我不认识你教母。
04 | **No conozco a** tus amigos.　　　我不认识你的朋友们。
05 | **No conozco a** su sirvienta.　　　我不认识您（他/她）的女仆。
06 | **No conozco a** los padres de Ana.　　　我不认识安娜的父母。
07 | **No conozco a** ningún chico.　　　我不认识任何一个男孩。
08 | **No conozco a** tus parientes.　　　我不认识你的亲戚。
09 | **No conozco a** la hermana de Roberto.　　　我不认识罗伯特的妹妹。
10 | **No conozco a** tu prima.　　　我不认识你表（堂）姐妹。

补充
★01：nadie　　代 无人
★03：madrina　　名 教母
★08：pariente　　名 亲戚

PASO 2　句子重组练习

01 | **No conozco** mi jefe. a futuro　　　我不认识我未来的老板。
02 | **No conozco** este dueño al de restaurante.　　　我不认识这家餐厅的老板。
03 | **No conozco** libro. este el contenido de　　　我不知道这本书的内容。
04 | **No conozco** aquí. persona ninguna a　　　我不认识这里的任何人。
05 | **No conozco** canción. esta　　　我不知道这首歌。

解答
★01：No conozco a mi futuro jefe.
★02：No conozco al dueño de este restaurante.
★03：No conozco el contenido de este libro.
★04：No conozco a ninguna persona aquí.
★05：No conozco esta canción.

PASO 3　应用篇

A：¿Quiénes están en la fiesta de José?
B：No conozco a esa gente. Nunca la he visto.

A：有哪些人去了荷塞的聚会？
B：我不认识那些人。我从未见过他们。

148 | 否定陈述句的句型

No creo que... 我不认为……

　　No creo + que（连词），后面从句动词用虚拟式。假设语气（虚拟式）在西班牙语中使用得非常频繁，表达说话人主观的情绪感觉、期盼、愿望以及命令与要求或劝诫等。No creo que....，表示"我不认为……"。

PASO 1　Top 必学句

01 | **No creo que** esa película sea apropiada para ti.　我认为那部电影不适合你。

02 | **No creo que** existan los extraterrestres.　我不认为有外星人存在。

03 | **No creo que** sea necesario despedir a Francisco.　我认为没有必要解雇弗朗西斯科。

04 | **No creo que** seas buen entrenador de tenis.　我不认为你是很好的网球教练。

05 | **No creo que** esta dieta sea buena para adelgazar.　我认为这样的饮食不利于减肥。

06 | **No creo que** el libro esté bien escrito.　我不认为这本书写得很好。

07 | **No creo que** tengas a tantos enemigos.　我不认为你有许多敌人。

08 | **No creo que** Julio tenga mucho talento.　我不认为胡里奥很有才华。

09 | **No creo que** pueda ir.　我不认为我可以走。

10 | **No creo que** vayamos a salir pronto.　我不认为我们会很快出去。

补充
★01: apropiada 形 适当的；合适的
★02: extraterrestre 名 外星人
★07: enemigo 名 敌人

PASO 2　句子重组练习

01 | **No creo que** tu ir casa. puedas a　我不认为我可以去你家。

02 | **No creo que** mucho. me extrañes　我不认为你很想念我。

03 | **No creo que** Elisa preparada esté para trabajo. este　我认为爱莉莎不适合这份工作。

04 | **No creo que** justo que sea mi. para　我认为这对我是不公平的。

05 | **No creo que** estudiar. dejar de debas　我认为你不应该停止学习。

解答
★01: No creo que pueda ir a tu casa.
★02: No creo que me extrañes mucho.
★03: No creo que Elisa esté preparada para este trabajo.
★04: No creo que sea justo para mi.
★05: No creo que debas dejar de estudiar.

PASO 3　应用篇

A: ¿Puedes venir a buscarme a las ocho mañana?

B: No creo que pueda llegar a esa hora.

A: 你明天早上八点能来接我吗？

B: 我不认为那个时间我可以到达。

149 | 否定陈述句的句型

No estoy... 我不……

No estoy + 动词虚拟式 / 名词（动或名词：开心、嫉妒、难过等均是一种暂时状态），表示"我不……"。

PASO 1　Top 必学句

01	**No estoy** seguro de que sea verdad.	我不确定这是真的。
02	**No estoy** contento de que no vengas.	你不来我不开心。
03	**No estoy** satisfecho con mi trabajo.	我不满意我的工作。
04	**No estoy** ansioso por verte.	我不急于见你。
05	**No estoy** celosa de Enrique.	我不嫉妒安立奎。
06	**No estoy** deprimido.	我不郁闷。
07	**No estoy** ocupado.	我并不忙。
08	**No estoy** entusiasmado por terminar ese trabajo.	对于要完成这项工作，我并不兴奋。
09	**No estoy** triste.	我不难过。
10	**No estoy** molesto.	我不烦。

补充
★01: verdad　名 真；真实
★03: satisfecho　形 满意的
★10: molesto　形 讨厌的；烦人的

PASO 2　句子重组练习

01	**No estoy** la nervioso con entrevista.	去参加面试我不紧张。
02	**No estoy** aquí. tranquilo	在这里我感到不安。
03	**No estoy** contigo. enfadado	我不生你的气。
04	**No estoy** salir apurado por casa. de	我不急着出门。

解答
★01: No estoy nervioso con la entrevista.
★02: No estoy tranquilo aquí.
★03: No estoy enfadado contigo.
★04: No estoy apurado por salir de casa.

PASO 3　应用篇

A: José, deberías prepararte mejor para el examen de física.
B: No estoy muy preocupado por ese examen.
A: 荷塞，你应该好好准备物理考试。
B: 我不是很担心那个考试。

No tengo... 我没有……

No tengo + 名词，表示"我没有……"。

PASO1 Top 必学句

01 | **No tengo** tiempo. —— 我没有时间。
02 | **No tengo a** hermanos. —— 我没有兄弟。
03 | **No tengo** coche. —— 我没有车。
04 | **No tengo** ninguna mascota. —— 我没有任何宠物。
05 | **No tengo** reloj. —— 我没有手表。
06 | **No tengo** computador en casa. —— 我家里没有电脑。
07 | **No tengo** el periódico de hoy. —— 我没有今天的报纸。
08 | **No tengo** tu fotografía. —— 我没有你的照片。
09 | **No tengo** frío. —— 我不冷。
10 | **No tengo** sueño. —— 我不想睡觉。

补充
- ★05: reloj   名 手表
- ★07: periódico   名 报纸
- ★10: sueño   短 睡意

PASO2 句子重组练习

01 | **No tengo** dinero. mucho —— 我没有很多钱。
02 | **No tengo** hacer harina torta. la para —— 我没有面粉来做蛋糕。
03 | **No tengo** bar. vino el en —— 我酒吧里没有红酒。
04 | **No tengo** casa. la de llave mi —— 我没有家里的钥匙。
05 | **No tengo** nada. la culpa de —— 我没有任何错。

解答
- ★01: No tengo mucho dinero.
- ★02: No tengo harina para hacer la tarta.
- ★03: No tengo vino en el bar.
- ★04: No tengo la llave de mi casa.
- ★05: No tengo la culpa de nada.

PASO3 应用篇

A：¿Quieres un pedazo de pan con mantequilla?
B：No, gracias. No tengo hambre.
A：你要一块奶油面包吗？
B：不，谢谢。我不饿。

No necesito... 我不需要……

No necesito + 动词 + 名词，表示"我不需要……"。

PASO 1　Top 必学句

01 | **No necesito** hacer cola para comprar los pasajes.　　我无须排队买票。
02 | **No necesito** usar los zapatos rojos.　　我不需要穿红色的鞋。
03 | **No necesito** saber donde estás.　　我不需要知道你在那里。
04 | **No necesito** tu ayuda.　　我不需要你的帮助。
05 | **No necesito** hablar contigo.　　我没有必要和你交谈。
06 | **No necesito** usar gafas.　　我不需要戴眼镜。
07 | **No necesito** adelgazar.　　我没有必要减肥。
08 | **No necesito** dormir mucho.　　我不需要睡太多。
09 | **No necesito** participar en la carrera.　　我不需要参加跑步。
10 | **No necesito** ir al hospital.　　我没有必要去医院。

补充
★01: pasaje 名 票
★02: rojo 形 红色的
★09: carrera 名 跑步

PASO 2　句子重组练习

01 | **No necesito** tanto. esperarte　　我没有必要等你那么久。
02 | **No necesito** remedio. este tomarme　　我没有必要服用这个药。
03 | **No necesito** esta bajarme en parada.　　我不需要在此站下车。
04 | **No necesito** equipaje. el llevarte　　我不需要帮你拿行李。
05 | **No necesito** discurso. escuchar ese　　我没有必要听那演说。

解答
★01: No necesito esperarte tanto.
★02: No necesito tomarme este remedio.
★03: No necesito bajarme en esta parada.
★04: No necesito llevarte el equipaje.
★05: No necesito escuchar ese discurso.

PASO 3　应用篇

A: ¿Necesitas que te enseñe a hablar chino?
B: No, gracias. **No necesito** aprender chino.
A: 你需要我教你说汉语吗？
B: 不，谢谢。我没有必要学汉语。

No me parece que...
我不认为……

No me parece que + 虚拟式现在时（presente subj），表示"我不认为……"。

PASO 1 Top 必学句

01	**No me parece que** sea una buena idea.	我不认为这是一个好主意。
02	**No me parece que** Juan tenga mucho dinero.	我不认为胡安很有钱。
03	**No me parece que** estés enfermo.	我不认为你生病了。
04	**No me parece que** seas tan pobre.	我不认为你如此穷。
05	**No me parece que** debas hacer eso.	我不认为你应该这样做。
06	**No me parece que** haga tanto frío hoy.	我不认为今天很冷。
07	**No me parece que** Ana cocine muy bien.	我不认为安娜很会做饭。
08	**No me parece que** conduzcas bien.	我不认为你很会开车。
09	**No me parece que** seas muy inteligente.	我不认为你很聪明。
10	**No me parece que** los chicos bailen bien.	我不认为那些男孩们很会跳舞。

补充
- ★03: estar enfermo 短 生病
- ★04: pobre 形 贫穷的 可怜的
- ★06: hacer frío 短 天气冷

PASO 2 句子重组练习

01	**No me parece que** niños. buen sea ejemplo un los para	对儿童而言，我不认为这是一个很好的榜样。
02	**No me parece que** precio del haya gasolina el aumentado.	我不认为石油价格已经上涨。
03	**No me parece que** un Márquez presidente. sea buen	我不认为马尔克斯是个好总统。
04	**No me parece que** llover a va hoy.	我不认为今天会下雨。

解答
- ★01: No me parece que sea un buen ejemplo para los niños.
- ★02: No me parece que el precio del petróleo haya aumentado.
- ★03: No me parece que Márquez sea un buen presidente.
- ★04: No me parece que va a llover hoy.

PASO 3 应用篇

A: María, ¿quieres ir esta noche al restaurante de Emilia?

B: No. No me parece que la comida sea muy buena.

A: 玛丽亚，你打算今晚去艾米利亚餐厅用餐吗？

B: 不，我不认为那里的食物很好吃。

153 | 否定陈述句的句型

No me importa que... 我不在乎……

连词 que 后面从句动词用虚拟式。No me importa que + 虚拟式现在时，表示"我不在乎……"。

PASO 1　Top 必学句

01	**No me importa que** me llamen tonto.	我不在乎他们说我是傻子。
02	**No me importa que** me llamen loco.	我不介意他们叫我疯子。
03	**No me importa que** seas mayor que yo.	我不介意你比我大。
04	**No me importa que** te rías de mí.	我不在乎你笑我。
05	**No me importa que** pienses así.	我不在乎你这么认为。
06	**No me importa que** llegues un poco tarde.	我不在乎你晚一点到。
07	**No me importa que** cierres la puerta.	我不在乎你关门。
08	**No me importa que** creas eso.	我不在乎你相信那个。
09	**No me importa que** te vayas.	我不在乎你走。
10	**No me importa que** salgas con Carlos.	我不介意你跟卡洛斯出去玩。

补充
- ★02: loco　形　神经错乱的；疯癫的
- ★04: reírse　动　嘲笑；笑
- ★07: cerrar　动　关闭；关

PASO 2　句子重组练习

01	**No me importa que**　dejes　trabajar.　de	我不在乎你停止工作。
02	**No me importa que**　sucia.　esté　la　calle	我不在乎街道肮脏。
03	**No me importa que**　ese　hables　de　tema.	我不介意你谈这个话题。
04	**No me importa que**　tanto.　comas	我不介意你吃那么多。
05	**No me importa que**　Los Beatles.　fanático　seas　de	我不在乎你是不是披头士迷。

解答
- ★01: No me importa que dejes de trabajar.
- ★02: No me importa que la calle esté sucia.
- ★03: No me importa que hables de ese tema.
- ★04: No me importa que comas tanto.
- ★05: No me importa que seas fanático de Los Beatles.

PASO 3　应用篇

A：Tengo un poco de frío. ¿Te importa si cierro la ventana?
B：No, no me importa que la cierres.
A：我有一点冷。你介意我关窗户吗？
B：不，我不介意。

No me gusta que... 我不喜欢……

No me gusta + 连词 que，后面从句动词用虚拟式。No me gusta que...，表示"我不喜欢……"。

PASO 1　Top 必学句

01	**No me gusta que** me imites.	我不喜欢你模仿我。
02	**No me gusta que** me contestes mal.	我不喜欢你不好好回答我。
03	**No me gusta que** seas atrevido conmigo.	我不喜欢你对我傲慢无礼。
04	**No me gusta que** juegues a las cartas.	我不喜欢你打牌。
05	**No me gusta que** trabajes tanto.	我不喜欢你工作太多。
06	**No me gusta que** estés desempleado.	我不希望你失业。
07	**No me gusta que** toques la flauta.	我不喜欢你吹长笛。
08	**No me gusta que** me mientas.	我不喜欢你对我说谎。
09	**No me gusta que** te levantes tarde.	我不喜欢你晚起床。
10	**No me gusta que** tomes fotos.	我不喜欢你拍照。

补充
★01: imitar 动 模仿
★03: ser atrevido 短 傲慢无礼；大胆
★06: desempleado 形 失业的

PASO 2　句子重组练习

01	**No me gusta que** tacaño. seas	我不喜欢你吝啬。
02	**No me gusta que** con Simón. cine vayas al	我不喜欢你跟西蒙去看电影。
03	**No me gusta que** dinero. tanto gastes	我不喜欢你花这么多钱。
04	**No me gusta que** vestido. tipo te pongas ese de	我不喜欢你穿这种裙子。

解答
★01: No me gusta que seas tacaño.
★02: No me gusta que vayas al cine con Simón.
★03: No me gusta que gastes tanto dinero.
★04: No me gusta que te pongas ese tipo de vestido.

PASO 3　应用篇

A：José, me pareces muy cansado hoy.

B：Sí, un poco.

A：No me gusta que trabajes tanto.

A：荷塞，我注意到你今天好像很累。

B：是的，一点点。

A：我不希望你工作这么多。

155 | 否定陈述句的句型

No me imagino... 我无法想象……

No me imagino + 名词，表示"我无法想象……"。

PASO 1　Top 必学句

01 | **No me imagino** mi vida sin ti.　　我无法想象我的生活没有你。

02 | **No me imagino** tu pelea con Javier.　　我无法想象你和哈维尔吵架。

03 | **No me imagino** tu furia en ese momento.　　我无法想象你当时的愤怒。

04 | **No me imagino** tu felicidad con tu nuevo bebé.　　我无法想象你有新生儿时的幸福样子。

05 | **No me imagino** las ganas de comer frambuesas que tienes.　　我无法想象你是多么渴望吃覆盆子。

06 | **No me imagino** el calor del verano en Madrid.　　我无法想象马德里的酷暑。

07 | **No me imagino** un mundo perfecto.　　我无法想象一个完美的世界。

08 | **No me imagino** tu cara cuando viste el video.　　我无法想象你看视频时的面部表情。

09 | **No me imagino** tu sorpresa al ver el anillo.　　我不能想象你看到戒指时的惊喜。

10 | **No me imagino** a Luis con ese disfraz.　　我无法想象路易斯穿着那套变装服饰的样子。

补充
- ★05： ganas de comer　名 想吃
- ★06： verano　名 夏天
- ★10： disfraz　名 伪装；变装

PASO 2　句子重组练习

01 | **No me imagino** peso tu maleta. el de　　我无法想象你行李箱的重量。

02 | **No me imagino** tu país. de progreso el　　我无法想象贵国的进步。

03 | **No me imagino** hace la en Antártida. la frío el que　　我无法想象南极洲有多冷。

04 | **No me imagino** gobierno. con el futuro este　　我无法想象在这个政府执政下的未来。

解答
- ★01： No me imagino el peso de tu maleta.
- ★02： No me imagino el progreso de tu país.
- ★03： No me imagino el frío que hace en la Antártida.
- ★04： No me imagino el futuro con este gobierno.

PASO 3　应用篇

A: Cariño, voy a estar en Italia por seis meses.

B: No me imagino tanto tiempo sin ti.

A: 亲爱的，我会在意大利停留六个月。

B: 我无法想象这么久的日子没有你。

No me atrevo a... 我不敢……

No me atrevo a + 动词原形，表示"我不敢……"。

PASO1　Top 必学句

01	**No me atrevo a** contradecirte.	我不敢顶撞你。
02	**No me atrevo a** besar contigo.	我不敢亲你。
03	**No me atrevo a** hablar contigo.	我不敢跟你说话。
04	**No me atrevo a** mirarte a los ojos.	我不敢直视你的眼睛。
05	**No me atrevo a** pedirte nada.	我什么都不敢向你要。
06	**No me atrevo a** pensar en las consecuencias.	我不敢想后果。
07	**No me atrevo a** ir muy lejos.	我不敢走远。
08	**No me atrevo a** salir de noche solo.	我不敢晚上独自出门。
09	**No me atrevo a** hablar delante de tanta gente.	我不敢在这么多人面前说话。
10	**No me atrevo a** pronosticar el tiempo.	我不敢预测天气。

补充
- ★01：contradecir 动 反驳；顶撞
- ★04：mirar a los ojos 短 直视
- ★10：pronosticar 动 预测；预言

PASO2　句子重组练习

01	**No me atrevo a** verdad. la decirte	我不敢跟你说实话。
02	**No me atrevo a** japonés. hablar	我不敢说日语。
03	**No me atrevo a** ti de nuevo. en confiar	我不敢再相信你。
04	**No me atrevo a** esa decisión. tomar	我不敢做那个决定。
05	**No me atrevo a** nada. prometerte	我不敢跟你承诺什么。

解答
- ★01：No me atrevo a decirte la verdad.
- ★02：No me atrevo a hablar japonés.
- ★03：No me atrevo a confiar en ti de nuevo.
- ★04：No me atrevo a tomar esa decisión.
- ★05：No me atrevo a prometerte nada.

PASO3　应用篇

A：¿Por qué no vas con Sara a la fiesta?
B：No me atrevo a invitarla.
A：你为什么不和莎拉去参加聚会？
B：我不敢邀请她。

161

157 | 否定陈述句的句型

No me explico cómo...
我不明白……怎么……

No me explico + 副词质疑句 cómo + 动词。No me explico cómo...，表示"我不明白……怎么……"。

PASO 1　Top 必学句

01 | **No me explico cómo** puedes cantar con esa voz.　　我不明白你怎么能用那种声音唱歌。

02 | **No me explico cómo** pudo suceder algo así.　　我不明白事情是怎么发生的。

03 | **No me explico cómo** pudiste hacerme eso.　　我不明白你怎么能对我做那种事。

04 | **No me explico cómo** supiste el secreto.　　我不明白你是怎么知道秘密的。

05 | **No me explico cómo** Felipe tiene tanto dinero.　　我不知道费利佩怎么有那么多钱。

06 | **No me explico cómo** chocaste el auto.　　我不明白你怎么撞的车。

07 | **No me explico cómo** mataron a tanta gente.　　我不明白他们怎么杀了这么多人。

08 | **No me explico cómo** permitiste a tu hijo salir hasta tan tarde.　　我不明白你怎么让你儿子出去这么久。

补充
- ★01: voz　名 声音
- ★07: matar　动 杀
- ★08: permitir　动 允许；让

PASO 2　句子重组练习

01 | **No me explico cómo**　frío. nadas este con

02 | **No me explico cómo**　vuelo. el perdiste

03 | **No me explico cómo**　escapó prisionero. se el

04 | **No me explico cómo**　accidente. el ocurrió

我不明白你怎么能在这种寒冷天游泳。
我不明白你怎么会错过了航班。
我不明白囚犯是怎么逃脱的。
我不明白事故是怎么发生的。

解答
- ★01: No me explico cómo nadas con este frío.
- ★02: No me explico cómo perdiste el vuelo.
- ★03: No me explico cómo se escapó el prisionero.
- ★04: No me explico cómo ocurrió el accidente.

PASO 3　应用篇

A: El terremoto en Chile fue grado 9.

B: No me explico cómo murió tan poca gente.

A: 在智利发生的地震为九级。

B: 我不明白死亡人数怎么会这么少。

158 | 否定陈述句的句型

No me digas que... 你不要告诉我……

No me digas que + 动词，表示"你不要告诉我……"。

PASO 1　Top 必学句

01	**No me digas que** no vienes esta noche.	你别告诉我你今晚不来。
02	**No me digas que** me calme.	你不要告诉我要冷静下来。
03	**No me digas que** tienes hambre otra vez.	你不要告诉我你又饿了。
04	**No me digas que** no conoces a Jaime.	你别告诉我你不认识海梅。
05	**No me digas que** nunca has estudiado inglés.	你不要告诉我你从没学过英语。
06	**No me digas que** no lo sabías.	你别告诉我你不知道。
07	**No me digas que** no estuviste allí.	你别告诉我你不在那里。
08	**No me digas que** me quieres.	你不要告诉我你爱我。
09	**No me digas que** no sabes mi nombre.	你别告诉我你不知道我的名字。
10	**No me digas que** no te acuerdas de mi.	你别告诉我你不记得我。

补充
- ★02: calmarse 动 安静, 镇定
- ★06: saber 动 知道
- ★09: nombre 名 名字

PASO 2　句子重组练习

01	**No me digas que** trabajo. del despidieron te	你别告诉我你被解雇了。
02	**No me digas que** podrás no venir.	你别告诉我你将无法前来。
03	**No me digas que** flores mi. son para esas	你别告诉我这些花都是送我的。
04	**No me digas que** otra vez. película a esa ver vas	你别告诉我你还要再去看那部电影。
05	**No me digas que** tomaste de botella toda la te vino.	你不要告诉我你把整瓶酒都喝完了。

解答
- ★01: No me digas que te despidieron del trabajo.
- ★02: No me digas que no podrás venir.
- ★03: No me digas que esas flores son para mi.
- ★04: No me digas que vas a ver esa película otra vez.
- ★05: No me digas que te tomaste toda la botella de vino.

PASO 3　应用篇

A：Le voy a contar a Isabel lo que me dijiste.

B：No me digas que no puedes guardar el secreto.

A：我会告诉伊莎贝尔你告诉我的事。

B：你别告诉我你无法保守祕密。

163

159 | 否定陈述句的句型

No me deben... 他们不应当……

No me deben + 动词原形，表示"他们不应当……"。

PASO 1　Top 必学句

01 | **No me deben** molestar tanto.　　他们不应当这么打扰我。
02 | **No me deben** hacer trabajar tantas horas.　　他们不应该让我长时间工作。
03 | **No me deben** quitar la libertad.　　他们不应该剥夺我的自由。
04 | **No me deben** alabar tanto.　　他们不应当那么赞美我。
05 | **No me deben** dejar solo.　　他们不应该留下我一个人。
06 | **No me deben** dar el turno de noche.　　他们不应该让我上夜班。
07 | **No me deben** insultar.　　他们不应该侮辱我。
08 | **No me deben** hacer limpiar toda la casa.　　他们不应该让我打扫整栋房子。
09 | **No me deben** culpar.　　他们不应该怪罪我。
10 | **No me deben** perdonar.　　他们不应该原谅我。

补充
★03：quitar 动 拿掉；剥夺
★03：libertad 名 自由
★06：turno 名 （轮到的）班；次

PASO 2　句子重组练习

01 | **No me deben** tanto. ayudar　　他们不应当帮我这么多。
02 | **No me deben** consejos. malos dar　　他们不应当给我不好的建议。
03 | **No me deben** fotos. esas mostrar　　他们不应当给我看那些照片。
04 | **No me deben** lo mismo. repetir　　他们不应当对我重复同样的事。
05 | **No me deben** podridos. vender plátanos　　他们不应该卖给我烂香蕉。

解答
★01：No me deben ayudar tanto.
★02：No me deben dar malos consejos.
★03：No me deben mostrar esas fotos.
★04：No me deben repetir lo mismo.
★05：No me deben vender plátanos podridos.

PASO 3　应用篇

A: Vamos a apagar la luz pronto.
B: No me deben dejar a oscuras porque me da miedo.
A: 我们很快就要关灯了。
B: 你们不应该让我处在黑暗中，因为我会害怕。

160 | 否定陈述句的句型

No voy a... 我不会……

No voy a + 动词原形，表示"我不会……"。

PASO1　Top 必学句

01	**No voy a** decirte lo que pienso.	我不会告诉你我的想法。
02	**No voy a** ponerme esos calcetines.	我不会穿那些袜子。
03	**No voy a** cambiar mi manera de pensar.	我不会改变我的思维方式。
04	**No voy a** hacer lo que me pides.	我不会按你的要求做。
05	**No voy a** levantarme temprano.	我不会早起。
06	**No voy a** tocar la guitarra.	我不会弹吉他。
07	**No voy a** beber ese jugo.	我不会喝这果汁。
08	**No voy a** sacarme la muela.	我不会拔掉臼齿。
09	**No voy a** ir al centro hoy.	今天我不会去市区。
10	**No voy a** tomar el autobús.	我不会乘坐公共汽车。

补充
- ★03: manera de pensar 短 思维方式
- ★08: sacar la muela 短 拔牙
- ★09: centro (de la ciudad) 图 市区；市中心

PASO2　句子重组练习

01	**No voy a** coche. mi cambiar	我不会换车。
02	**No voy a** mi pintar casa.	我不打算粉刷我的房子。
03	**No voy a** cuadro la poner ese en pared.	我不打算把那张照片挂在墙上。
04	**No voy a** contigo. desayunar poder	我不能和你共进早餐。
05	**No voy a** supermercado. al ir	我不打算去超市。

解答
- ★01: No voy a cambiar mi coche.
- ★02: No voy a pintar mi casa.
- ★03: No voy a poner ese cuadro en la pared.
- ★04: No voy a poder desayunar contigo.
- ★05: No voy a ir al supermercado.

PASO3　应用篇

A：Pedro, ¿tienes mucho trabajo hoy?

B：Sí, así que no voy a tu ceremohia de graduación.

A：佩德罗，你今天有很多工作要做吗？

B：是啊，所以我不能去参加你的毕业典礼。

165

161 | 否定陈述句的句型

No sé cómo… 我不知道如何……

No sé cómo + 动词原形 / 现在时 / 过去时，表示"我不知道如何……"。

PASO 1　Top 必学句

01	**No sé cómo** hacerlo.	我不知道怎么办。
02	**No sé cómo** decírtelo.	我不知道该怎么告诉你。
03	**No sé cómo** se llama tu padre.	我不知道怎么称呼你父亲。
04	**No sé cómo** usar el ordenador.	我不知道如何使用电脑。
05	**No sé cómo** puedes dormir tanto.	我不知道你怎么能睡那么久。
06	**No sé cómo** te conseguiste ese empleo.	我不知道你是如何得到那份工作的。
07	**No sé cómo** vestimne mejor.	我不知道该怎么装扮会更好。
08	**No sé cómo** volver al hotel.	我不知道如何回到酒店。
09	**No sé cómo** tocar el violín.	我不知道怎么拉小提琴。
10	**No sé cómo** ayudarte.	我不知道该如何去帮助你。

补充
- ★04: ordenador　名 计算机
- ★06: empleo　名 职业；工作
- ★08: hotel　名 酒店；旅馆

PASO 2　句子重组练习

01	**No sé cómo** deuda. la pagarte	我不知道该如何偿还你的债务。
02	**No sé cómo** fútbol. jugar al	我不知道该怎么踢足球。
03	**No sé cómo** mejor. explicarte	我不知道该如何跟你解释会更好。
04	**No sé cómo** canción. esta cantar	我不知道该怎么唱这首歌。
05	**No sé cómo** mis calcular impuestos.	我不知道如何计算我的税。

解答
- ★01: No sé cómo pagarte la deuda.
- ★02: No sé cómo jugar al fútbol.
- ★03: No sé cómo explicarte mejor.
- ★04: No sé cómo cantar esta canción.
- ★05: No sé cómo calcular mis impuestos.

PASO 3　应用篇

A: No te preocupes, Amelia. Yo te cuido a los niños.

B: No sé cómo pagarte el favor.

A: 别担心，阿梅利亚。我会好好帮你照顾孩子的。

B: 我不知道该如何来报答你的恩惠。

162 | 否定陈述句的句型

No sé si... 我不知道是否……

No sé si（连词）+ 现在时（可能的情况下），表示"我不知道是否……"。

PASO1　Top 必学句

01 | **No sé si** puedo ir a correr.　　我不知道我是否可以去跑步。

02 | **No sé si** debo llamar a David.　　我不知道我是否应该打电话给大卫。

03 | **No sé si** voy a ir a la playa.　　我不知道我是否会去海边。

04 | **No sé si** puedo creerte.　　我不知道我是否能相信你。

05 | **No sé si** lo que dices es cierto.　　我不知道你说的是否是真的。

06 | **No sé si** José va a venir.　　我不知道荷塞是否会来。

07 | **No sé si** puedo llegar a tiempo.　　我不知道我是否能准时到达。

08 | **No sé si** quieres ir al teatro.　　我不知道你是否想要去剧院。

09 | **No sé si** tienes tiempo.　　我不知道你是否有时间。

10 | **No sé si** me extrañas.　　我不知道你是否想念我。

补充
★01: correr　动 跑步
★05: ser cierto　短 是真的；真实的
★10: extrañar　动 思念；想念

PASO2　句子重组练习

01 | **No sé si** regalo. mi gusta te　　我不知道你是否喜欢我送的礼物。

02 | **No sé si** Londres (yo) voy o Nueva York. a　　我不知道是否去伦敦或纽约。

03 | **No sé si** llegar puedes temprano.　　我不知道你是否可以早点到达。

04 | **No sé si** baño. el jabón hay en　　我不知道浴室是否还有肥皂。

05 | **No sé si** al acompañarme museo. quieres　　我不知道你是否愿意陪我去博物馆。

解答
★01: No sé si te gusta mi regalo.
★02: No sé si (yo) voy a Londres o a Nueva York.
★03: No sé si puedes llegar temprano.
★04: No sé si hay jabón en el baño.
★05: No sé si quieres acompañarme al museo.

PASO3　应用篇

A: Hoy voy a ver al Doctor Chen.

B: No sé si es un buen médico.

A: 今天我要见陈医生。

B: 我不知道他是否是一位好医生。

167

163 | 否定陈述句的句型

No es tan fácil… ……不是那么容易

No es tan fácil + 动词原形，表示"……不是那么容易"。

PASO 1　Top 必学句

01 | **No es tan fácil** hablar alemán.　　说德语不是那么容易。
02 | **No es tan fácil** preparar comida árabe.　　准备阿拉伯食物不是那么容易。
03 | **No es tan fácil** ganar la lotería.　　赢得大乐透没那么容易。
04 | **No es tan fácil** caminar con muletas.　　用拐杖走路不是那么容易。
05 | **No es tan fácil** saltar tan alto.　　跳那么高不是那么容易。
06 | **No es tan fácil** terminar con Anita.　　和安妮塔分手不是那么容易。
07 | **No es tan fácil** aprender a patinar.　　学会溜冰不是那么容易。
08 | **No es tan fácil** subir diez pisos a pie.　　徒步上十层楼不是那么容易。
09 | **No es tan fácil** terminar el trabajo en una hora.　　在一小时内完成工作不是那么容易。
10 | **No es tan fácil** vivir en Alaska.　　生活在阿拉斯加没那么容易。

补充
★03: ganar la lotería 短 中乐透
★04: muleta 名 拐杖
★08: a pie 短 用走的

PASO 2　句子重组练习

01 | **No es tan fácil** cabello yo mismo el cortarme.　　自己剪头发不是那么容易。
02 | **No es tan fácil** este construir edificio.　　建造这座大楼没那么容易。
03 | **No es tan fácil** dirección tu encontrar la casa. de　　找到你的地址不是那么容易。
04 | **No es tan fácil** libro. escribir un　　写一本书不是那么容易。
05 | **No es tan fácil** tango. bailar　　跳探戈舞可不是那么容易。

解答
★01: No es tan fácil cortarme el cabello yo mismo.
★02: No es tan fácil construir este edificio.
★03: No es tan fácil encontrar la dirección de tu casa.
★04: No es tan fácil escribir un libro.
★05: No es tan fácil bailar tango.

PASO 3　应用篇

A: Me duelen mucho las muelas. ¿Me podrías dar el dato de algún buen dentista?

B: **No es tan fácil** recomendarte a un buen dentista en este pueblo.

A: 我牙好痛。你可以给我几位好牙医的资料吗？

B: 在这个镇上很难介绍给你一个好牙医。

164 | 否定陈述句的句型

No te preocupes por...
你不用为……担心……

No te preocupes + por（前置词，为，为了），表示"你不用为……担心……"

PASO 1　Top 必学句

01 | **No te preocupes por** nada.　　你不用担心任何事情。
02 | **No te preocupes por** tus hijos.　　不要为你的孩子担心。
03 | **No te preocupes por** Alicia.　　你不要为艾丽西亚担心。
04 | **No te preocupes por** el cambio de clima.　　你不要担心气候变化。
05 | **No te preocupes por** saber la verdad.　　你不要担心知道真相。
06 | **No te preocupes por** mí.　　你不要为我操心。
07 | **No te preocupes por** nosotros.　　你不要为我们操心。
08 | **No te preocupes por** reservar hotel.　　你不要担心预订酒店。
09 | **No te preocupes por** tu caída de cabello.　　你不要担心脱发。
10 | **No te preocupes por** ese dolor de cabeza.　　你不要担心头疼。

补充
★04: cambio de clima　短　气候变化
★07: nosotros　代 人称代词　我们
★09: caída de cabello　短　掉（落）发

PASO 2　句子重组练习

01 | **No te preocupes por** hablar bien español. no　　你不要担心说不好西班牙语。
02 | **No te preocupes por** ventas. las malas　　你别担心销售不好。
03 | **No te preocupes por** bien. no cantar　　你别担心唱得不好。

解答
★01: No te preocupes por no hablar bien español.
★02: No te preocupes por las malas ventas.
★03: No te preocupes por no cantar bien.

PASO 3　应用篇

A：Está temblando mucho últimamente, ¿no te parece?
B：Si, pero no te preocupes tanto por eso.
A：最近震动颇频繁，你不觉得吗？
B：是啊，但你不要担心太多。

165 | 否定陈述句的句型

No te enojes con…
你不要和……生气……

No te enojes（动词虚拟式）+ con（前置词），表示"你不要和……生气……"。

PASO 1　Top 必学句

01	**No te enojes** conmigo.	你不要生我的气。
02	**No te enojes** con tu marido.	你不要跟你的丈夫生气。
03	**No te enojes** con tu esposa.	你不要跟你的妻子生气。
04	**No te enojes** con los alumnos.	你别跟学生生气。
05	**No te enojes** con ellos.	你别和他们生气。
06	**No te enojes** con nosotros.	你不要生我们的气。
07	**No te enojes** con la Señora López.	你不要生洛佩兹女士的气。
08	**No te enojes** con el Señor González.	你别生冈萨雷斯先生的气。
09	**No te enojes** con el entrenador.	你别跟教练生气。
10	**No te enojes** con tus empleados.	你别和你的员工们生气。

补充
- ★07: señora　图 女士
- ★08: señor　图 先生
- ★09: entrenador　图 教练

PASO 2　句子重组练习

01	**No te enojes con**　chicas.　las	你别跟女孩们生气。
02	**No te enojes con**　maestros.　tus	你不要和你的老师们生气。
03	**No te enojes con**　niños.　los	你别生孩子们的气。
04	**No te enojes con**　director.　el	你别生经理的气。

解答
- ★01: No te enojes con las chicas.
- ★02: No te enojes con tus maestros.
- ★03: No te enojes con los niños.
- ★04: No te enojes con el director.

PASO 3　应用篇

A: Estoy muy enfadado con Luis.

B: Por favor, no te enojes con él.

A: 我很生路易斯的气。

B: 请不要和他生气。

166 | 否定陈述句的句型

No te atrevas a... 你最好不要……

No te atrevas a（prep）+ 动词原形，表示"你最好不要……"。

PASO1　Top 必学句

01 | **No te atrevas a** montar en la moto.　　你最好不要骑摩托车。
02 | **No te atrevas a** creer lo que te dice Josefa.　　你最好不要相信荷塞法跟你说的。
03 | **No te atrevas a** insultar a mi madre.　　你最好不要侮辱我的母亲。
04 | **No te atrevas a** nadar en el río.　　你最好不要在河里游泳。
05 | **No te atrevas a** tomar el agua directamente del grifo.　　你最好不要直接喝自来水。
06 | **No te atrevas a** pegarle a la niña.　　你最好不要打女孩。
07 | **No te atrevas a** contestarme así.　　你最好不要如此回答我。
08 | **No te atrevas a** acusarme ante mi papá.　　你最好不要在我父亲面前指责我。
09 | **No te atrevas a** ver a Lucía.　　你最好不要去看露西亚。
10 | **No te atrevas a** usar mis zapatos.　　你最好不要穿我的鞋。

补充
★03：insultar 动 侮辱
★04：río 名 河
★08：acusar 动 指责；指控

PASO2　句子重组练习

01 | **No te atrevas a** dinero el banco. sacar todo del　　你最好不要将所有的钱从银行取出来。
02 | **No te atrevas a** ese invitarme a restaurante.　　你最好不要请我在那家餐馆吃饭。
03 | **No te atrevas a** calle. la protestar en　　你最好不要在街上抗议。
04 | **No te atrevas a** tu discutir jefe. con　　你最好不要和老板争论。
05 | **No te atrevas a** la salir noche. por tarde　　你最好不要在晚上外出。

解答
★01：No te atrevas a sacar todo el dinero del banco.
★02：No te atrevas a invitarme a ese restaurante.
★03：No te atrevas a protestar en la calle.
★04：No te atrevas a discutir con tu jefe.
★05：No te atrevas a salir tarde por la noche.

PASO3　应用篇

A：Pensamos darle una fiesta sorpresiva a Daniel para su cumpleaños.
A：我们打算给丹尼尔一个生日惊喜派对。
B：¿En serio?
B：真的吗？
A：Sí, y no te atrevas a decirle nada.
A：是的，你最好不要告诉他。

No te vayas a... 你最好不要……

No te vayas a + 动词原形，表示"你最好不要……"。

PASO1　Top 必学句

01	**No te vayas a** resfriar.	你最好别着凉。
02	**No te vayas a** enfermar.	你最好不要生病。
03	**No te vayas a** enfadar.	你最好别生气。
04	**No te vayas a** sacar los zapatos.	你最好不要脱鞋。
05	**No te vayas a** desvestir.	你最好不要脱衣服。
06	**No te vayas a** tomar todo el té.	你最好不要喝光所有的茶。
07	**No te vayas a** dormir.	你最好不要去睡觉。
08	**No te vayas a** ensuciar.	你最好不要弄脏。
09	**No te vayas a** equivocar.	你最好不要搞错。
10	**No te vayas a** comer toda la fruta.	你最好不要吃掉所有的水果。

补充
- ★01: resfriar　动　使着凉；使感冒
- ★05: desvestir　动　脱（衣服）；裸露
- ★09: equivocar　动　弄错；搞错

PASO2　句子重组练习

01	**No te vayas a** anillo. el sacar	你尽量不要拿掉戒指。
02	**No te vayas a** ese comprar traje.	你尽量不要去买那套西装。
03	**No te vayas a** mí. de reír	你尽量不要嘲笑我。
04	**No te vayas a** corbata. poner esa	你尽量不要戴那条领带。
05	**No te vayas a** dedo. el cortar	你尽量不要切到手指。

解答
- ★01: No te vayas a sacar el anillo.
- ★02: No te vayas a comprar ese traje.
- ★03: No te vayas a reir de mí.
- ★04: No te vayas a poner esa corbata.
- ★05: No te vayas a cortar el dedo.

PASO3　应用篇

A: Juan, no conduzcas tan rápido.

B: Es que no vamos a llegar a tiempo.

A: Sí, pero no te vayas a pasar la luz roja.

A: 胡安，不要开得这么快。

B: 但是那我们不会准时到达。

A: 那么请你尽量不要闯红灯。

168 | 否定陈述句的句型

No se puede... 不能（不要）……

No se puede + 动词原形，表示"不能（不要）……"。

PASO1　Top 必学句

01 | **No se puede** ser deshonesto.　　　　不能不诚实。
02 | **No se puede** ser infiel.　　　　　　不能不忠实。
03 | **No se puede** vivir así.　　　　　　不能这样生活。
04 | **No se puede** confiar en Emilio.　　不能信任埃米利奥。
05 | **No se puede** dormir con el ruido.　无法在噪声中入睡。
06 | **No se puede** arreglar el computador.　无法修复计算机。
07 | **No se puede** caminar por aquí.　　不能从这里走。
08 | **No se puede** comer la fruta verde.　不能吃未成熟的果实。
09 | **No se puede** tomar este jugo.　　不能喝这种果汁。
10 | **No se puede** volver atrás.　　　　不能回头。

补充
★01: deshonesto 短 不诚实
★04: confiar 动 信任；相信
★08: fruta verde 短 未成熟的果实

PASO2　句子重组练习

01 | **No se puede** coche aquí. el aparcar　　不能在这里停车。
02 | **No se puede** nada. hacer　　　　　　不能做任何事情。
03 | **No se puede** mucho. hablar　　　　　不能多说话。
04 | **No se puede** precio de verduras. las mantener el　　不能维持蔬菜的价格。
05 | **No se puede** tu aceptar sugerencia.　不能接受你的建议。

解答
★01: No se puede aparcar el coche aquí.
★02: No se puede hacer nada.
★03: No se puede hablar mucho.
★04: No se puede mantener el precio de las verduras.
★05: No se puede aceptar tu sugerencia.

PASO3　应用篇

A: No le quiero dar el asiento a la anciana en el metro.
B: No se puede hacer eso.
A: 在地铁里我不想让座位给老太太。
B: 你不能这样做。

169 | 否定陈述句的句型

No logro... 我无法……

No logro + 动词原形，表示"我无法……"。

PASO 1　Top 必学句

01 | **No logro** entenderte. 　　我无法理解你。
02 | **No logro** afilar el cuchillo. 　　我无法磨刀。
03 | **No logro** destapar la botella. 　　我无法打开瓶盖。
04 | **No logro** olvidar a Daniel. 　　我无法忘记丹尼尔。
05 | **No logro** adelgazar. 　　我无法减肥。
06 | **No logro** concentrarme en clases. 　　我无法在上课时集中注意力。
07 | **No logro** conciliar el sueño. 　　我无法入睡。
08 | **No logro** conectarme a internet. 　　我无法连接到网络。
09 | **No logro** subir de peso. 　　我无法增加体重。
10 | **No logro** ser feliz. 　　我高兴不起来。

补充
★02: afilar el cuchillo　短 磨刀
★03: destapar la botella　短 开瓶盖
★07: conciliar el sueño　短 入睡

PASO 2　句子重组练习

01 | **No logro** peso. perder 　　我无法减肥。
02 | **No logro** error. tu perdonar 　　我无法原谅你的错误。
03 | **No logro** facebook. entrar a 　　我无法进入脸谱。
04 | **No logro** temprano. levantarme 　　我无法早起。
05 | **No logro** nada. vender 　　我什么都没有卖出去。

解答
★01: No logro perder peso.
★02: No logro perdonar tu error.
★03: No logro entrar a facebook.
★04: No logro levantarme temprano.
★05: No logro vender nada.

PASO 3　应用篇

A: Inés, te has engordado mucho.
B: Sí, ya sé. No logro hacer dieta.
A: 茵尼丝，你胖了好多。
B: 是的，我知道。我无法节食。

No hay que... 不必……

No hay que + 动词原形，表示"不必……"。

PASO1　Top 必学句

01 | **No hay que** pelear tanto con tu pareja.　不必与你的伴侣总是争吵。
02 | **No hay que** dormir mucho.　不必睡太多。
03 | **No hay que** complicarse la vida.　不必将生活复杂化。
04 | **No hay que** tener miedo.　不必害怕。
05 | **No hay que** ponerse triste.　不必让自己难过。
06 | **No hay que** ser tan ambicioso.　不必这么贪心。
07 | **No hay que** mostrar debilidad.　不必示弱。
08 | **No hay que** juzgar a nadie.　不必批判任何人。
09 | **No hay que** traicionar a tus amigos.　不必背叛你的朋友。
10 | **No hay que** tomar tantos antibióticos.　不必服用太多抗生素。

补充
★04：tener miedo 短 害怕
★07：debilidad 名 弱；懦弱
★10：antibiótico 名 抗生素

PASO2　句子重组练习

01 | **No hay que** la　hacer　cama.　不要铺床。
02 | **No hay que** tanto.　quejarse　不要总是抱怨。
03 | **No hay que** mal　otros.　hablar　de　不要说别人的坏话。
04 | **No hay que** para　mucho　comer adelgazar.　不该吃很多之后又去减肥。
05 | **No hay que** nada　Miguel.　a　decirle　什么都不要告诉米格尔。

解答
★01：No hay que hacer la cama.
★02：No hay que quejarse tanto.
★03：No hay que hablar mal de otros.
★04：No hay que comer mucho para adelgazar.
★05：No hay que decirle nada a Miguel.

PASO3　应用篇

A：María quiere casarse con Pablo.
B：¿Qué? Ella sólo tiene 18 años.
A：Sí, no hay que casarse tan joven.

A：玛丽想嫁给巴布罗。
B：什么？她才18岁。
A：是啊，不该这么年轻就嫁人。

171 | 否定陈述句的句型

No sabía que... 我不知道……

过去未完成时：描述发生在过去一段时间内的（或不久前的近期）事件，其精神、身体、情绪等动作与状态，可以是连续的、重复的，并没有完成。No sabía que + 过去未完成时 / 条件式简单时态，表示"我不知道……"。

PASO1　Top 必学句

01 | **No sabía que** ibas a venir.　　　我不知道你会来。
02 | **No sabía que** empezarías la escuela el jueves.　　　我不知道你周四将开学了。
03 | **No sabía que** te harías rico tan joven.　　　我不知道你这么年轻就这么富有。
04 | **No sabía que** pondrías tus zapatos en mi armario.　　　我没察觉到你将鞋子放在我的衣柜里。
05 | **No sabía que** cerrarías la puerta con llave.　　　我不知道你会把门锁上。
06 | **No sabía que** te ibas a quedar por tanto rato.　　　我不知道你要留这么久。
07 | **No sabía que** prepararías salmón al horno.　　　我不知道你会准备烤鲑鱼。
08 | **No sabía que** iba a llover hoy.　　　我不知道今天要下雨。
09 | **No sabía que** Amelia iba a tener a gemelos.　　　我不知道阿梅利亚当时怀的是双胞胎。
10 | **No sabía que** haría tanto calor aquí.　　　我不知道这里会这么热。

补充
★03: hacerse rico 短 致富
★05: cerrar con llave 短 锁上
★09: gemelos 名 双胞胎

PASO2　句子重组练习

01 | **No sabía que** casarías te en febrero.　　　我不知道你二月会结婚。
02 | **No sabía que** casa. venderías tu　　　我不知道你会卖掉你的房子。
03 | **No sabía que** tan bien. cocinabas　　　我不知道你烹饪这么棒。
04 | **No sabía que** pierna. la dolía te　　　我不知道你的小腿痛。

解答
★01: No sabía que te casarías en febrero.
★02: No sabía que venderías tu casa.
★03: No sabía que cocinabas tan bien.
★04: No sabía que te dolía la pierna.

PASO3　应用篇

A: Andrea va a tener a su bebé en agosto.
B: ¡Ah!... No sabía que estaba embarazada.

A: 安德里亚将在8月生孩子。
B: 啊……我竟不知道她已经怀孕了。

172 | 否定陈述句的句型

No es bueno que… ……不怎么好

No es bueno que + 动词虚拟式，表示"……不怎么好"。

PASO1　Top 必学句

01	**No es bueno que** gastes tanto.	你花这么多钱很不好。
02	**No es bueno que** salgas solo.	你独自离开是不合适的。
03	**No es bueno que** llores por eso.	你为那事哭是不对的。
04	**No es bueno que** estés triste.	你难过是不好的。
05	**No es bueno que** te hagas la permanente.	烫头发是不好的。
06	**No es bueno que** bebas tanto.	喝酒太多是不好的。
07	**No es bueno que** tu hijo vea tanta televisión.	你儿子看电视太久是不好的。
08	**No es bueno que** comas tarde por la noche.	晚餐吃太晚不太好。
09	**No es bueno que** tomes tanto líquido antes de dormir.	就寝前喝水太多是不好的。
10	**No es bueno que** tu perro duerma en tu cama.	你的狗睡在你的床上是不好的。

补充

★05: hacerse la permanente　[短] 烫头发
★07: ver televisión　[短] 看电视
★09: líquido　[名] 液体

PASO2　句子重组练习

01	**No es bueno que** rápido. tan comas	你吃这么快不太好。
02	**No es bueno que** cara. en tengas manchas la	你脸部有斑点显得不太好。
03	**No es bueno que** nariz. salga te sangre la de	你流鼻血是不太正常的。
04	**No es bueno que** tan arrogante. seas	你太傲慢是不对的。

解答

★01: No es bueno que comas tan rápido.
★02: No es bueno que tengas manchas en la cara.
★03: No es bueno que te salga sangre de la nariz.
★04: No es bueno que seas tan arrogante.

PASO3　应用篇

A: ¿Me puedes dar un café, por favor?
B: Sí, pero no es bueno que tomes café antes de dormir.

A: 请你给我一杯咖啡，好吗?
B: 可以啊，但是睡觉前喝咖啡不太好。

No es posible que... 不可能……

No es posible que + 动词虚拟式，表示"不可能……"。

PASO 1 Top 必学句

01 | **No es posible que** todos los asientos estén ocupados. — 座无虚席，这是不可能的。
02 | **No es posible que** Luisa haya ganado. — 路易莎赢了，这是不可能的。
03 | **No es posible que** tengas la presión alta. — 你的血压不可能高。
04 | **No es posible que** estés enfermo. — 你生病了，这是不可能的。
05 | **No es posible que** te vayas mañana. — 你明天离开，这是不可能的。
06 | **No es posible que** juegues a las cartas toda la noche. — 你不可能每天通宵打牌。
07 | **No es posible que** bailes tan mal. — 你不可能跳舞跳得那么糟糕。
08 | **No es posible que** siempre pierdas dinero. — 你不可能总是丢钱。
09 | **No es posible que** no hables inglés. — 你不可能不会说英语。
10 | **No es posible que** me olvides. — 这是不可能的，你竟然把我给遗忘了。

补充
★03：presión alta 血压高
★06：toda la noche 通宵
★10：olvidar 动 忘记

PASO 2 句子重组练习

01 | **No es posible que** en diviertas no fiesta. te la — 你不可能在派对里玩得不开心。
02 | **No es posible que** carne. el baje la precio de — 降低肉价是不可能的。
03 | **No es posible** el recuperar dinero. — 追回钱，这是不可能的。
04 | **No es posible que** tan seas necio. — 你不可能如此愚蠢。

解答
★01：No es posible que no te diviertas en la fiesta.
★02：No es posible que baje el precio de la carne.
★03：No es posible recuperar el dinero.
★04：No es posible que seas tan necio.

PASO 3 应用篇

A: Terminó la guerra en Irak.
B: No, no es posible que haya terminado.
A: 伊拉克战争结束了。
B: 不，它不可能已经结束了。

174 | 否定陈述句的句型

No es recomendable… 不建议……

No es recomendable + 动词原形，表示"不建议……"。

PASO1　Top 必学句

01 | **No es recomendable** tomar agua en la noche. — 不建议晚上喝水。
02 | **No es recomendable** engordar mucho. — 不建议过胖（重）。
03 | **No es recomendable** levantar pesas. — 最好不要举重物。
04 | **No es recomendable** usar audífonos durante mucho tiempo. — 不建议长时间使用耳机。
05 | **No es recomendable** tomar bebidas azucaradas. — 不建议饮用含糖饮料。
06 | **No es recomendable** estudiar con música. — 不建议边听音乐边读书。
07 | **No es recomendable** fumar. — 最好不要吸烟。
08 | **No es recomendable** correr en ayunas. — 不建议空腹跑步。
09 | **No es recomendable** pasar muchas horas sin comer. — 最好不要长时间不吃东西。
10 | **No es recomendable** ir al gimnasio con gripe. — 不建议感冒期间去健身房。

补充
- ★03: levantar pesas 〔短〕举重
- ★05: azucarado 〔形〕甜的
- ★10: gripe 〔名〕感冒

PASO2　句子重组练习

01 | **No es recomendable** fría. beber agua — 最好不要喝冷水。
02 | **No es recomendable** ejercicio. hacer no — 不建议不做运动。
03 | **No es recomendable** de cambiar a menudo. trabajo — 不建议经常换工作。
04 | **No es recomendable** esa tomar aerolínea. — 最好不要搭那条航线的飞机。

解答
- ★01: No es recomendable beber agua fría.
- ★02: No es recomendable no hacer ejercicio.
- ★03: No es recomendable cambiar de trabajo a menudo.
- ★04: No es recomendable tomar esa aerolínea.

PASO3　应用篇

A: Estoy un poco resfriado pero igual quiero ir a nadar.
B: No es muy recomendable nadar en ese estado.
A: 我有点感冒，但还是想去游泳。
B: 不建议在这个状态下去游泳。

175 | 否定陈述句的句型

No me queda más que...
我没有选择的余地，只能……

No me queda más que + 动词原形，表示"我没有选择的余地，只能……"。

PASO1 Top 必学句

01 | **No me queda más que** viajar solo a la India. — 我没有选择的余地，只能独自到印度旅行。
02 | **No me queda más que** salir del problema yo mismo. — 我没有选择的余地，只能靠自己解决问题。
03 | **No me queda más que** trabajar para vivir. — 我没有选择的余地，只能自己谋生。
04 | **No me queda más que** estudiar para ser profesional. — 别无选择，我只能靠努力学习成为专业人士。
05 | **No me queda más que** escuchar a mi madre. — 我没有选择的余地，只能听母亲的话。
06 | **No me queda más que** vivir en un apartamento pequeño. — 我别无选择，只能住在一间小公寓。
07 | **No me queda más que** ir a tu fiesta. — 我别无选择，只好参加你的派对。
08 | **No me queda más que** aprender a hablar portugués. — 我别无选择，必须学会讲葡萄牙语。

补充
★02: yo mismo 我自己
★04: profesional 专业人士
★08: portugués 葡萄牙语

PASO2 句子重组练习

01 | **No me queda más que** a Pedro. ver de dejar — 我别无选择，只好不再看佩德罗。
02 | **No me queda más que** la continuar con terapia. — 我别无选择，必须持续接受治疗。
03 | **No me queda más que** mis volver casa de a padres. — 我别无选择，只能回到父母家。
04 | **No me queda más que** consejo. tu aceptar — 我别无选择，只好接受你的建议。
05 | **No me queda más que** medicamento. el tomarme — 我没有选择的余地，只好服药。

解答
★01: No me queda más que dejar de ver a Pedro.
★02: No me queda más que continuar con la terapia.
★03: No me queda más que volver a casa de mis padres.
★04: No me queda más que aceptar tu consejo.
★05: No me queda más que tomarme el medicamento.

PASO3 应用篇

A: La empresa está pasando por un mal momento económico.
B: Sí, no me queda más que despedir a diez empleados.

A: 公司正处于一个很糟糕的经营状况。
B: 是的，我别无选择，只好裁掉十名员工。

176 | 否定陈述句的句型

No es correcto que…
……是不对的

No es correcto que + 动词虚拟式，表示"……是不对的"。

PASO 1　Top 必学句

01	**No es correcto que** discutas con tu profesor.	你和老师争论是不对的。
02	**No es correcto que** critiques a tus padres.	你批评自己的父母，是不得体的行为。
03	**No es correcto que** le pegues a tu hermano.	你打你的兄弟，这是不应该的。
04	**No es correcto que** no devuelvas el libro a la biblioteca.	你没把书还回图书馆，这是不对的。
05	**No es correcto que** salgas con la novia de Enrique.	你和恩里克的女朋友出去，这是不对的。
06	**No es correcto que** el niño vea ese programa para mayores.	孩子观看成人节目，这是不对的。
07	**No es correcto que** te saques los zapatos en el restaurante.	你在餐厅脱鞋，是很不礼貌的行为。
08	**No es correcto que** se experimente con animales.	拿动物做实验，这是不对的。

补充
★02: criticar　动 批评
★06: para mayores　短 对成年人的
★08: experimentar　动 实验

PASO 2　句子重组练习

01	**No es correcto que** abuelos. a no visites tus	你不去探视祖父母，这是不对的。
02	**No es correcto que** al hagas ruido comer.	你吃东西时发出声音，是没教养的行为。
03	**No es correcto que** comida. la desperdicies	你浪费食物是不对的。
04	**No es correcto que** comes. eructes mientras	你吃饭时打嗝，这是不礼貌的行为。

解答
★01: No es correcto que no visites a tus abuelos.
★02: No es correcto que hagas ruido al comer.
★03: No es correcto que desperdicies la comida.
★04: No es correcto que eructes mientras comes.

PASO 3　应用篇

A: Nicolás duerme todo el día.　　A: 尼古拉斯睡了一整天。
B: No es correcto que se pase el día así.　　B: 成天睡觉是不对的。

177 | 否定陈述句的句型

No te pongas… 你没有必要……

No te pongas + 形容词，表示"你没有必要……"。

PASO 1　Top 必学句

01	**No te pongas** nervioso.	你没有必要紧张。
02	**No te pongas** de mal humor.	你没有必要心情不好。
03	**No te pongas** desagradable.	你没有必要不愉快。
04	**No te pongas** pesado.	你用不着厌烦。
05	**No te pongas** triste.	你没有必要难过。
06	**No te pongas** celoso.	你没有必要嫉妒。
07	**No te pongas** histérico.	你用不着歇斯底里。
08	**No te pongas** tan serio.	你没有必要这么严肃。
09	**No te pongas** sentimental.	你不必多愁善感。
10	**No te pongas** petulante.	你没有必要傲慢自大。

补充
- ★03: ser desagradable　短　不愉快的
- ★04: pesado　形　讨嫌的；烦人的
- ★10: petulante　形　自大的

PASO 2　句子重组练习

01	**No te pongas** José. con exigente	你没有必要对荷塞吹毛求疵。
02	**No te pongas** fastidioso tan conmigo.	你没有必要对我那么不耐烦。
03	**No te pongas** con tan meloso Isabel.	你用不着对伊莎贝尔如此甜蜜。
04	**No te pongas** nosotros. con arrogante	你用不着对我们傲慢。
05	**No te pongas** melancólico. tan	你没有必要如此忧郁。

解答
- ★01: No te pongas exigente con José.
- ★02: No te pongas tan fastidioso conmigo.
- ★03: No te pongas tan meloso con Isabel.
- ★04: No te pongas arrogante con nosotros.
- ★05: No te pongas tan melancólico.

PASO 3　应用篇

A：Carmen está muy gorda.
B：Sí, espero que no te pongas tan gorda como ella.
A：卡门现在好胖。
B：是啊，我希望你不要像她一样胖。

No puedo dejar de pensar en…
我不能不想着……

No puedo dejar de pensar + en（前置词），表示"我不能不想着……"。

PASO 1 Top 必学句

01 | **No puedo dejar de pensar en** ti.　　我不能不想着你。
02 | **No puedo dejar de pensar en** todo lo que me hiciste.　　我不能不考虑你对我做的一切。
03 | **No puedo dejar de pensar en** ella.　　我不能不想着她。
04 | **No puedo dejar de pensar en** el problema.　　我不停地思索这个问题。
05 | **No puedo dejar de pensar en** mi amigo.　　我不能停下来去想着我的朋友。
06 | **No puedo dejar de pensar en** esa persona.　　我不能停下来去想着那个人。
07 | **No puedo dejar de pensar en** lo tonta que fui.　　我不能不去想我是多么愚蠢。
08 | **No puedo dejar de pensar en** la responsabilidad que tengo.　　我不能不去思考我的责任。

补充
★02: hacer　　做；制作
★07: tonto　　形 愚蠢
★08: responsabilidad　　名 责任

PASO 2 句子重组练习

01 | **No puedo dejar de pensar en**　errores. tus　　我不能不想着你的错误。
02 | **No puedo dejar de pensar en**　hijo. mi　　我不能不想着我的儿子。
03 | **No puedo dejar de pensar en**　nuevo el plan.　　我不能不思考新计划。
04 | **No puedo dejar de pensar en**　misma. mí　　我不能停下来思考自己。

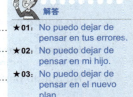

解答
★01: No puedo dejar de pensar en tus errores.
★02: No puedo dejar de pensar en mi hijo.
★03: No puedo dejar de pensar en el nuevo plan.
★04: No puedo dejar de pensar en mí misma.

PASO 3 应用篇

A: ¿Te vas a hospitalizar hoy, Ana?
B: Si, y no puedo dejar de pensar en el dolor que voy a sentir después de la operación.
A: 安娜，今天你要住院治疗？
B: 是啊，我不能不去想手术后的疼痛。

No puedo permitir que...
我不允许……

No puedo permitir + que（连词）+ 动词虚拟式，表示"我不允许……"。

PASO1　Top 必学句

01 | **No puedo permitir que** hagas esto.　　我不能让你这样做。
02 | **No puedo permitir que** me engañes.　　我不能任由你欺骗我。
03 | **No puedo permitir que** no te bañes.　　我不允许你不洗澡。
04 | **No puedo permitir que** pelees con tu madre.　　我不允许你和你的母亲争吵。
05 | **No puedo permitir que** te vayas tan lejos.　　我不能让你走那么远。
06 | **No puedo permitir que** pilotees ese avión.　　我不能让你驾驶那架飞机。
07 | **No puedo permitir que** te hagan daño.　　我不能让他们伤害你。
08 | **No puedo permitir que** se escapen los reclusos.　　我不能让囚犯们逃脱。

补充
★06: pilotear　动　飞；驾驶
★07: hacer daño　词　破坏；伤害
★08: recluso　名　囚犯

PASO2　句子重组练习

01 | **No puedo permitir que** de escondan se mí.　　我不能允许他们躲避我。
02 | **No puedo permitir que** juego. me el ganes en　　我不能让你在游戏中赢我。
03 | **No puedo permitir que** carreras de auto. en compitas　　我不能允许你参加赛车比赛。
04 | **No puedo permitir que** estudiar. de dejes　　我不能允许你停止学习。

解答
★01: No puedo permitir que se escondan de mí.
★02: No puedo permitir que me ganes en el juego.
★03: No puedo permitir que compitas en carreras de auto.
★04: No puedo permitir que dejes de estudiar.

PASO3　应用篇

A: Tu hijo Rafael se va a casar con Elena a escondidas.
B: No puedo permitir que se casen.
A: 你的儿子拉斐尔将偷偷和埃琳娜结婚。
B: 我不能允许他们结婚。

180 | 否定陈述句的句型

No dejes de... 记得要继续……

No dejes de + 动词原形，表示"记得要继续……"。

PASO1 Top 必学句

01	**No dejes de** llamarme.	记得要打电话给我。
02	**No dejes de** sonreír.	记得要继续微笑。
03	**No dejes de** hacer algo productivo.	记得要继续做一些有用的事。
04	**No dejes de** pensar en los demás.	记得要继续为别人着想。
05	**No dejes de** quererte a ti mismo.	记得要继续爱自己。
06	**No dejes de** visitar a tus amigos.	记得要继续拜访你的朋友们。
07	**No dejes de** agradecer a tu familia.	记得要持续地感谢你的家人。
08	**No dejes de** luchar por tus ideales.	记得要为你的理想而奋战不懈。
09	**No dejes de** valorar a tus padres.	记得要重视你的父母。
10	**No dejes de** confiar en la gente.	记得要去信任他人。

补充
- ★03: algo productivo 短 有用的事
- ★04: demás 人称代词 其余的人，其他人
- ★09: valorar 动 重视；着重

PASO2 句子重组练习

01	**No dejes de** tus dar las gracias a profesores.	记得要继续感谢老师。
02	**No dejes de** a Diana. ir a ver	记得要继续去看戴安娜。
03	**No dejes de** en Dios. creer	记得要继续相信上帝。
04	**No dejes de** agua. tomar	记得要继续喝水。
05	**No dejes de** cama. tu hacer	记得要继续铺你的床。

解答
- ★01: No dejes de dar las gracias a tus profesores.
- ★02: No dejes de ir a ver a Diana.
- ★03: No dejes de creer en Dios.
- ★04: No dejes de tomar agua.
- ★05: No dejes de hacer tu cama.

PASO3 应用篇

A：Estoy haciendo una dieta vegetariana.

B：¡Qué bien! No dejes de comer sano.

A：我正在做一个素食餐。

B：太好了！记得要继续吃得健康。

181 | 否定陈述句的句型

No vale la pena… 不值得……

No vale la pena + 动词原形，表示"不值得……"。

PASO 1　Top 必学句

01 | **No vale la pena** trabajar tanto.　没必要这么辛苦地工作。
02 | **No vale la pena** ser tan rico.　不值得变得那么富有。
03 | **No vale la pena** arriesgarse tanto.　不值得冒这么多险。
04 | **No vale la pena** mirar hacia atrás.　回头看没有什么意义。
05 | **No vale la pena** hacer tanto esfuerzo.　不值得这么努力。
06 | **No vale la pena** hablar de aquello.　不值得谈那些。
07 | **No vale la pena** culparte más.　没必要再责备你自己。
08 | **No vale la pena** esperar más a Manuel.　没必要再等待曼努埃尔。
09 | **No vale la pena** leer ese libro.　那本书不值得阅读。
10 | **No vale la pena** estar tan enfadado.　不值得这么生气。

补充
★03: arriesgarse 动 冒险
★05: hacer esfuerzo 动 努力
★07: culparse 动 责备

PASO 2　句子重组练习

01 | **No vale la pena** película. esa ver　那部电影不值得看。
02 | **No vale la pena** nuestra mantener amistad.　我们的友谊不值得维持。
03 | **No vale la pena** pasado. el recordar　不值得记住过去。
04 | **No vale la pena** un hacer postgrado　不值得去拿硕士学位。
05 | **No vale la pena** en la playa. construir casa una　不值得在海边盖房子。

解答
★01: No vale la pena ver esa película.
★02: No vale la pena mantener nuestra amistad.
★03: No vale la pena recordar el pasado.
★04: No vale la pena hacer un postgrado.
★05: No vale la pena construir una casa en la playa.

PASO 3　应用篇

A：La mesa es carísima.
B：Sí, no vale la pena pagar ese precio.
A：这张桌子的价格太贵。
B：是啊，不值得付那种价格。

182 | 否定陈述句的句型

No me di cuenta de que…
我没有注意到……

No me di cuenta de que + 陈述式过去未完成时/过去完成时，表示"我没有注意到……"。

PASO 1　Top 必学句

01	**No me di cuenta de que** Francisco era español.	我没有注意到，弗朗西斯科是西班牙人。
02	**No me di cuenta de que** era difícil aprender este idioma.	我没有想到这门语言这么难学。
03	**No me di cuenta de que** estabas ocupado.	我没有注意到你当时很忙。
04	**No me di cuenta de que** mi hija fumaba.	我没有注意到我的女儿会抽烟。
05	**No me di cuenta de que** estaba equivocado.	我没有注意到我弄错了。
06	**No me di cuenta de que** estabas enfermo.	我没有注意到你生病了。
07	**No me di cuenta de que** te habías caído.	我没有注意到你跌倒了。
08	**No me di cuenta de que** la situación era complicada.	我没有意识到情况是复杂的。

补充
- ★02: aprender　动　学习
- ★06: estar enfermo　短　生病了
- ★08: situación　名　情况

PASO 2　句子重组练习

01	**No me di cuenta de que** ganado. habías	我没有意识到你赢了。
02	**No me di cuenta de que** español. no hablabas	我没有注意到你不会说西班牙语。
03	**No me di cuenta de que** crecido tanto. había Felipe	我没有意识到菲利佩已经长大了这么多。
04	**No me di cuenta de que** compañeros. éramos	我没有意识到我们是同学。

解答
- ★01: No me di cuenta de que habías ganado.
- ★02: No me di cuenta de que no hablabas español.
- ★03: No me di cuenta de que Felipe había crecido tanto.
- ★04: No me di cuenta de que éramos compañeros.

PASO 3　应用篇

A: Mamá, ¡ya llegué!
B: Hola hijo, no me di cuenta de que ya habías llegado.

A: 妈妈，我回来了！
B: 你好吗？儿子，我没有注意到你已经回来了。

183 | 否定陈述句的句型

No soy capaz de... 我办不到……

No soy capaz + de [这里的 de 表示涉及的（人）事物] + 动词原形，表示"我办不到……"。

PASO1　Top 必学句

01 | **No soy capaz de** estudiar tanto. 　　学习那么多，我做不到。
02 | **No soy capaz de** dejar a mi novio. 　离开我的男朋友，我办不到。
03 | **No soy capaz de** cambiar. 　　　　　我不能改变。
04 | **No soy capaz de** salir de casa. 　　　我不能离开家。
05 | **No soy capaz de** perdonarte. 　　　　原谅你，我做不到。
06 | **No soy capaz de** verte ahora. 　　　　现在就去见你，我做不到。
07 | **No soy capaz de** escuchar tus súplicas. 我不能听你的诉求。
08 | **No soy capaz de** olvidar a Daniel. 　　我无法忘记丹尼尔。
09 | **No soy capaz de** mantenerme delgada. 我无法保持苗条的身材。
10 | **No soy capaz de** madrugar. 　　　　　早起，我做不到。

补充
★02: novio　名 男朋友
★04: casa　名 家
★07: súplica　名 请求；恳求

PASO2　句子重组练习

01 | **No soy capaz de** dinero. ahorrar 　　　　我无法省钱。
02 | **No soy capaz de** nada. hacer 　　　　　我无法做任何事情。
03 | **No soy capaz de** nuevo. de correr 　　　我不能再跑步了。
04 | **No soy capaz de** el calor. de soportar 　我不能够承受热。
05 | **No soy capaz de** sentimientos. mis expresar 　我无法表达我的感受。

解答
★01: No soy capaz de ahorrar dinero.
★02: No soy capaz de hacer nada.
★03: No soy capaz de correr de nuevo.
★04: No soy capaz de soportar el calor.
★05: No soy capaz de expresar mis sentimientos.

PASO3　应用篇

A: Deberías leer el libro de García Márquez.
B: No soy capaz de concentrarme en la lectura.
A: 你应该阅读这本由加西亚·马奎斯所写的书。
B: 我无法专心阅读。

184 | 否定陈述句的句型

No sigas... 你不要继续……

No sigas（命令式）+ 副动词（副动词和 seguir 连用表示动作持续或重复）。No sigas...，表示"你不要继续……"。

PASO 1 Top 必学句

01	**No sigas** llorando.	不要不停地哭泣。
02	**No sigas** comiendo.	不要一直吃。
03	**No sigas** insistiendo.	不要继续坚持。
04	**No sigas** jugando.	不要继续玩。
05	**No sigas** adivinando.	不要继续猜。
06	**No sigas** buscando la pelota.	不要继续找球。
07	**No sigas** haciendo muecas.	不要一直做鬼脸。
08	**No sigas** siendo orgulloso.	不要继续骄傲。
09	**No sigas** repitiéndome lo mismo.	不要不停地重复同样的事情。
10	**No sigas** preguntando tonterías.	不要不断地问废话。

补充
- ★05: adivinar 动 猜；猜测
- ★06: pelota 名 球
- ★07: hacer muecas 短 做鬼脸

PASO 2 句子重组练习

01	**No sigas** tanto café. tomando	不要继续喝太多的咖啡。
02	**No sigas** tan siendo aburrido.	不要一直这么无聊。
03	**No sigas** tu amigo. a amenazando	不要继续威胁你的朋友。
04	**No sigas** conmigo. disculpándote	不要一直向我道歉。
05	**No sigas** Paloma. a llamando	不要一直打电话给帕洛玛。

解答
- ★01: No sigas tomando tanto café.
- ★02: No sigas siendo tan aburrido.
- ★03: No sigas amenazando a tu amigo.
- ★04: No sigas disculpándote conmigo.
- ★05: No sigas llamando a Paloma.

PASO 3 应用篇

A: Blanca, ¿por qué no te casas con Alfonso?

B: ¡Ay¡ No sigas tratando de casarme.

A: 布兰卡，你为什么不嫁给阿方索？

B: 哎呀！不要继续试着把我嫁出去。

185 | 否定陈述句的句型

No puede ser que... 不可能……

No puede ser que + 动词虚拟式，表示"不可能……"。

PASO1　Top 必学句

01 | **No puede ser que** hayas inventado ese juego.　你不可能发明那个游戏。

02 | **No puede ser que** ya no te quede un centavo.　你不可能连一分钱也没有。

03 | **No puede ser que** quieras vender tu bicicleta.　你不可能想卖掉你的自行车。

04 | **No puede ser que** me trates así.　你不可能这样对待我。

05 | **No puede ser que** te sientas tan mal.　无法想象你这样不舒服。

06 | **No puede ser que** no puedas ver bien.　你不可能会看不清楚。

07 | **No puede ser que** estés embarazada.　你不可能怀孕了。

08 | **No puede ser que** seas tan tímido.　你不可能那么害羞。

补充
★02: un centavo　名　一分钱
★07: estar embarazada　短　怀孕了
★08: tímido　形　害羞

PASO2　句子重组练习

01 | **No puede ser que** así. separemos nos　我们不可能就这样分手。

02 | **No puede ser que** más. me no ver quieras　你不可能不想再看到我。

03 | **No puede ser que** te mi acuerdes no de cumpleaños.　你怎么可能不记得我的生日。

04 | **No puede ser que** llegues a tiempo. nunca　难以置信，你从未准时到达过。

05 | **No puede ser que** perro desaparecido. tu haya　你的狗不可能不见了。

解答
★01: No puede ser que nos separemos así.
★02: No puede ser que no me quieras ver más.
★03: No puede ser que no te acuerdes de mi cumpleaños.
★04: No puede ser que nunca llegues a tiempo.
★05: No puede ser que tu perro haya desaparecido.

PASO3　应用篇

A: Me sacaron una multa de tránsito hoy.

B: No puede ser que te hayas pasado un semáforo en rojo.

A：他们今天给了我一张交通违规罚单。

B：你不可能闯红灯。

186 | 否定陈述句的句型

Ni se te ocurra... 你连想都不要想……

Ni se te ocurra（强烈的建议）+ 动词原形，表示"你连想都不要想……"。

PASO 1 Top 必学句

01	**Ni se te ocurra** bailar con Adela.	跟阿德拉跳舞，你连想都别想。
02	**Ni se te ocurra** acercarte a mi.	靠近我，你连想都不要想。
03	**Ni se te ocurra** traicionarme.	你最好不要背叛我。
04	**Ni se te ocurra** contarle la verdad a Andrés.	你最好不要将实情告诉安德列斯。
05	**Ni se te ocurra** aparecerte por aquí.	你最好不要在这里出现。
06	**Ni se te ocurra** ir a Siria en estos momentos.	你最好不要在此时去叙利亚。
07	**Ni se te ocurra** poner en riesgo a tu familia.	你绝对要顾及全家人的安危。
08	**Ni se te ocurra** dar a nadie esta información.	你最好不要给任何人这个资讯。
09	**Ni se te ocurra** pedir dinero prestado.	你最好不要向他人借钱。
10	**Ni se te ocurra** cerrarme la puerta.	你最好不要给我关门。

补充
★02：acercarse 劲 靠近；走进
★04：contar la verdad 短 讲实话（情）
★06：Siria 名 叙利亚

PASO 2 句子重组练习

01	**Ni se te ocurra** esta noche. llamarme	今晚，你最好不要打电话给我。
02	**Ni se te ocurra** esa cantar con voz.	你最好不要用那种声音唱歌。
03	**Ni se te ocurra** de José. enamorarte	你最好不要爱上荷塞。

解答
★01：Ni se te ocurra llamarme esta noche.
★02：Ni se te ocurra cantar con esa voz.
★03：Ni se te ocurra enamorarte de José.

PASO 3 应用篇

A：Anita, te veo muy resfriada hoy.

B：Sí, papá. Me duele todo el cuerpo.

A：Entonces, ni se te ocurra salir con este frío.

A：阿妮塔，我发现你今天感冒很严重。

B：是的，爸爸。我全身酸痛。

A：所以，你最好不要在这种冷天出去。

No está bien que... ……不太好

No está bien que + 动词虚拟式，表示"……不太好"。

PASO1 Top 必学句

01 | **No está bien que** veas tanta televisión. 你看电视太多，不太好。
02 | **No está bien que** seas tan flojo. 你这么懒，不太好。
03 | **No está bien que** sigas trabajando tanto. 你最好不要继续这么辛苦工作。
04 | **No está bien que** nunca descanses. 你从不休息也不太好。
05 | **No está bien que** te pongas mis zapatos. 你最好不要穿我的鞋子。
06 | **No está bien que** llegues tan tarde. 你这么晚才到，不太好。
07 | **No está bien que** le quites el juguete al niño. 你拿走孩子的玩具，不太好。
08 | **No está bien que** me contestes así. 你这样回答我，不太好。
09 | **No está bien que** no te abrigues en invierno. 冬天你不穿暖点，不太好。
10 | **No está bien que** salgas solo de noche. 你晚上独自出去，不太好。

补充
★04: descansar 动 休息
★07: quitar 动 拿走；取走
★09: invierno 名 冬天

PASO2 句子重组练习

01 | **No está bien que** cara. esa pongas 你摆出这样的脸色，不太好。
02 | **No está bien que** la abras extraños. le puerta a 你帮陌生人开门，非常不妥。
03 | **No está bien que** este apoyes a candidato. 你支持这个候选人，不太好。
04 | **No está bien que** tanta comas carne. 你这么爱吃肉，不太好。

解答
★01: No está bien que pongas esa cara.
★02: No está bien que le abras la puerta a extraños.
★03: No está bien que apoyes a este candidato.
★04: No está bien que comas tanta carne.

PASO3 应用篇

A: Quiero vender mi apartamento.

B: Sí, pero no está bien que lo vendas a ese precio.

A: 我想卖掉我的公寓。

B: 好啊，但你卖这个价格好像不是很好。

No has sido... 你没有……

No has sido + 形容词，表示"你没有……"。

PASO1   Top 必学句

01	**No has sido** educado con la visita.	你对待访客没有礼貌。
02	**No has sido** paciente con tu hija.	你对待女儿缺乏耐心。
03	**No has sido** responsable con tu trabajo.	你对工作不负责。
04	**No has sido** simpático con tu padre.	你对待你的父亲不友善。
05	**No has sido** cariñoso con tu madre.	你对待你的母亲不温柔。
06	**No has sido** generoso con Elisa.	你对艾莉莎不够大方。
07	**No has sido** amable con el anciano.	你对待老人不和蔼。
08	**No has sido** atento con tu hermano.	你对待兄弟缺乏细心。
09	**No has sido** cuidadoso con la comida.	你没有注重饮食。
10	**No has sido** sensible con el enfermo.	你对待病患缺乏同情心。

补充
- ★01: educado 形 有礼貌的
- ★03: responsable 形 负责的
- ★10: sensible 形 敏感的

PASO2   句子重组练习

01	**No has sido** hijo. un buen	你不是一个好儿子。
02	**No has sido** padres. tus honesto con	你没有诚实面对父母。
03	**No has sido** conmigo. sincero	你对我不够诚恳。
04	**No has sido** eficiente manejar para dinero. tu	你没能有效地支配你的钱。
05	**No has sido** bien trabajo. de capaz tu hacer	你没能把你的工作做好。

解答
- ★01: No has sido un buen hijo.
- ★02: No has sido honesto con tus padres.
- ★03: No has sido sincero conmigo.
- ★04: No has sido eficiente para manejar tu dinero.
- ★05: No has sido capaz de hacer bien tu trabajo.

PASO3   应用篇

A: Volví a pasarme el límite de velocidad.

B: No has sido prudente al conducir.

A: Sí, me dieron otra multa.

A: 我开车超速了。

B: 你没能谨慎驾驶。

A: 是的，我又拿到另一张罚单了。

189 | 否定陈述句的句型

Es mejor que no... 最好不要……

Es mejor + que（连词）后面从句动词用虚拟式。Es mejor que no..., 表示"最好不要……"。

PASO 1　Top 必学句

01	**Es mejor que no** prometas nada.	你最好不要随意承诺什么。
02	**Es mejor que no** lastimes a Daniel.	你最好不要同情丹尼尔。
03	**Es mejor que no** creas lo que te dicen.	你最好不要相信他们对你说的。
04	**Es mejor que no** participes del viaje.	你最好不要去旅行。
05	**Es mejor que no** veas este espectáculo.	你最好不要看这个演出。
06	**Es mejor que no** te burles de Anita.	你最好不要嘲笑安妮塔。
07	**Es mejor que no** sigas hablando.	你最好不要继续讲话。
08	**Es mejor que no** te marches ahora.	你最好不要现在离开。
09	**Es mejor que no** vuelvas más.	你最好不要再回来。
10	**Es mejor que no** salgas de casa.	你最好不要出门。

补充
- ★ 01: prometer　动 承诺
- ★ 04: participar　动 参加
- ★ 06: burlarse　动 嘲笑

PASO 2　句子重组练习

01	**Es mejor que no** padres. a conozcas mis	你最好不要认识我的父母。
02	**Es mejor que no** dinero. gastes tu todo	你最好不要花光所有的钱。
03	**Es mejor que no** nadie. de mal hables	你最好不要说别人坏话。
04	**Es mejor que no** ese uses perfume.	你最好不要使用那种香水。

解答
- ★ 01: Es mejor que no conozcas a mis padres.
- ★ 02: Es mejor que no gastes todo tu dinero.
- ★ 03: Es mejor que no hables mal de nadie.
- ★ 04: Es mejor que no uses ese perfume.

PASO 3　应用篇

A: A Lucía le pica mucho la cara.

B: Sí, entonces es mejor que no se ponga esta crema.

A: 露西亚的脸很痒。

B: 是啊，那她最好不要擦这个面霜。

190 | 否定陈述句的句型

Nunca he... 我从来没有……

助动词 haber 和过去分词连用构成复合时态，表示完成的动作。Nunca he + 过去分词，表示"我从来没有……"。

PASO1　Top 必学句

01 | **Nunca he** tenido a una novia.　　我从来没有女朋友。
02 | **Nunca he** visto a Luis.　　我从来没有见过路易斯。
03 | **Nunca he** sido tan feliz.　　我从来没有这么高兴过。
04 | **Nunca he** pagado tanto impuesto.　　我从来没缴纳过这么多税。
05 | **Nunca he** hecho deporte.　　我从来没做过运动。
06 | **Nunca he** ido al psicólogo.　　我从来没去看过心理医生。
07 | **Nunca he** estado solo.　　我从来没有独处过。
08 | **Nunca he** roncado.　　我从来没有打过鼾。
09 | **Nunca he** jugado los videojuegos.　　我从来没有玩过电动游戏。
10 | **Nunca he** conducido moto.　　我从来没有骑过摩托车。

补充
★03: ser feliz　形 高兴；快乐
★06: psicólogo　名 心理学者
★08: roncar　动 打鼾

PASO2　句子重组练习

01 | **Nunca he**　sushi. comido　　我从来没有吃过寿司。
02 | **Nunca he**　chino mandarín. hablado　　我从来没有说过汉语（普通话）。
03 | **Nunca he**　Nicole. con bailado　　我从来没有跟妮可跳过舞。
04 | **Nunca he**　a subido un avión. a　　我从来没有搭过飞机。
05 | **Nunca he**　como tú. trabajado　　我从来没有像你这样工作过。

解答
★01: Nunca he comido sushi.
★02: Nunca he hablado chino mandarín.
★03: Nunca he bailado con Nicole.
★04: Nunca he subido a un avión.
★05: Nunca he trabajado como tú.

PASO3　应用篇

A： ¿Quieres ir conmigo a Japón?
B： No sé… **Nunca he** querido viajar al extranjero.

A： 想和我一起去日本吗？
B： 我不知道……我从来也没想过要出国旅行。

MEMO

西班牙语入门口语
句型大全

表达意见和建议的句型

PARTE 5

191 | 表达意见和建议的句型

Te sugiero que... 我建议你……

Te sugiero + que（连词），后面从句动词用虚拟式。Te sugiero que..., 表示"我建议你……"。

PASO 1　Top 必学句

01 | **Te sugiero que** vayas al supermercado.　我建议你去超市。
02 | **Te sugiero que** te bañes.　我建议你洗澡。
03 | **Te sugiero que** inventes algo nuevo.　我建议你发明新的东西。
04 | **Te sugiero que** compres este té.　我建议你买这种茶。
05 | **Te sugiero que** dejes de reclamar.　我建议你停止抗议。
06 | **Te sugiero que** empieces a trabajar.　我建议你开始工作。
07 | **Te sugiero que** esperes a Elisa.　我建议你等艾莉莎。
08 | **Te sugiero que** hagas los quehaceres.　我建议你做家务。
09 | **Te sugiero que** hagas pasta esta noche.　我建议你今晚做意大利面。
10 | **Te sugiero que** seas más comprensivo conmigo.　我建议你多了解我。

补充
★02： bañarse　动　洗澡（反身）
★04： té　名　茶
★08： quehaceres　名　家务

PASO 2　句子重组练习

01 | **Te sugiero que** videojuegos. menos juegues　我建议你少玩电动游戏。
02 | **Te sugiero que** premio le a Teresa. des el　我建议你颁奖给泰瑞莎。
03 | **Te sugiero que** pongas el abrigo. te　我建议你穿外套。
04 | **Te sugiero que** de olvides te mi.　我建议你忘了我。

解答
★01： Te sugiero que juegues menos videojuegos.
★02： Te sugiero que le des el premio a Teresa.
★03： Te sugiero que te pongas el abrigo.
★04： Te sugiero que te olvides de mi.

PASO 3　应用篇

A: He notado que Fernando está triste estos días.
B: Sí, te sugiero que le digas que lo quieres.
A: 我注意到，这些天费尔南多好像很伤心。
B: 是吗，我建议你去告诉他你爱他。

192 | 表达意见和建议的句型

Es mejor que... 最好（比较好）……

Es mejor + que（连词），后面从句动词用虚拟式。虚拟式用来表达说话人主观的情绪、感觉（希望、意愿、怀疑、可能、高兴、害怕、惊讶、遗憾等），以及命令和要求（请求、建议、允许、禁止、劝诫等）。Es mejor que...，表示"最好（比较好）……"。

PASO 1　Top 必学句

01 | **Es mejor que** sigamos estudiando.　　我们最好继续学习。
02 | **Es mejor que** tengas paciencia.　　你最好有点耐心。
03 | **Es mejor que** me olvides.　　你最好忘记我。
04 | **Es mejor que** escuches a tu madre.　　你最好听妈妈的话。
05 | **Es mejor que** termines tu comida.　　你最好吃完你的饭。
06 | **Es mejor que** te vayas.　　你最好离开。
07 | **Es mejor que** te quedes.　　你最好留下来。
08 | **Es mejor que** camines más rápido.　　你最好走快点。
09 | **Es mejor que** nos separemos.　　我们最好分手。
10 | **Es mejor que** se callen.　　他们最好保持安静。

补充
★02: tener paciencia　短 有耐心
★07: quedarse　动 留下（反身）
★10: callarse　动 不做声（反身）

PASO 2　句子重组练习

01 | **Es mejor que** trabajo. busques te otro.　　你最好另谋高就。
02 | **Es mejor que** todos. juntemos nos　　我们都聚在一起会更好。
03 | **Es mejor que** la apagues luz.　　你最好关灯。
04 | **Es mejor que** ocho duermas horas.　　你最好能睡足8小时。

解答
★01: Es mejor que te busques otro trabajo.
★02: Es mejor que nos juntemos todos.
★03: Es mejor que apagues la luz.
★04: Es mejor que duermas ocho horas.

PASO 3　应用篇

A: Ya no necesitamos discutir tanto.
B: No, no quiero pelear más contigo.
A: Mejor que quedemos como amigos.

A: 我们不要再如此争论。
B: 是啊，我也不想再跟你吵了。
A: 最好我们能维持像朋友一样的关系。

193 | 表达意见和建议的句型

Pienso que... 我认为……

Pienso que + 变位动词，表示"我认为……"。

PASO 1　Top 必学句

01	**Pienso que** corro muy lento.	我觉得我跑得非常慢。
02	**Pienso que** no voy a ganar la carrera.	我不认为我会赢得这场比赛。
03	**Pienso que** estás equivocado.	我认为你弄错了。
04	**Pienso que** eres muy antipático.	我觉得你非常不友善。
05	**Pienso que** estoy enfermo.	我觉得我病了。
06	**Pienso que** están lejos de aquí.	我认为他们离这里还很遥远。
07	**Pienso que** vas a disfrutar del viaje.	我认为你应该会享受这次旅行。
08	**Pienso que** Juan no va a llegar a tiempo.	我认为胡安不会准时到达。
09	**Pienso que** te caigo mal.	我认为你不喜欢我。
10	**Pienso que** cocinas muy bien.	我觉得你很会做饭。

补充
- ★ 04：antipático 形 不友善
- ★ 07：disfrutar 动 享受
- ★ 09：caer bien (mal) 短 合适（不合适）

PASO 2　句子重组练习

01	**Pienso que** cena está la exquisita.	我觉得晚餐精致美味。
02	**Pienso que** quedan jeans los muy bien. te	我认为你的牛仔裤很适合你。
03	**Pienso que** grave. problema el es	我认为这个问题很严重。
04	**Pienso que** casa es nuestra muy pequeña.	我认为我们的房子非常小。
05	**Pienso que** libro va este a gustar. te	我觉得你会喜欢这本书。

解答
- ★ 01：Pienso que la cena está exquisita.
- ★ 02：Pienso que los jeans te quedan muy bien.
- ★ 03：Pienso que el problema es grave.
- ★ 04：Pienso que nuestra casa es muy pequeña.
- ★ 05：Pienso que este libro te va a gustar.

PASO 3　应用篇

A：Deberíamos empezar a ahorrar desde ahora.

B：Sí, pienso que tienes razón.

A：我们应该现在开始赚钱。

B：好啊，我想你说得对。

194 | 表达意见和建议的句型

Necesitas… 你需要……

Necesitas + 动词原形，表示"你需要……"。

PASO1 Top 必学句

01	**Necesitas** comer menos.	你要少吃点。
02	**Necesitas** beber más agua.	你要多喝水。
03	**Necesitas** adelgazar.	你需要减肥。
04	**Necesitas** ayudarme.	你需要帮助我。
05	**Necesitas** vender tu casa.	你需要卖掉你的屋子。
06	**Necesitas** salir de vacaciones.	你需要去度假。
07	**Necesitas** ganar dinero extra.	你需要赚外快。
08	**Necesitas** aprender otro idioma.	你需要学习另一种语言。
09	**Necesitas** cumplir tu palabra.	你需要遵守诺言。
10	**Necesitas** descansar más.	你需要多休息。

补充
- ★02: agua 名 水
- ★07: dinero extra 短 外快
- ★09: cumplir la palabra 短 遵守诺言

PASO2 句子重组练习

01	**Necesitas** extranjero. al viajar	你需要出国旅行。
02	**Necesitas** perro. comida tu darle a	你需要喂你的狗。
03	**Necesitas** con Julio. hablar	你需要跟胡里奥讲话。
04	**Necesitas** malas de alejarte tus amistades.	你需要远离你的坏朋友。
05	**Necesitas** conmigo. disculparte	你需要向我道歉。

解答
- ★01: Necesitas viajar al extranjero.
- ★02: Necesitas darle comida a tu perro.
- ★03: Necesitas hablar con Julio.
- ★04: Necesitas alejarte de tus malas amistades.
- ★05: Necesitas disculparte conmigo.

PASO3 应用篇

A：El trabajo me tiene muy cansado.

B：Sí, creo que necesitas descansar un poco.

A：这工作让我好累。

B：是的，我认为你需要休息一段时间。

195 | 表达意见和建议的句型

Para ser sincero... 坦白讲……

Para ser sincero + 动词（可用在不同时态，大部分是表示否定的），表示"坦白讲……"。

PASO1　Top 必学句

01 | **Para ser sincero**, ya no quiero a Ana.　　坦白讲，我已不爱安娜。
02 | **Para ser sincero**, no entiendo lo que dices.　　坦白讲，我不明白你说什么。
03 | **Para ser sincero**, me ha sorprendido tu opinión.　　说实话，你的见解让我很惊讶。
04 | **Para ser sincero**, no deseo verte más.　　说实话，我不想再看到你。
05 | **Para ser sincero**, no estoy de acuerdo contigo.　　说实话，我不同意你的看法。
06 | **Para ser sincero**, no me complace tu visita.　　说实话，你的来访不让我开心。
07 | **Para ser sincero**, no quiero salir contigo.　　坦白讲，我不想和你约会。
08 | **Para ser sincero**, no me gusta tu traje.　　说实话，我不喜欢你的西装。
09 | **Para ser sincero**, tu comida no está muy buena.　　说实话，你的食物不是很好吃。
10 | **Para ser sincero**, me has decepcionado.　　坦白讲，你让我失望。

补充
★03: sorprender 动 惊讶
★05: estar de acuerdo 短 同意
★06: complacer 动 使高兴；使满意

PASO2　句子重组练习

01 | **Para ser sincero,** gustas. no me ya　　说实话，我已不喜欢你了。
02 | **Para ser sincero,** te quiero vayas. que　　说实话，我要你走开。
03 | **Para ser sincero,** ayuda. tu no necesito　　说实话，我并不需要你的帮助。
04 | **Para ser sincero,** un irresponsable. eres　　说实话，你是个不负责任的人。

解答
★01: Para ser sincero, ya no me gustas.
★02: Para ser sincero, quiero que te vayas.
★03: Para ser sincero, no necesito tu ayuda.
★04: Para ser sincero, eres un irresponsable.

PASO3　应用篇

A: María, ¿quieres ser mi novia?
B: Para ser sincera, no estoy lista para empezar una relación.
A: 玛丽亚，你愿意做我的女朋友吗？
B: 说实话，我还没有准备好重新开始一段感情。

Seguramente... 无疑；极可能……

Seguramente + 动词（现在 / 未来 / 虚拟），表示"无疑；极可能地……"。

PASO 1　Top 必学句

01 | **Seguramente** me quedo en casa mañana.　明天我肯定会留在家里。

02 | **Seguramente** voy a comer pescado esta noche.　我今晚极可能吃鱼。

03 | **Seguramente** Emilia está enojada conmigo.　艾米利亚肯定在生我的气。

04 | **Seguramente** estarás en España el mes que viene.　下个月你想必会在西班牙。

05 | **Seguramente** la abuela de Lisa va a morir.　丽莎的祖母可能会死。

06 | **Seguramente** te van a subir el alquiler.　他们肯定会提高租金。

07 | **Seguramente** Carlos venga el miércoles.　卡洛斯极可能周三会来。

08 | **Seguramente** este coche es más caro.　这款车肯定更贵。

09 | **Seguramente** no conozcas a mi suegro.　你肯定不认识我的岳父。

10 | **Seguramente** este supermercado va a cerrar.　这家商店极有可能会关闭。

补充
- ★04 | España　名 西班牙
- ★06 | subir el alquiler　短 涨房租
- ★07 | miércoles　名 周三

PASO 2　句子重组练习

01 | **Seguramente** camisa te quedará mejor. esta　这件衬衫肯定会更适合你。

02 | **Seguramente** gasolina subir. el precio de va la　汽油的价格肯定会上涨。

03 | **Seguramente** a ver. volveremos nos　我们肯定会再看到彼此。

04 | **Seguramente** dormido me quedaré mañana.　我早晨肯定睡不醒。

05 | **Seguramente** noticia. una es buena　这当然是个好消息。

解答
- ★01 | Seguramente esta camisa te quedará mejor.
- ★02 | Seguramente el precio de la gasolina va a subir.
- ★03 | Seguramente nos volveremos a ver.
- ★04 | Seguramente me quedaré dormido mañana.
- ★05 | Seguramente es una buena noticia.

PASO 3　应用篇

A：Daniel no ha ido a trabajar desde hace días.

B：**Seguramente** lo van a despedir.

A：丹尼尔已经好几天没去上班了。

B：他们极有可能会解雇他。

197 | 表达意见和建议的句型

Es aconsejable que... 最好是……

Es aconsejable + que（连词）+ 虚拟式现在时，表示"最好是……"。

PASO1　Top 必学句

01 | **Es aconsejable que** empieces la terapia.　你最好是开始接受治疗。

02 | **Es aconsejable que** pidas un aumento de salario.　最好是你要求加薪。

03 | **Es aconsejable que** vayas a los Estados Unidos.　最好是你去美国。

04 | **Es aconsejable que** (ustedes) visiten a los huérfanos.　最好是诸位去探望孤儿们。

05 | **Es aconsejable que** respetes las señalizaciones de tránsito.　最好是你遵守交通规则。

06 | **Es aconsejable que** lleguemos a un acuerdo.　最好是我们达成一个协议。

07 | **Es aconsejable que** estudiemos juntos.　最好是我们一起学习。

08 | **Es aconsejable que** pruebes mi postre.　最好尝尝我的甜点。

09 | **Es aconsejable que** cuides tu trabajo.　最好做好你的工作。

10 | **Es aconsejable que** conduzcas con cuidado.　最好你能小心驾驶。

补充
- ★04: huérfanos　名 孤儿们
- ★05: señalización　名 交通标志
- ★06: llegar a un acuerdo　短 达成一个协议

PASO2　句子重组练习

01 | **Es aconsejable que** la verdad. digas　你最好是说实话。

02 | **Es aconsejable que** media naranja. tu encuentres　最好你能找到你的灵魂伴侣。

03 | **Es aconsejable que** paz. la mantengamos　最好是我们维持和平。

解答
- ★01: Es aconsejable que digas la verdad.
- ★02: Es aconsejable que encuentres tu media naranja.
- ★03: Es aconsejable que mantengamos la paz.

PASO3　应用篇

A: Mañana salgo de viaje a Inglaterra.

B: Entonces es aconsejable que arregles tu maleta ya.

A: 明天我要去英国旅行。

B: 所以，建议你最好现在开始准备行李。

Deberíamos... 我们应该……

条件式，表示事情有可能在某种条件下实现，一般用于语气婉转地提出要求、建议或表达说话人主观的意愿与推测等。Deberíamos（条件式简单时态）+ 动词原形，表示"我们应该……"。

PASO 1　Top 必学句

01 | **Deberíamos** pasar la Navidad juntos.　我们应该一起过圣诞节。
02 | **Deberíamos** reunirnos ahora.　我们应该现在集合。
03 | **Deberíamos** jugaal golf el domingo.　我们应该在周日打高尔夫球。
04 | **Deberíamos** ir a Perú.　我们应该去秘鲁。
05 | **Deberíamos** ahorrar agua.　我们应该节约用水。
06 | **Deberíamos** casarnos.　我们应该结婚。
07 | **Deberíamos** darnos una ducha.　我们应该淋浴。
08 | **Deberíamos** hablar inglés.　我们应该说英语。
09 | **Deberíamos** sonreír más.　我们应该常微笑。
10 | **Deberíamos** vivir más cerca.　我们应该住得近一些。

补充
★01: Navidad　名 圣诞节
★04: Perú　名 秘鲁
★07: darse una ducha　短 淋浴

PASO 2　句子重组练习

01 | **Deberíamos** alfombra. la aspirar　我们应该清理地毯。
02 | **Deberíamos** la casa. limpiar　我们应该清洁房子。
03 | **Deberíamos** más sano. comer　我们应该吃得更健康。
04 | **Deberíamos** nuestros corregir errores.　我们应该纠正我们的错误。
05 | **Deberíamos** otro comprar piano.　我们应该购买另一台钢琴。

解答
★01: Deberíamos aspirar la alfombra.
★02: Deberíamos limpiar la casa.
★03: Deberíamos comer más sano.
★04: Deberíamos corregir nuestros errores.
★05: Deberíamos comprar otro piano.

PASO 3　应用篇

A: Ya es tarde para irnos ahora.
B: Sí, deberíamos quedarnos aquí esta noche.
A: 我们现在走为时已晚了。
B: 说的也是，我们应该在这儿过夜。

Me gustaría... 我想要……

Me gustaría（条件式简单时态）+ 动词原形，表示"我想要……"。

PASO 1　Top 必学句

01	**Me gustaría** conocerte mejor.	我想要更深刻地认识你。
02	**Me gustaría** saludar a tu padre.	我想问候你父亲。
03	**Me gustaría** vivir contigo.	我想要和你一起生活。
04	**Me gustaría** felicitarte por tu cumpleaños.	我想要祝贺你的生日。
05	**Me gustaría** saber más de ti.	我想要多了解你一些。
06	**Me gustaría** aprender a cantar.	我想要学唱歌。
07	**Me gustaría** salir con José.	我想跟荷塞出去（约会）。
08	**Me gustaría** cambiar mi computador.	我想要换电脑。
09	**Me gustaría** ganar la lotería.	我想中大乐透（彩票）。
10	**Me gustaría** enseñarte chino mandarín.	我想教你汉语（普通话）。

补充
- ★02: saludar 动 问候；致意
- ★04: felicitar 动 祝贺
- ★10: enseñar 动 教授；教

PASO 2　句子重组练习

01	**Me gustaría** helado tomar de vainilla.	我想吃香草冰激凌。
02	**Me gustaría** a aprender cocinar.	我想学烹饪。
03	**Me gustaría** rosas el jardín. en plantar	我想在花园种玫瑰花。

解答
- ★01: Me gustaría tomar helado de vainilla.
- ★02: Me gustaría aprender a cocinar.
- ★03: Me gustaría plantar rosas en el jardín.

PASO 3　应用篇

A: Amanda, ¿usas WhatsApp?

B: Sí, me gustaría añadirte como contacto.

A: ¡Claro! ¡No hay problema!

A: 阿曼达，你有WhatsApp吗？。

B: 是的，我想加你为好友。

A: 当然！没问题！

200 | 表达意见和建议的句型

Yo que tú... 如果我是你的话……

Yo que tú + 条件式，表示"如果我是你的话……"。

PASO1　Top 必学句

01	**Yo que tú** llegaría antes a la cita.	如果我是你的话，我会在约会前到达。
02	**Yo que tú** no escucharía a Javier.	如果我是你的话，我不会听哈维尔的。
03	**Yo que tú** haría más méritos.	如果我是你的话，我会表现得更杰出。
04	**Yo que tú** iría a ver a Julio al hospital.	如果我是你的话，我会去医院探视胡里奥。
05	**Yo que tú** les diría que se fueran.	如果我是你的话，我会请他们离开。
06	**Yo que tú** dejaría todo igual.	如果我是你的话，我会维持现状。
07	**Yo que tú** regaría las plantas.	如果我是你的话，我会为植物浇水。
08	**Yo que tú** pintaría mi casa.	如果我是你的话，我会粉刷我的房子。
09	**Yo que tú** me lavaría las manos.	如果我是你的话，我会去洗手。
10	**Yo que tú** no vería esa película.	如果我是你的话，我不会去看那部电影。

补充
- ★03: hacer méritos　短 力争获得（赏识）
- ★07: regar　动 灌溉；浇水
- ★08: pintar　动 粉刷

PASO2　句子重组练习

01	**Yo que tú** ascenso en trabajo. un el pediría	如果我是你的话，我会要求升迁。
02	**Yo que tú** a pie cerro. subiría el	如果我是你的话，我会徒步走上山。
03	**Yo que tú** a María. regalaría le flores	如果我是你的话，我会送花给玛丽亚。

解答
- ★01: Yo que tú pediría un ascenso en el trabajo.
- ★02: Yo que tú subiría a pie el cerro.
- ★03: Yo que tú le regalaría flores a María.

PASO3　应用篇

A: Me ha sido muy bien en el colegio los último años.

B: Yo que tú estudiaría medicina.

A: 我在学校的最后几年，成绩表现优异。

B: 如果我是你的话，我会选择去读医学院。

201 | 表达意见和建议的句型

Sería buena idea...
……这会是个好主意

Sería buena idea + 动词原形，表示"……这会是个好主意"。

PASO 1　Top 必学句

01 | **Sería buena idea** arreglar la casa.　　修理房子是个好主意。
02 | **Sería buena idea** continuar los estudios.　　继续读书是个好主意。
03 | **Sería buena idea** posponer la fiesta.　　聚会延期是个好主意。
04 | **Sería buena idea** dejar de hacer ruido.　　停止制造噪声是个好主意。
05 | **Sería buena idea** prepararnos para la competencia.　　准备比赛是个好主意。
06 | **Sería buena idea** dar un regalo a Miguel.　　送礼物给米格尔是个好主意。
07 | **Sería buena idea** jubilarnos ahora.　　现在就退休是个好主意。
08 | **Sería buena idea** revisar el documento.　　审查文件是个好主意。

补充
- ★03: posponer　动 延期；改期
- ★07: jubilarse　动 退休；退职
- ★08: revisar　动 修改；校正

PASO 2　句子重组练习

01 | **Sería buena idea** un tomarnos café.　　我们喝一杯咖啡是个好主意。
02 | **Sería buena idea** lejos juntos. irnos　　我们远走高飞是个好主意。
03 | **Sería buena idea** un poco. descansar　　休息一会儿是个好主意。
04 | **Sería buena idea** nueva abrir una oficina.　　开一家新公司是个好主意。

解答
- ★01: Sería buena idea tomarnos un café.
- ★02: Sería buena idea irnos lejos juntos.
- ★03: Sería buena idea descansar un poco.
- ★04: Sería buena idea abrir una nueva oficina.

PASO 3　应用篇

A: Mamá ha preparado muchos platos exquisitos.
B: Sí, sería buena idea ayudarla a limpiar la cocina.

A: 妈妈准备了很多好吃的菜。
B: 是啊，我们来帮她打扫厨房是个好主意。

202 | 表达意见和建议的句型

Sería estupendo si...
如果……就太棒了

Sería（条件式简单时）+ 连词 si，用以表现条件或假设。

PASO1 Top 必学句

01	**Sería estupendo si** te dieran el ascenso.	如果别人让你升迁就太棒了。
02	**Sería estupendo si** pudiéramos ir a Francia.	如果我们能去法国那简直是太棒了。
03	**Sería estupendo si** Anita y Felipe se casaran.	如果阿妮塔和菲力普结婚就太棒了。
04	**Sería estupendo si** nos ganásemos el premio.	如果我们能获奖就太棒了。
05	**Sería estupendo si** te disculparas conmigo.	如果你向我致歉这就太好了。
06	**Sería estupendo si** encontráramos a nuestro perro perdido.	如果我们能找回遗失的狗就太好了。
07	**Sería estupendo si** participaras en la celebración.	如果你参加庆祝会就太棒了。
08	**Sería estupendo si** formaras parte del plan.	如果你能成为计划的一部分就太完美了。

补充
- ★01: ascenso 名 普级；升迁
- ★04: ganar el premio 短 获奖
- ★08: formar parte 短 成为……一部分

PASO2 句子重组练习

01	**Sería estupendo si** bocadillo. me un hicieras	如果你帮我做个夹肉面包就太棒了。
02	**Sería estupendo si** propuesta. aceptaras mi	如果你接受我的建议就太好了。
03	**Sería estupendo si** tanto. no demoraras te	如果你不耽误太多就太好了。

解答
- ★01: Sería estupendo si me hicieras un.
- ★02: Sería estupendo si aceptaras mi propuesta.
- ★03: Sería estupendo si no te demoraras tanto.

PASO3 应用篇

A: Todos hemos trabajado mucho este año.

B: Sí, sería estupendo si la empresa nos diera una gratificación como incentivo.

A: 今年我们都很努力。

B: 是啊，如果公司发给我们激励奖金就太完美了。

209

203 | 表达意见和建议的句型

Propongo que... 我建议……

Propongo que + 虚拟式现在时，表示"我建议……"。

PASO 1 Top 必学句

01 | **Propongo que** hagamos un brindis. 我建议我们干杯。
02 | **Propongo que** nos abriguemos para ir a esquiar. 我建议我们穿暖和点一起去滑雪。
03 | **Propongo que** empecemos la reunión. 我建议我们开始开会。
04 | **Propongo que** no hagamos planes. 我建议我们不做计划。
05 | **Propongo que** hagamos un pacto. 我建议我们达成协议。
06 | **Propongo que** vayamos al parque. 我建议我们去公园。
07 | **Propongo que** llevemos a los niños a Disneylandia. 我建议我们带孩子到迪士尼乐园。
08 | **Propongo que** busquemos un apartamento más grande. 我建议我们去找更大的公寓。
09 | **Propongo que** estemos libres el jueves. 我建议我们把周四空下来。
10 | **Propongo que** vuelvas mañana. 我建议你明天再来。

补充
★01: hacer un brindis 短 干杯
★05: hacer un pacto 短 达成协议
★06: parque 名 公园

PASO 2 句子重组练习

01 | **Propongo que** a conducir. aprendamos 我建议我们学开车。
02 | **Propongo que** zapatos. te los quites 我建议你脱鞋。
03 | **Propongo que** la compartamos casa. 我建议合租房子。
04 | **Propongo que** de todo. olvidemos nos 我建议我们忘记一切。

解答
★01: Propongo que aprendamos a conducir.
★02: Propongo que te quites los zapatos.
★03: Propongo que compartamos la casa.
★04: Propongo que nos olvidemos de todo.

PASO 3 应用篇

A: Este restaurante es carísimo.
B: Ya sé... **Propongo que** paguemos la cuenta a medias.

A: 这家餐厅真是昂贵。
B: 我知道……我提议我们各付一半的账单。

No te olvides de... 你不要忘了……

No te olvides + de（前置词，表示内容）+ 名词或动词，表示"你不要忘了……"。

PASO1　Top 必学句

01	**No te olvides del** cepillo de dientes	不要忘了你的牙刷。
02	**No te olvides de** nuestra cita.	别忘了我们的约会。
03	**No te olvides de** la receta de cocina.	你不要忘了食谱。
04	**No te olvides de** la letra de la canción.	你不要忘了这首歌的歌词。
05	**No te olvides de** llamar a Laura.	你不要忘了打电话给劳拉。
06	**No te olvides de** ser feliz.	你不要忘了要快乐。
07	**No te olvides de** tu familia.	你不要忘记你的家人。
08	**No te olvides de** tus amigos.	你不要忘记你的朋友。
09	**No te olvides de** usar la crema de sol.	你不要忘了涂防晒油。
10	**No te olvides de** traer galletas.	你不要忘记带饼干。

补充
- ★01：cepillo de dientes　短 牙刷
- ★03：la receta de cocina　短 食谱
- ★09：solar　形 太阳的
- ★10：galleta　名 饼干

PASO2　句子重组练习

01	**No te olvides de** billetes. contar los	你不要忘了数钱。
02	**No te olvides de** las dar gracias.	你不要忘了说谢谢。
03	**No te olvides de** números los de teléfono.	你不要忘了电话号码。
04	**No te olvides de** robos. los cuidarte de	你不要忘了防盗。
05	**No te olvides de** mochila. tu	你不要忘了你的背包。

解答
- ★01：No te olvides de contar los billetes.
- ★02：No te olvides de dar las gracias.
- ★03：No te olvides de los números de teléfono.
- ★04：No te olvides de cuidarte de los robos.
- ★05：No te olvides de tu mochila.

PASO3　应用篇

A: Quiero nadar un poco. Vamos a la piscina.

B: Ya. No te olvides de las toallas.

A: 我想去游泳，那我们就去游泳池。

B: 好啊，别忘了带毛巾。

205 | 表达意见和建议的句型

Permíteme que... 让（允许）我……

Permíteme que + 虚拟式现在时，表示"让（允许）我……"。

PASO 1 Top 必学句

01 | **Permíteme** que te ayude. 　　　　　　　让我来帮你。
02 | **Permíteme** que te acompañe. 　　　　　让我陪伴你。
03 | **Permíteme** que vaya contigo. 　　　　　让我和你一起去。
04 | **Permíteme** que ponga la mesa. 　　　　让我摆桌子。
05 | **Permíteme** que me presente. 　　　　　让我自我介绍一下。
06 | **Permíteme** que te tutee. 　　　　　　　让我以"你"称呼你。
07 | **Permíteme** que me saque el sombrero. 　请允许我脱掉我的帽子。
08 | **Permíteme** que me ponga el camisón de dormir. 　请允许我穿睡衣（女性）。
09 | **Permíteme** que use tu teléfono. 　　　　让我用你的电话。
10 | **Permíteme** que le escriba a Tomás. 　　让我写信给托马斯。

补充
★05: presentarse　动　自我介绍
★06: tutear　动　以"你"称呼
★08: camisón de dormir　短　（女用）睡衣

PASO 2 句子重组练习

01 | **Permíteme** que asado. yo haga el 　　　请允许我来烤肉。
02 | **Permíteme** que lo diga siento. que te 　让我来告诉你我的感受。
03 | **Permíteme** que una canción. te cante 　让我为你唱一首歌。
04 | **Permíteme** que bolso. lleve el te 　　　让我来帮你扛背包。
05 | **Permíteme** que comer. te invite a 　　让我请你吃饭。

解答
★01: Permíteme que yo haga el asado.
★02: Permíteme que te diga lo que siento.
★03: Permíteme que te cante una canción.
★04: Permíteme que te lleve el bolso.
★05: Permíteme que te invite a comer.

PASO 3 应用篇

A: Está haciendo mucho calor aquí.
B: Sí. Permíteme que prenda el aire acondicionado.
A: Por supuesto.

A: 这里非常热。
B: 是的，让我打开空调。
A: 当然。

206 | 表达意见和建议的句型

Quizás... 也许……

Quizás + 虚拟式现在时,表示"也许……"。

PASO1 Top 必学句

01	**Quizás** sea interesante viajar en barco.	也许乘船旅行很有趣。
02	**Quizás** tenga que trabajar hasta tarde.	也许我必须工作到很晚。
03	**Quizás** Daniel venga hoy.	也许丹尼尔今天到。
04	**Quizás** la profesora sepa la respuesta.	也许老师知道答案。
05	**Quizás** tu madre no te crea.	也许你母亲不相信你。
06	**Quizás** el color rosado te quede bien.	也许粉红色适合你。
07	**Quizás** yo no pueda ir al baile mañana.	也许我明天不能去参加舞会。
08	**Quizás** el examen sea fácil.	也许考试很容易。
09	**Quizás** haga frío esta noche.	也许今晚会变冷。
10	**Quizás** no pueda ir a casa de Sara.	也许我不能去莎拉的家。

补充
- ★01: barco   名 船
- ★04: respuesta   名 答案
- ★06: rosado   名 粉红色

PASO2 句子重组练习

01	**Quizás** vuelo mal salga el por tiempo. no el	也许飞机是因天气恶劣而停飞。
02	**Quizás** una llegue tormenta mañana.	也许明天会有暴风雨。
03	**Quizás** quede noche. me despierto esta	也许我今晚不睡觉。
04	**Quizás** caliente. debas un darte baño	也许你应该洗个热水澡。
05	**Quizás** con este resfríes te frío.	也许你是因天寒而着凉的。

解答
- ★01: Quizás no salga el vuelo por el mal tiempo.
- ★02: Quizás llegue una tormenta mañana.
- ★03: Quizás me quede despierto esta noche.
- ★04: Quizás debas darte un baño caliente.
- ★05: Quizás te resfríes con este frío.

PASO3 应用篇

A: Me duelen mucho los pies.

B: Quizás no debas ponerte Eapatos Con tacón alto.

A: 我的脚好痛。

B: 也许你不应该穿高跟鞋。

213

207 | 表达意见和建议的句型

Me sentiría mejor si...
如果……我就会好过些……

"sentiría（条件式简单时态）+ si（连词）"这样的句子，用以表现条件或假设。Me sentiría mejor si...，表示"如果……我就会好过些……"。

PASO 1　Top 必学句

01 | **Me sentiría mejor si** Ricardo estuviera aquí. ／ 如果里卡多在这里，我就会好过些。

02 | **Me sentiría mejor si** me dieras una explicación. ／ 如果你给我一个解释，我就会好过些。

03 | **Me sentiría mejor si** aceptaras mis disculpas. ／ 如果你接受我的道歉，我就会好过些。

04 | **Me sentiría mejor si** me dieras tu dirección. ／ 如果你给我你的地址，我会感觉比较好。

05 | **Me sentiría mejor si** fueses mi amigo. ／ 如果你是我的朋友，我会更高兴。

06 | **Me sentiría mejor si** reconocieras tu error. ／ 如果你承认你的错误，我就会好过些。

07 | **Me sentiría mejor si** conversáramos en privado. ／ 如果我们私下谈，我觉得会比较好。

08 | **Me sentiría mejor si** me miraras cuando hablas. ／ 当你说话时如果能看着我，我会舒服些。

补充
★02: dar una explicación　短 给一个解释
★06: reconocer　动 承认
★07: en privado　短 私下里

PASO 2　句子重组练习

01 | **Me sentiría mejor si**　Madrid.　en viviéramos ／ 如果我们住在马德里，我会感觉舒服些。

02 | **Me sentiría mejor si**　no　tacaño. fueses　tan ／ 如果你不是这么小气，我会感觉更好。

03 | **Me sentiría mejor si**　escucharas.　me ／ 如果你听我的，我会觉得比较好。

解答
★01: Me sentiría mejor si viviéramos en Madrid.
★02: Me sentiría mejor si no fueses tan tacaño.
★03: Me sentiría mejor si me escucharas.

PASO 3　应用篇

A: Andrés, aquí tienes un café con leche.

B: Gracias, pero me sentiría mejor si me dieras un vaso de agua.

A: 安德烈斯，这一杯拿铁是给你的。

B: 谢谢，如果你能顺便给我一杯水，我会更高兴。

Podríamos... 我们可以……

Podríamos + 动词原形，表示"我们可以……"。

PASO 1 Top 必学句

01	**Podríamos** cortar el pasto.	我们可以割草。
02	**Podríamos** encontrarnos en el centro.	我们可以在城镇中心见面。
03	**Podríamos** ahorrar la energía.	我们可以节省能源。
04	**Podríamos** evitar la contaminación.	我们可以避免污染。
05	**Podríamos** estar juntos ahora.	我们可以现在就在一起。
06	**Podríamos** aprender de Luisa.	我们可以跟路易莎学习。
07	**Podríamos** leer los poemas de Neruda.	我们可以阅读聂鲁达的诗。
08	**Podríamos** callarnos.	我们可以闭嘴了。
09	**Podríamos** juntarnos en mi casa.	我们可以在我家聚会。
10	**Podríamos** ir a veranear al Caribe.	我们可以在加勒比海度暑假。

补充
- ★04: contaminación 名 污染
- ★07: poema 名 诗
- ★10: ir a veranear 短 度暑假

PASO 2 句子重组练习

01	**Podríamos** geografía. estudiar	我们可以学习地理。
02	**Podríamos** cultura entender la china.	我们可以了解中国文化。
03	**Podríamos** al albergar hombre. pobre	我们可以收留这个可怜的人。
04	**Podríamos** viaje. planear un	我们可以计划一次旅行。
05	**Podríamos** especial hoy. algo comer	我们今天可以吃一些特别的东西。

解答
- ★01: Podríamos estudiar geografía.
- ★02: Podríamos entender la cultura china.
- ★03: Podríamos albergar al pobre hombre.
- ★04: Podríamos planear un viaje.
- ★05: Podríamos comer algo especial hoy.

PASO 3 应用篇

A: Hoy es nuestro aniversario de bodas.

B: ¡Sí! Podríamos cenar en tu restaurante favorito esta noche.

A: 今天是我们的结婚纪念日。

B: 是啊！我们可以在今晚去你最喜欢的餐厅用餐。

209 | 表达意见和建议的句型

Convendría que... ……或许会比较好

Convendría que + 虚拟式过去未完成时，表示"……或许会比较好"。

PASO 1　Top 必学句

01 | **Convendría que** te hicieras el examen de sangre.
你去做验血，应该会对你有所帮助。

02 | **Convendría que** no preguntaras más.
你最好不要再问。

03 | **Convendría que** tomaras el tren de las dos de la tarde.
你下午两点搭火车或许会比较好。

04 | **Convendría que** no gritaras tanto.
你最好不要喊叫得这么多。

05 | **Convendría que** te arreglaras mejor para la cita.
为了赴约你最好把自己打扮得更好。

06 | **Convendría que** imprimieras los documentos.
你将文件印出来会比较好。

07 | **Convendría que** te limpiaras los zapatos al entrar.
你最好先清洁鞋再进入。

08 | **Convendría que** aprendieras mejores modales.
学习更好规矩，也许对你会有所帮助。

补充
- ★01: examen de sangre　短 验血
- ★06: imprimir　动 印制；印刷
- ★08: modales　名 礼貌；规矩

PASO 2　句子重组练习

01 | **Convendría que** investigara policía el crimen. la
警方调查罪案，也许有所帮助。

02 | **Convendría que** seguro de vida. compráramos un
我们购买人寿保险，不失为上策。

03 | **Convendría que** más tomaras leche.
你多喝点牛奶，会比较好。

解答
- ★01: Convendría que la policía investigara el crimen.
- ★02: Convendría que compráramos un seguro de vida.
- ★03: Convendría que tomaras más leche.

PASO 3　应用篇

A: Mira Sofía, estás dejando tus huellas sucias por todas partes.
B: Perdón papá…
A: Sí, convendría que te limpiaras los zapatos al entrar.

A: 你看……索菲亚，瞧瞧到处都是你留下的脏脚印。
B: 对不起，爸爸……
A: 是的，你最好先清洁鞋子再进入，这样会比较好。

Sólo quería... 我只是想……

210 | 表达意见和建议的句型

quería（过去未完成式），描述发生在过去一段时间的（或不久前的近期）事件，其精神、身体或情绪等可以是连续的、重复的，并没有完成。Sólo quería + 动词原形，表示"我只是想……"。

PASO1　Top 必学句

01	**Sólo quería** volver a verte.	我只是想看看你。
02	**Sólo quería** pedirte permiso.	我只是想求你同意。
03	**Sólo quería** ayudarte a llevar la bolsa.	我只是想帮你携带背包。
04	**Sólo quería** pedirle un favor a mi hermano.	我只是想请我的兄（弟）帮个忙。
05	**Sólo quería** saludarte.	我只是想跟你打个招呼。
06	**Sólo quería** salir de mi casa.	我只是想离开我的房子。
07	**Sólo quería** ganar tu confianza.	我只是想赢得你的信赖。
08	**Sólo quería** probar la gelatina.	我只是想品尝果冻。
09	**Sólo quería** darte las gracias.	我只是想谢谢你。
10	**Sólo quería** comentarte algo.	我只是想告诉你一些事情。

补充
- ★05: saludar 动 招呼；问候
- ★07: confianza 名 信赖
- ★09: dar las gracias 短 道（答）谢

PASO2　句子重组练习

01	**Sólo quería**　contigo.　salir	我只是想和你一起出去。
02	**Sólo quería**　un　café.　tomarme	我只是想喝杯咖啡。
03	**Sólo quería**　de　viaje.　irme	我只是想去旅行。

解答
- ★01: Sólo quería salir contigo.
- ★02: Sólo quería tomarme un café.
- ★03: Sólo quería irme de viaje.

PASO3　应用篇

A: Ana, no te gustaría ir a las fuentes termales conmigo?
B: No, no puedo salir hoy.
A: Bueno, sólo quería relajarme un poco.

A: 安娜，你不喜欢和我去泡温泉吗？
B: 不，我今天走不开。
A: 好吧，我只是想放松一下。

211 | 表达意见和建议的句型

Por favor... 请；劳驾；拜托……

Por favor + 动词命令式，表示"请；劳驾；拜托……"。

PASO 1 Top 必学句

01 | **Por favor** evita hablar mal de otros. 请避免说别人坏话。
02 | **Por favor** hazles caso a tus padres. 请听你父母的话。
03 | **Por favor** cuídate de los ladrones. 请提防小偷。
04 | **Por favor** vuelve pronto. 请尽快回来。
05 | **Por favor** véndeme tus muebles. 请卖给我你的家具。
06 | **Por favor** levántate ahora. 请你现在站起来。
07 | **Por favor** escucha mi consejo. 请听我的忠告。
08 | **Por favor** dime qué te pasa. 请告诉我你发生了什么事。
09 | **Por favor** deja la puerta cerrada. 拜托，请关上门。
10 | **Por favor** conduce más despacio. 请开慢点。

补充
- ★03: ladrón 名 小偷；贼
- ★05: mueble 名 家具
- ★10: despacio 副 缓慢地

PASO 2 句子重组练习

01 | **Por favor** conmigo. quédate 请你留在我身边。
02 | **Por favor** tu apaga celular. 请关闭你的手机。
03 | **Por favor** con atención. escucha 请专心听。
04 | **Por favor** asiento. toma 请坐。
05 | **Por favor** mis disculpas. acepta 请接受我的道歉。

解答
- ★01: Por favor quédate conmigo.
- ★02: Por favor apaga tu celular.
- ★03: Por favor escucha con atención.
- ★04: Por favor toma asiento.
- ★05: Por favor acepta mis disculpas.

PASO 3 应用篇

A: No entiendo lo qué te pasa, cariño.
B: **Por favor** trata de comprenderme un poco más.
A: 亲爱的，我不明白你是怎么回事。
B: 拜托，请试着多了解我一点。

Va a ser mejor que… 最好……

Va a ser mejor + que（连词）+ 虚拟式现在时，表示"最好……"。

PASO 1　Top 必学句

01	**Va a ser mejor que** te olvides de mí.	最好你把我给忘了。
02	**Va a ser mejor que** dejes de comer.	你最好停止进食。
03	**Va a ser mejor que** encierres el perro.	你最好把狗关起来。
04	**Va a ser mejor que** vayas a Hong Kong.	你不如去香港。
05	**Va a ser mejor que** te levantes de una vez.	你最好是一次就从床上爬起来。
06	**Va a ser mejor que** compres peras en el mercado.	你不如到市场去买梨。
07	**Va a ser mejor que** no nos veamos más.	最好我们不再看到彼此。
08	**Va a ser mejor que** me calme.	最好是我平静下来。
09	**Va a ser mejor que** te tomes un recreo.	最好是你休息一阵子。
10	**Va a ser mejor que** te pongas tus zapatos negros.	你最好穿你的黑皮鞋。

补充
- ★03: encerrar　动 关闭
- ★04: Hong Kong　名 香港
- ★06: pera　名 梨子

PASO 2　句子重组练习

01	**Va a ser mejor que** la entrenes competencia. te para	你最好为了比赛而训练。
02	**Va a ser mejor que** temprano. volvamos	我们最好提前回来。
03	**Va a ser mejor que** los dientes. cepilles te	如果你能刷牙就更好了。
04	**Va a ser mejor que** toda la comas te ensalada.	如果你吃完所有的沙拉就更好了。
05	**Va a ser mejor que** hagas lo tú.	最好你自己做。

解答
- ★01: Va a ser mejor que te entrenes para la competencia.
- ★02: Va a ser mejor que volvamos temprano.
- ★03: Va a ser mejor que te cepilles los dientes.
- ★04: Va a ser mejor que te comas toda la ensalada.
- ★05: Va a ser mejor que lo hagas tú.

PASO 3　应用篇

A：Mi jefe es muy exigente y mi salario es muy bajo.
B：Va a ser mejor que te cambies de trabajo.
A：我的老板很苛刻而且我的工资又非常低。
B：你最好能换个工作。

213 | 表达意见和建议的句型

Estoy convencido de que...
我确信……

Estoy convencido de que + 变位动词，表示"我确信……"。

PASO 1　Top 必学句

01 | **Estoy convencido de que** voy a ganar el primer lugar. 　我相信我会赢得第一名。
02 | **Estoy convencido de que** vas a perder. 　我相信你将会输。
03 | **Estoy convencido de que** vas a seguir en esta empresa. 　我相信你会继续留在这家公司。
04 | **Estoy convencido de que** ganarás el concurso. 　我相信你会赢得比赛。
05 | **Estoy convencido de que** aceptarás mi. 　我相信你会接受我的建议。
06 | **Estoy convencido de que** irás a mi matrimonio. 　我相信你会参加我的婚礼。
07 | **Estoy convencido de que** la situación de Bolivia va a mejorar. 　我相信玻利维亚的情况会好转。
08 | **Estoy convencido de que** debemos unirnos. 　我深信我们应当团结起来。

补充
★01: el primer lugar　短　第一名
★04: concurso　名　比赛；竞赛
★08: unirse　动　团结

PASO 2　句子重组练习

01 | **Estoy convencido de que** tu encontrar a vas hijo. a 　我相信你会找到你的儿子。
02 | **Estoy convencido de que** casará se Alicia Pedro. con 　我相信艾丽西亚将会嫁给佩德罗。
03 | **Estoy convencido de que** problema. el solucionaremos 　我相信我们会解决这个问题。
04 | **Estoy convencido de que** café va subir. el del precio a 　我深信咖啡价格会上涨。

解答
★01: Estoy convencido de que vas a encontrar a tu hijo.
★02: Estoy convencido de que Alicia se casará con Pedro.
★03: Estoy convencido de que solucionaremos el problema.
★04: Estoy convencido de que el precio del café va a subir.

PASO 3　应用篇

A: Mi hijo vive en Europa y la situación allí está muy mala.
B: Estoy convencido de que la economía de Europa va a mejorar.
A: 我的儿子住在欧洲，那里的情况很糟糕。
B: 我相信欧洲经济将有所改善。

Deberías apreciar... 你应该感激……

Deberías apreciar + 动词原形，表示"你应该感激……"。

PASO1 Top 必学句

01	**Deberías apreciar** mi esfuerzo.	你应该感谢我的努力。
02	**Deberías apreciar** nuestra amistad.	你应该珍视我们的友谊。
03	**Deberías apreciar** a tu familia.	你应该珍惜你的家人。
04	**Deberías apreciar** la oportunidad.	你应该珍惜机会。
05	**Deberías apreciar** la generosidad de Antonio.	你应该感激安东尼奥的慷慨。
06	**Deberías apreciar** todo lo que hago por ti.	你应感谢我为你做的一切。
07	**Deberías apreciar** este momento.	你应该感谢这一刻。
08	**Deberías apreciar** tu trabajo.	你应该珍惜你的工作。

补充
- ★02: amistad 名 友谊
- ★05: generosidad 名 慷慨
- ★07: momento 名 片刻；瞬间

PASO2 句子重组练习

01	**Deberías apreciar** tu de bondad esposa. la	你应该疼惜你善良的妻子。
02	**Deberías apreciar** tu mamá. enseñanza de la	你应该感谢母亲的教导。
03	**Deberías apreciar** tu de amabilidad la vecino.	你应该感谢邻居的好意。
04	**Deberías apreciar** buenas la vida. cosas las de	你应该感激生活中的美好事物。
05	**Deberías apreciar** buenos a amigos. tus	你应该珍惜你的好朋友们。

解答
- ★01: Deberías apreciar a bondad de tu esposa.
- ★02: Deberías apreciar la enseñanza de tu mamá.
- ★03: Deberías apreciar la amabilidad de tu vecino.
- ★04: Deberías apreciar las cosas buenas de la vida.
- ★05: Deberías apreciar a tus buenos amigos.

PASO3 应用篇

A：Miguel me invitó a cenar hoy pero no quiero ir.

B：Deberías apreciar su invitación.

A：米格尔邀请我今天共进晚餐，但我不想去。

B：你应该感谢他的邀请。

215 | 表达意见和建议的句型

Prefiero... 我宁愿……

Prefiero + 动词原形，表示"我宁愿……"。

PASO 1　Top 必学句

01 | **Prefiero** comer en casa.　　　　　我比较喜欢在家吃饭。
02 | **Prefiero** estar solo.　　　　　　　我比较喜欢独处。
03 | **Prefiero** quedarme en cama.　　　我比较喜欢躺在床上。
04 | **Prefiero** aprovechar mi tiempo libre.　我宁可充分利用我的空闲时间。
05 | **Prefiero** estudiar biología.　　　　我比较喜欢学习生物学。
06 | **Prefiero** tomar té y no café.　　　我宁愿喝茶而非咖啡。
07 | **Prefiero** pagar al contado.　　　　我比较喜欢付现金。
08 | **Prefiero** solicitar un crédito al banco.　我宁可向银行申请贷款。
09 | **Prefiero** guardar silencio.　　　　我宁愿保持沉默。
10 | **Prefiero** saber la verdad.　　　　我宁可知道真相。

补充
★05： biología　名 生物学
★07： pagar al contado　短 付现金
★09： guardar silencio　短 保持沉默

PASO 2　句子重组练习

01 | **Prefiero** este leer libro.　　　　　我比较喜欢读这本书。
02 | **Prefiero** en Asia. vivir　　　　　我比较喜欢生活在亚洲。
03 | **Prefiero** a olvidar Tomás.　　　　我宁愿忘记托马斯。
04 | **Prefiero** de otro hablar tema.　　我宁可谈别的话题。
05 | **Prefiero** uva. comer　　　　　　我更喜欢吃葡萄。

解答
★01： Prefiero leer este libro.
★02： Prefiero vivir en Asia.
★03： Prefiero olvidar a Tomás.
★04： Prefiero hablar de otro tema.
★05： Prefiero comer uva.

PASO 3　应用篇

A：¿Por qué no te casaste con Felipe?
B：La verdad es que prefiero estar soltera.

A：你为什么不嫁给菲利普？
B：坦白讲，我宁愿单身。

216 | 表达意见和建议的句型

Deseo que... 我希望……

Deseo que + 虚拟式现在时，表示"我希望……"。

PASO1　Top 必学句

01 | **Deseo que** te mejores pronto.　　　我希望你很快好起来。
02 | **Deseo que** te sientas bien.　　　我希望你觉得很好。
03 | **Deseo que** te vaya bien en Tailandia.　　　我祝愿你在泰国万事顺利。
04 | **Deseo que** pasemos juntos el año nuevo.　　　我希望我们一起度过新年。
05 | **Deseo que** tengas un lindo día.　　　祝你有一个愉快的一天。
06 | **Deseo que** seas mi amiga.　　　我希望你成为我的朋友。
07 | **Deseo que** sigas así, siendo simpático.　　　我希望他继续这样亲切和善。
08 | **Deseo que** me regalen un gato.　　　我渴望他们送我一只猫。
09 | **Deseo que** se cumpla mi deseo.　　　我希望我的愿望成真。
10 | **Deseo que** el próximo año sea mejor.　　　我希望明年会更好。

补充
★03: Tailandia　名 泰国
★04: año nuevo　短 新年
★09: cumplir　动 实现

PASO2　句子重组练习

01 | **Deseo que** suerte. tengas　　　祝你好运。
02 | **Deseo que** tu feliz pases cumpleaños.　　　祝你生日快乐。
03 | **Deseo que** llames. me　　　我希望你打电话给我。
04 | **Deseo que** las gracias. des me　　　我希望你感谢我。
05 | **Deseo que** naranjas. traigas me　　　我希望你带给我橘子。

解答
★01: Deseo que tengas suerte.
★02: Deseo que pases feliz tu cumpleaños.
★03: Deseo que me llames.
★04: Deseo que me des las gracias.
★05: Deseo que me traigas naranjas.

PASO3　应用篇

A：Hija, deseo que te vaya muy bien en tu examen final.
B：¡Gracias papá!
A：女儿，我希望你的期末考试考得很好。
B：谢谢爸爸！

217 | 表达意见和建议的句型

Dime si... 告诉我，是否……

Dime + si（连词）+ 动词现在时，表示"告诉我，是否……"。

PASO 1　Top 必学句

01	**Dime si** eres feliz.	告诉我，你是否幸福。
02	**Dime si** tienes hambre.	告诉我，你是否饿了。
03	**Dime si** vas a volver.	告诉我，你是否要回来。
04	**Dime si** te gusta el pan.	告诉我，你是否喜欢面包。
05	**Dime si** quieres compartir la casa.	告诉我，你是否想共用房子。
06	**Dime si** este juego es interesante.	告诉我，这个游戏是否很有趣。
07	**Dime si** hace frío o calor.	告诉我，天气是冷或热。
08	**Dime si** la leche está fresca.	告诉我，牛奶是否是新鲜的。
09	**Dime si** el café está caliente.	告诉我，咖啡是否是热的。
10	**Dime si** sabes llegar a casa de Daniel.	告诉我，你是否知道怎么去丹尼尔的家。

补充
- ★02: tener hambre 短 饥饿
- ★04: pan 名 面包
- ★06: ser interesante 短 有趣
- ★09: caliente 形 热

PASO 2　句子重组练习

01	**Dime si** a Brasil en verano. vas	告诉我，你夏天是否去巴西。
02	**Dime si** tocar sabes la flauta.	告诉我，你是否知道怎么吹奏长笛。
03	**Dime si** a Carlos. conoces	告诉我，你是否认识卡洛斯。
04	**Dime si** empleo. el conseguiste	告诉我，你是否得到了这份工作。

解答
- ★01: Dime si vas a Brasil en verano.
- ★02: Dime si sabes tocar la flauta.
- ★03: Dime si conoces a Carlos.
- ★04: Dime si conseguiste el empleo.

PASO 3　应用篇

A: Emilio, tenemos que levantarnos muy temprano mañana.
B: **Dime si** pongo el despertador.
A: Sí, yo creo que es mejor.

A: 埃米利奥，明天我们必须很早起床。
B: 告诉我，我是否需要上闹钟。
A: 要的，我认为这么做最好。

Me encantaría... 我非常想……

Me encantaría + 动词原形，表示"我非常想……"。

PASO1　Top 必学句

01	**Me encantaría** saber tu nombre.	我很想知道你的名字。
02	**Me encantaría** invitarte a mi ceremonía de graduación.	我非常想邀请你参加我的毕业典礼。
03	**Me encantaría** tener a una amiga como Alicia.	我很想拥有像艾莉西亚这样的朋友。
04	**Me encantaría** caminar en el bosque.	我酷爱在树林里散步。
05	**Me encantaría** ser escritor.	我渴望成为一位作家。
06	**Me encantaría** poder volar.	我渴望能展翅飞翔。
07	**Me encantaría** ir a Sudamérica.	我很想去南美洲。
08	**Me encantaría** visitar el museo de Picasso.	我很想参观毕加索博物馆。

补充
- ★04: bosque　图　树林；森林
- ★06: volar　动　飞翔；飞
- ★07: Sudamérica　图　南美洲

PASO2　句子重组练习

01	**Me encantaría**　el　ganar　trofeo.	我非常想赢得奖杯。
02	**Me encantaría**　desamparados.　a　ayudar　los	我很想帮助无家可归的人。
03	**Me encantaría**　cultura　entender　la indígena.	我非常想了解印加文化。
04	**Me encantaría**　coro.　el　cantar　en	我很想在合唱团里唱歌。

解答
- ★01: Me encantaría ganar el trofeo.
- ★02: Me encantaría ayudar a los desamparados.
- ★03: Me encantaría entender la cultura indígena.
- ★04: Me encantaría cantar en el coro.

PASO3　应用篇

A：Quiero preparar lechón al horno.

B：Me encantaría aprender a cocinarlo.

A：Yo te puedo enseñar.

A：我要准备烤乳猪。

B：我非常想学做饭。

A：我可以教你。

219 | 表达意见和建议的句型

Hazme saber si...
让我知道……是否……

Hazme saber si + 动词，表示"让我知道……是否……"。

PASO 1　Top 必学句

01	**Hazme saber si** vas a venir.	通知我一声你是否会来。
02	**Hazme saber si** te gustó el obsequio.	告诉我一声你是否喜欢这礼物。
03	**Hazme saber si** te puedo ayudar en algo.	告诉我一声我是否能帮你什么。
04	**Hazme saber si** me puedes enseñar a pintar.	请告诉我你是否可以教我画画。
05	**Hazme saber si** vamos al concierto.	请告诉我，我们是否要去听音乐会。
06	**Hazme saber si** te vas a operar.	告诉我，你是否会做手术。
07	**Hazme saber si** vas a estar libre el miércoles.	如果你周三有空，通知我一声。
08	**Hazme saber si** escuchaste bien el anuncio.	告诉我，你有没有听清楚通告？

补充
- ★ 02: obsequio　图 赠品；礼物
- ★ 07: miércoles　图 周三
- ★ 08: anuncio　图 通告

PASO 2　句子重组练习

01	**Hazme saber si** la vives calle. misma en	如果你住在同一条街上，告诉我一声。
02	**Hazme saber si** celebrar a bodas de plata. tus vas	如果你庆祝你的银婚纪念日，通知我一声。
03	**Hazme saber si** tuvo Elisa mellizos.	如果艾莉莎生的是双胞胎，告诉我一声。
04	**Hazme saber si** venir a mediodía. vas al	通知我一声如果你中午来。

解答
- ★ 01: Hazme saber si vives en la misma calle.
- ★ 02: Hazme saber si vas a celebrar tus bodas de plata.
- ★ 03: Hazme saber si Elisa tuvo mellizos.
- ★ 04: Hazme saber si vas a venir al mediodía.

PASO 3　应用篇

A: Hubo un tremendo accidente en la esquina.
B: ¡Qué horror! Por favor hazme saber si hay muchos heridos.
A: 街角发生了一个可怕的事故。
B: 好恐怖！如果有很多人受伤，请告诉我一声。

Asegúrate de (que)... 你务必要……

Asegúrate de (que) + 动词原形，表示"你务必要……"。

PASO1　Top 必学句

01 | **Asegúrate de** pedir el aumento de sueldo.　　你务必要求加薪。

02 | **Asegúrate de** que no te molesten.　　你要确保他们不会打扰你。

03 | **Asegúrate de** cerrar la puerta.　　你务必要关门。

04 | **Asegúrate de** que el jardinero limpie el jardín.　　你务必要园丁清理花园。

05 | **Asegúrate de** que los niños estén en la clase.　　你要确定孩子们都在教室里。

06 | **Asegúrate de** dar el biberón al bebé.　　你务必要给宝宝奶瓶。

07 | **Asegúrate de** apagar la luz.　　你务必要关灯。

08 | **Asegúrate de** que no exísten ratones en la casa.　　你要确定没有老鼠在屋里。

09 | **Asegúrate de** darle agua y comida al perro.　　你务必要给狗食物和水。

10 | **Asegúrate de** hacer bien tu cama.　　你务必要铺好你的床。

补充
- ★01：aumento de sueldo　短 加薪
- ★04：jardinero　名 园丁
- ★06：biberón　名 奶瓶

PASO2　句子重组练习

01 | **Asegúrate de** zapatos. los limpiar　　你要保证清洁鞋子。

02 | **Asegúrate de** vacunar la a niña.　　你务必要替女孩接种疫苗。

03 | **Asegúrate de** la arreglar lavadora.　　你要确保修好洗衣机。

04 | **Asegúrate de que** Juan al vaya colegio.　　你要确保胡安去上学。

解答
- ★01：Asegúrate de limpiar los zapatos.
- ★02：Asegúrate de vacunar a la niña.
- ★03：Asegúrate de arreglar la lavadora.
- ★04：Asegúrate de que Juan vaya al colegio.

PASO3　应用篇

A：Lucas, ya vamos a cenar.

B：Sí, mamá… tengo mucha hambre.

A：Asegúrate de lavarte las manos.

A：卢卡斯，我们要吃晚餐了。

B：好的，妈妈……我快饿死了。

A：你务必要洗手。

MEMO

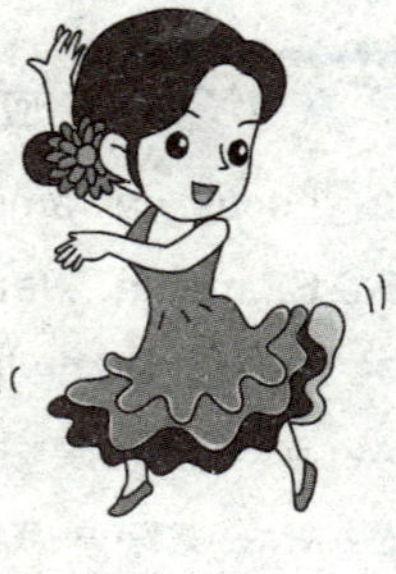

西班牙语入门口语
句型大全

条件句（可能性）的句型

PARTE 6

221 | 条件句（可能性）的句型

Si quieres... 如果你愿意，……

Si quieres + 现在时 / 条件式 / 命令式，表示"如果你愿意，……"。

PASO 1　Top 必学句

01	**Si quieres** podemos ir al cine.	如果你愿意，我们可以去看电影。
02	**Si quieres** puedes ser mi amigo.	如果你愿意，你可以是我的朋友。
03	**Si quieres** demos la vuelta al mundo.	如果你愿意，我们就去环绕世界一周。
04	**Si quieres** te enseño alemán.	如果你愿意，我就教你德语。
05	**Si quieres** puedes estudiar arquitectura.	如果你想要，你可以学建筑。
06	**Si quieres** te vas ahora.	如果你想要，你现在就可以离开。
07	**Si quieres** (yo) cambio el itinerario del viaje.	如果你想要，我可以改变行程。
08	**Si quieres** puedes venir a mi casa.	如果你愿意，你可以来我家。
09	**Si quieres** yo conduzco.	如果你愿意，就由我来开车。
10	**Si quieres** nos quedamos contigo esta noche.	如果你想要，我们今晚就和你在一起。

补充
- ★03: vuelta al mundo　短 环绕世界一圈
- ★05: arquitectura　名 建筑
- ★07: itinerario　名 行程

PASO 2　句子重组练习

01	**Si quieres** a México. nos vamos	如果你愿意，我们就去墨西哥。
02	**Si quieres** tomar puedes Coca-Cola. una te	如果你想要，你可以喝可口可乐。
03	**Si quieres** puedo un ofrecer te trabajo.	如果你想要，我可以提供给你一份工作。
04	**Si quieres** la trompeta. toco	如果你愿意，我就吹小号。
05	**Si quieres** al mismo tiempo. gimnasia hacemos	如果你愿意，我们可以在同一时间做健身。

解答
- ★01: Si quieres nos vamos a México.
- ★02: Si quieres te puedes tomar una Coca-Cola.
- ★03: Si quieres te puedo ofrecer un trabajo.
- ★04: Si quieres toco la trompeta.
- ★05: Si quieres hacemos gimnasia al mismo tiempo.

PASO 3　应用篇

A: No voy a poder terminar el trabajo hoy.

B: **Si quieres** te doy más tiempo.

A: 我将无法在今天做完工作。

B: 如果你愿意，我就给你更充裕的时间。

222 | 条件句（可能性）的句型

Si (yo) estuviera en tu lugar…
假如我处在你的情况下……

条件式是用来表达事情有可能成真或在某种条件下会实现，但须先符合设置的条件。estuviera 虚拟式过去未完成 + 简单条件式，表示"事情与状况"无论在现在或未来，其被实现或改变几乎不可能或可能性极小。

PASO 1　Top 必学句

01 | **Si estuviera en tu lugar**, trabajaría más. 　假如我处在你的情形下，我会更加努力工作。

02 | **Si estuviera en tu lugar**, dormiría ocho horas. 　如果我处在你的位置，我会睡足八小时。

03 | **Si estuviera en tu lugar**, comería más sano. 　假如我处在你的情形下，我会吃得更健康。

04 | **Si estuviera en tu lugar**, ayudaría a Pedro. 　如果我是你，我会帮助佩德罗。

05 | **Si estuviera en tu lugar**, me olvidaría de Ana. 　如果我是你，我就会彻底忘掉安娜。

06 | **Si estuviera en tu lugar**, pensaría lo mismo. 　如果我处在你的位置，我的想法是一样的。

07 | **Si estuviera en tu lugar**, rechazaría el trabajo. 　如果我是你，我会拒绝这工作。

08 | **Si estuviera en tu lugar**, no saldría de noche. 　假如我是你，我就不会晚上出去。

补充
★ 05: olvidar 动 忘记
★ 07: rechazar 动 拒绝
★ 08: salir 动 出去；离开

PASO 2　句子重组练习

01 | **Si estuviera en tu lugar,** ahora mismo. iría me　如果我是你，我马上就会走。

02 | **Si estuviera en tu lugar,** menos. lloraría　如果我是你，我会少哭一会儿。

03 | **Si estuviera en tu lugar,** tanto. no hablaría　如果我是你，我就不会那么多话。

解答
★ 01: Si estuviera en tu lugar, me iría ahora mismo.
★ 02: Si estuviera en tu lugar, lloraría menos.
★ 03: Si estuviera en tu lugar, no hablaría tanto.

PASO 3　应用篇

A：Marta pasa todo el día insultándome.
B：Si estuviera en tu lugar, no la vería más.
A：玛塔整天都在辱骂我。
B：如果我是你，我就不会再见她了。

223 | 条件句（可能性）的句型

Si (yo) pudiera... 假如我可以……

pudiera 虚拟式过去未完成时 + 简单条件式时态，表示"事情与状况"无论在现在或未来，其被实现或改变几乎不可能或可能性极小。Si pudiera…，表示"假如我可以……"。

PASO1 Top 必学句

01 | **Si pudiera**, alquilaría otra casa. —— 假如我可以，我会租其他的房子。
02 | **Si pudiera**, me iría de viaje. —— 如果我可以，我就会去旅行。
03 | **Si pudiera**, me compraría otro par de zapatos. —— 如果我可以，我会再买另一双鞋。
04 | **Si pudiera**, te invitaría a cenar. —— 如果我可以，我会邀请你去吃晚餐。
05 | **Si pudiera**, aprendería repostería. —— 如果我可以，我就会去学做糕点。
06 | **Si pudiera**, le haría el favor a Alicia. —— 如果我可以，我会帮艾丽丝。
07 | **Si pudiera**, te llevaría jugo de mango. —— 如果我可以，我会带给你芒果汁。
08 | **Si pudiera**, te daría la respuesta. —— 如果我可以，我会给你答案。
09 | **Si pudiera**, resolvería este problema. —— 如果我能，我会解决这个问题。
10 | **Si pudiera**, leería todo el día. —— 如果我可以，我整天都会看书。

补充
★03： un par de zapatos 短 一双鞋
★05： repostería 名 糕点
★09： resolver 动 解决

PASO2 句子重组练习

01 | **Si pudiera,** más caminaría deprisa. —— 如果我可以，我会走快点。
02 | **Si pudiera,** las mañanas. correría todas —— 如果我可以，我会每天早上跑步。
03 | **Si pudiera,** deuda. te la pagaría —— 如果我可以，我会向你偿还债务。
04 | **Si pudiera,** a llevaría la te ópera. —— 如果我可以，我会带你去歌剧院。

解答
★01： Si pudiera, caminaría más deprisa.
★02： Si pudiera, correría todas las mañanas.
★03： Si pudiera, te pagaría la deuda.
★04： Si pudiera, te llevaría a la ópera.

PASO3 应用篇

A: Josefina, tu nombre es muy largo…
B: Si pudiera, me lo cambiaría.
A: 约瑟菲娜，你的名字好长喔……
B: 如果我能，我就会改名字。

224 | 条件句（可能性）的句型

Si no... 如果不……

Si no（连词/副词）+ 现在时/虚拟式，表示"如果不……"。

PASO 1 Top 必学句

01	**Si no** trabajas, no tendrás dinero.	如果你不工作，你就会没有钱。
02	**Si no** comes menos, no vas a adelgazar.	如果你不吃少点，你就不会瘦。
03	**Si no** te tomas el remedio, no te mejorarás.	如果你不吃药，你就不会好转。
04	**Si no** practicas para la carrera, vas a perder.	如果你不练习赛跑，你就会输掉比赛。
05	**Si no** tengo clase, iré a tu casa.	如果我没有课，我就去你家。
06	**Si no** te levantas, perderás el autobús.	如果你不起床，你会错过公共汽车。
07	**Si no** me dices la verdad, no te podré ayudar.	如果你不跟我说实话，我就帮不了你。
08	**Si no** tienes talento, no te contratarán.	如果你没有才能，他们不会雇佣你。
09	**Si no** juntas dinero, no te podrás comprar la casa.	如果不存钱，你就没办法买房子。
10	**Si no** me esperas, no iré contigo.	如果你不等我，我将不跟你一起去。

补充
- ★01: tener 动 有；拥有；享有
- ★08: talento 名 才能；才干
- ★09: juntar dinero 短 存钱

PASO 2 句子重组练习

01	**Si no** tu habitación, ordenas saldrás. no	如果你不整理你的房间，你就不准出去。
02	**Si no** crema, pones te arrugas. muchas tendrás	如果你不擦脸霜，你会有很多皱纹。
03	**Si no** duermes, te despertarás no temprano.	如果你不睡觉，你就不能早起。
04	**Si no** vuelves, qué no sé haré.	如果你不回来，我也不知道该怎么办。

解答
- ★01: Si no ordenas tu habitación, no saldrás.
- ★02: Si no te pones crema, tendrás muchas arrugas.
- ★03: Si no te duermes, no despertarás temprano.
- ★04: Si no vuelves, no sé qué haré.

PASO 3 应用篇

A：Papá me pidió que estudiara, pero estoy cansado.

B：Si no haces caso, no podrás salir este fin de semana.

A：爸爸要求我读书，但我累了。

B：如果你不听话，那你这个周末就不能出去。

225 | 条件句（可能性）的句型

Si (yo) tuviera... 如果我有……

tuviera 虚拟式过去未完成时 + 简单条件式，表示"事情与状况"无论在现在或未来，其被实现或改变几乎不可能或可能性极小。Si（yo）tuviera + 简单条件式，表示"如果我有……"。

PASO 1　Top 必学句

01	**Si tuviera** dinero, compraría una mansión.	如果我有钱，我就买豪宅。
02	**Si tuviera** tiempo, te ayudaría.	如果我有时间，我就帮你。
03	**Si tuviera** alguna duda, te avisaría.	如果我有疑问，我就通知你。
04	**Si tuviera** una casa grande, te invitaría.	如果我有一栋大房子，我就邀请你。
05	**Si tuviera** a un bebé, lo cuidaría mucho.	如果我有一个婴儿，我会很照顾他。
06	**Si tuviera** dos autos, te prestaría uno.	如果我有两辆车，我就借你一辆。
07	**Si tuviera** la oportunidad, aprendería italiano.	如果我有机会，我就会学意大利语。
08	**Si tuviera** una máquina de coser, te haría el traje.	如果我有一台缝纫机，我就会替你做西服。

补充
★01: mansión　名　府邸；豪宅
★05: cuidar　动　照顾
★08: máquina de coser　短　缝纫机

PASO 2　句子重组练习

01	**Si tuviera** comería un pastel. hambre, me	如果我饿了，我就吃蛋糕。
02	**Si tuviera** vaso de agua. un tomaría sed, me	如果我渴了，我会喝一杯水。
03	**Si tuviera** haría harina, pan.	如果我有面粉，我就做面包。
04	**Si tuviera** un analgésico. dolor de cabeza, tomaría me	如果我头痛，我就吃一片止痛药。

解答
★01: Si tuviera hambre, me comería un pastel.
★02: Si tuviera sed, me tomaría un vaso de agua.
★03: Si tuviera harina, haría pan.
★04: Si tuviera dolor de cabeza, me tomaría un analgésico.

PASO 3　应用篇

A：¿Por qué no seguimos hacia el norte?
B：**Si tuviera** más gasolina, llegaríamos a Moscú.

A：我们为什么不继续往北走呢？
B：如果我有足够的汽油，我们就开到莫斯科。

226 | 条件句（可能性）的句型

Si llegaras a... 如果你碰巧……

Si llegaras a + 现在时/命令式/条件式/虚拟式，表示"如果你碰巧……"

PASO1　Top 必学句

01	Si llegaras a ir, avísame.	如果你碰巧要走，通知我一声。
02	Si llegaras a comprar la casa, házmelo saber.	万一你要买房子，请告诉我。
03	Si llegaras a saber lo que te voy a regalar, estarías feliz.	如果你知道我要送你什么礼物，你会很高兴。
04	Si llegaras a ver a Elisa, dile que la espero a las seis.	如果你碰巧看到艾莉莎，请转告，我六点在等她。
05	Si llegaras a comer camarones, te va a dar alergia.	如果碰巧你吃了虾，你会过敏。
06	Si llegaras a necesitar ayuda, dímelo.	万一你需要帮助，通知我一声。
07	Si llegaras a encontrar tu cartera robada, avisa a la policía.	万一你找到被偷的钱包，通知警方一声。
08	Si llegaras a decidir ir a la reunión, llámame.	万一你决定要去会议，打电话给我。
09	Si llegaras a perdonar a José, escríbele una carta.	万一你要原谅何塞，就写信给他。
10	Si llegaras a viajar, no tomes esta aerolínea.	万一你要去旅行，你不要搭这家航空公司。

补充
- ★01: avisar　动　通知
- ★05: dar alergia　短　过敏
- ★07: cartera　名　钱包

PASO2　句子重组练习

01	Si llegaras a　Melissa, casarte con invítame.	万一你跟梅丽莎结婚，邀请我。
02	Si llegaras a　Josefa, visitar a saludos. dále	如果碰巧你去探望约瑟法，请代我问候她一声。
03	Si llegaras a　por Barcelona, pasar visita la Sagrada Familia.	万一你经过巴塞罗那，要参观圣家堂。

解答
- ★01: Si llegaras a casarte con Melissa, invítame.
- ★02: Si llegaras a visitar a Josefa, dále saludos.
- ★03: Si llegaras a pasar por Barcelona, visita la Sagrada Familia.

PASO3　应用篇

A：No sé a qué hora podré llegar hoy.
B：Bueno, si llegaras a volver tarde, avísanos.

A：我不知道今天什么时候可以到。
B：好吧，万一你回来晚了，通知我们一声。

227 | 条件句（可能性）的句型

Si tengo tiempo… 如果我有时间，将……

  tener（有）是西班牙语四个辅助动词之一，其他三个分别是：ser（是）、estar（是）与 haber（有），它们都是不规则动词。陈述式现在时 tener 动词变化：yo tengo / tú tienes / él tiene / nosotros tenemos / vosotros tenéis / ellos tienen。Si tengo tiempo + 陈述式将来未完成时，表示"如果我有时间，将……"

PASO 1　Top 必学句

01 | **Si tengo tiempo**, iré a la conferencia.　如果我有时间，我会去参加会议。

02 | **Si tengo tiempo**, voy a ir al supermercado.　如果我有时间，我去超市。

03 | **Si tengo tiempo**, saldré a trotar hoy.　如果我有时间，今天我会去慢跑。

04 | **Si tengo tiempo**, participaré en el campeonato.　如果我有时间，我会参加冠军赛。

05 | **Si tengo tiempo**, llamaré por teléfono a Inés.　如果我有时间，我会打电话给茵内丝。

06 | **Si tengo tiempo**, me haré los exámenes médicos.　如果我有时间，我会去做体检。

07 | **Si tengo tiempo**, me prepararé para correr el maratón.　如果我有时间，我会去准备马拉松赛跑。

08 | **Si tengo tiempo**, te ayudaré a decorar tu cocina.　如果我有时间，我会帮你装饰厨房。

补充
- ★03: trotar　动　小跑；慢跑
- ★07: maratón　名　马拉松赛跑
- ★08: cocina　名　厨房

PASO 2　句子重组练习

01 | **Si tengo tiempo,** al médico. mi amiga a acompañaré　如果我有时间，我会陪朋友去看病。

02 | **Si tengo tiempo,** botas de lluvia. compraré las me　如果我有时间，我会去买雨靴。

03 | **Si tengo tiempo,** coche. mi lavaré　如果我有时间，我会去洗车。

解答
- ★01: Si tengo tiempo, acompañaré a mi amiga al médico.
- ★02: Si tengo tiempo, me compraré las botas de lluvia.
- ★03: Si tengo tiempo, lavaré mi coche.

PASO 3　应用篇

A: Tengo ganas de comer algo especial hoy.
A: 今天，我好想吃些特别的东西。

B: Si tengo tiempo, te prepararé tu plato favorito.
B: 是吗，如果我有时间，我会做一盘你最喜欢吃的菜。

A: ¡Gracias, cariño!
A: 谢谢你，亲爱的！

228 | 条件句（可能性）的句型

Si llueve... 如果下雨……

Si llueve + 虚拟式现在时，表示"如果下雨……"

PASO1　Top 必学句

01 | **Si llueve**, me pondré el impermeable.　如果下雨，我会穿雨衣。
02 | **Si llueve**, abriré el paraguas.　如果下雨，我会打开伞。
03 | **Si llueve**, usaré mis nuevas botas.　如果下雨，我会穿我的新雨靴。
04 | **Si llueve**, caminaré bajo la lluvia.　如果下雨，我会走在雨中。
05 | **Si llueve**, no podré ir a la playa.　如果下雨，我就不能去海边。
06 | **Si llueve**, no organizaremos la fiesta en el jardín.　如果下雨，我们就不在花园办聚会。
07 | **Si llueve**, igual celebraremos tu aniversario de bodas.　如果下雨，我们照样庆祝你的结婚纪念日。
08 | **Si llueve**, los niños no podrán ir al parque.　如果下雨，孩子们就不能去公园。
09 | **Si llueve**, me quedaré en casa.　如果下雨，我会待在家里。
10 | **Si llueve**, no podré correr en la calle.　如果下雨，我不能在街上跑步。

补充
★01: impermeable 名 雨衣
★02: paraguas 名 雨伞
★07: aniversario de boda 名 结婚纪念日

PASO2　句子重组练习

01 | **Si llueve,** nadar. podrás no　如果下雨，你就不能游泳。
02 | **Si llueve,** vamos a no diversiones. al parque de　如果下雨，我们就不去游乐园。
03 | **Si llueve,** ir voy a moto. en no　如果下雨，我就不骑摩托车。

解答
★01: Si llueve, no podrás nadar.
★02: Si llueve, no vamos a parque de diversiones.
★03: Si llueve, no voy a ir en moto.

PASO3　应用篇

A：Si llueve, me voy a mojar porque no traigo paraguas.
B：Yo te presto uno. Tengo dos.
A：¡Gracias!

A：如果下雨，衣服会弄湿，因为我没带伞。
B：我有两把伞，我会借给你一把。
A：谢谢！

229 | 条件句（可能性）的句型

Si (yo) hubiese... 如果……我就……

Si hubiese（虚拟式过去未完成时）+ 过去分词 + 简单条件式，表示"如果……我就……"。

PASO 1 Top 必学句

01 | **Si hubiese** sabido esto, no lo habría hecho. — 如果我早知道是这样，我就不会做。

02 | **Si hubiese** aprendido inglés antes, ya lo hablaría. — 如果我以前学过英语，我就已经会说了。

03 | **Si hubiese** cerrado la puerta, no me habrían robado. — 如果我关上了门，我就不会被偷了。

04 | **Si hubiese** pedido ayuda, no tendría este problema ahora. — 如果我要求帮助，我就不会有这个问题。

05 | **Si hubiese** llegado antes, habría visto a Julio. — 如果我更早到，我就会见到胡里欧。

06 | **Si hubiese** dicho la verdad, tú creerías en mi. — 如果我当时说真话，你就会相信我。

07 | **Si hubiese** ayudado a mi hermano, él estaría mejor. — 如果我之前帮我哥哥，他就会更好。

08 | **Si hubiese** comido menos, no estaría tan hinchado. — 如果我吃少点我就不会那么臃肿。

补充
★05：ver 动 见；看见
★06：creer 动 相信
★08：estar hinchado 短 肿胖

PASO 2 句子重组练习

01 | **Si hubiese** habría bebido menos, no tenido accidente. Este — 如果我少喝点，我就不会发生这样的事故。

02 | **Si hubiese** ido mejor. aceptado tu opinión, habría me — 如果我当初接受你的建议，我会变得很好。

03 | **Si hubiese** mi abrigo, estaría resfriado. llevado no — 如果我带了外套，我就不会着凉。

解答
★01：Si hubiese bebido menos, no habría tenido este accidente.
★02：Si hubiese aceptado tu opinión, me habría ido mejor.
★03：Si hubiese llevado mi abrigo, no estaría resfriado.

PASO 3 应用篇

A：¿Podrías manejar para ir al mercado ahora?

B：No, no tengo tiempo ahora.

A：**Si hubiese** aprendido a conducir, no dependería de ti.

A：现在，你可以开车去市场吗？

B：不，我现在没有时间。

A：如果我当初学会开车，就不用依赖你。

230 | 条件句（可能性）的句型

Te...siempre que... 只要……你……

某些特定短语一定搭配虚拟式一般现在时，如 siempre que（只要）。Te + 陈述式将来未完成时 + siempre que + 虚拟式现在时，表示"只要……你……"

PASO 1　Top 必学句

01 | **Te** prestaré mi coche **siempre que** me lo devuelvas. 我会借给你我的车，只要你还给我。

02 | **Te** invitaré a la fiesta **siempre que** traigas algo. 我会邀请你参加聚会，如果你带东西来。

03 | **Te** cocinaré **siempre que** te lo comas todo. 我会为你做饭，只要你通通吃光。

04 | **Te** contaré el secreto **siempre que** lo guardes. 我会告诉你秘密，只要你会保密。

05 | **Te** venderé la pintura **siempre que** me pagues lo que pido. 我会卖掉这幅画，只要你付给我所说的价格。

06 | **Te** iré a visitar **siempre que** me invites. 我会去拜访你，只要你邀请我。

07 | **Te** pagaré la deuda **siempre que** tenga dinero. 我会偿还债务，只要我有钱。

08 | **Te** enseñaré español **siempre que** tenga tiempo. 我会教你西班牙语，只要我有时间。

补充
- ★04: guardar un secreto　短 保密
- ★05: pintura　名 画；绘画
- ★08: tener tiempo　短 有时间

PASO 2　句子重组练习

01 | Te　a buscar iré　**siempre que**　llames me. 我会去接你，只要你给我打电话。

02 | Te　acompañaré　**siempre que**　lo pidas me. 我会陪伴你，只要你问我。

03 | Te　daré de comer　**siempre que**　hambre tengas. 我会给你食物，只要你饿。

04 | Te　el sofá compraré　**siempre que**　barato sea. 我会买沙发给你，只要价格便宜。

解答
- ★01: Te iré a buscar siempre que me llames.
- ★02: Te acompañaré siempre que me lo pidas.
- ★03: Te daré de comer siempre que tengas hambre.
- ★04: Te compraré el sofá siempre que sea barato.

PASO 3　应用篇

A：¡No me molestes más, por favor!
B：Te dejaré tranquilo siempre que me escuches.

A：拜托，不要再打扰我！
B：我让你安静，只要你听我的。

231 | 条件句（可能性）的句型

Voy a...siempre y cuando...
只要……我就会……

Voy a + 动词原形 + siempre y cuando + 虚拟式一般现在时，表示"只要……我就会……"。

PASO1　Top 必学句

01 | **Voy a** llamarte **siempre y cuando** me lo pidas. 　　只要你要求我，我就会打电话给你。

02 | **Voy a** salir **siempre y cuando** no haga frío. 　　只要天气不冷，我就会出去。

03 | **Voy a** comer **siempre y cuando** tenga hambre. 　　只要饿了，我就会去吃东西。

04 | **Voy a** hacer gimnasia **siempre y cuando** no esté cansado. 　　只要不累，我就去健身。

05 | **Voy a** ir al pueblo **siempre y cuando** alcance el tren. 　　只要赶得上火车，我就去城里。

06 | **Voy a** salir a correr **siempre y cuando** no llueva. 　　只要不下雨，我就会去跑步。

07 | **Voy a** dormir la siesta **siempre y cuando** tenga sueño. 　　只要我困了，我就去午睡一会儿。

08 | **Voy a** levantarme temprano **siempre y cuando** tenga clases. 　　只要我有课，我就会早起。

补充
★04: estar cansado　短　疲倦的；疲惫的
★05: pueblo　名　村子；村镇
★07: tener sueño　短　睡意

PASO2　句子重组练习

01 | **Voy a siempre y cuando** todos los bolos jugar a jueguen. todos 　　只要大家都去打保龄球，我就会去。

02 | **Voy a siempre y cuando** pescar vayas tú ir a conmigo. 　　只要你陪我去钓鱼，我就会去。

03 | **Voy a siempre y cuando** el hotel no esté reservar lleno. 　　只要酒店还有空房，我就会去预订。

解答
★01: Voy a jugar a los bolos siempre y cuando todos jueguen.
★02: Voy a ir a pescar siempre y cuando tú vayas conmigo.
★03: Voy a reservar el hotel siempre y cuando no esté lleno.

PASO3　应用篇

A: José, tienes que comprarle el anillo de compromiso a Elena.

B: Sí, se lo **voy a** comprar **siempre y cuando** tenga dinero.

A: 何塞，你应该买订婚戒指送给爱琳娜。

B: 是的，只要我有钱，我就会去买。

232 | 条件句（可能性）的句型

Si me dices que... 如果你告诉我……

Si me dices que + 现在时，表示"如果你告诉我……"

PASO1　Top 必学句

01 | **Si me dices que** vienes, yo te espero. 　如果你告诉我你要来，我就等你。

02 | **Si me dices que** tienes hambre, te preparo algo de comer. 　如果你告诉我你饿了，我就去准备吃的东西。

03 | **Si me dices que** quieres salir, voy contigo. 　如果你告诉我你要出去，我就跟你一起去。

04 | **Si me dices que** tienes sed, te doy una bebida. 　如果你告诉我你渴了，我就给你饮料。

05 | **Si me dices que** estás ocupado, no te molesto más. 　如果你说忙，我就不再打扰你了。

06 | **Si me dices que** estás aburrido, te enseño a jugara al golf. 　如果你说你很无聊，我就教你打高尔夫球。

07 | **Si me dices que** no te gusta la papaya, te doy la sandía. 　如果你说不喜欢木瓜，我就给你西瓜。

08 | **Si me dices que** eres mago, no te creo. 　如果你说你是个魔法师，我不会相信。

09 | **Si me dices que** te quieres ir, te acompaño. 　如果你告诉我你想离开，我会陪你一起走。

10 | **Si me dices que** hace frío fuera, me pongo la chaqueta. 　如果你告诉我外面很冷，我就穿外套。

补充
★02：preparar　动 准备
★04：bebida　名 饮料
★07：sandía　名 西瓜

PASO2　句子重组练习

01 | **Si me dices que** preparo tienes la cama. sueño, te 　如果你告诉我你想睡，我就帮你准备床。

02 | **Si me dices que** prendo calor, el tienes ventilador. 　如果你告诉我你很热，我就打开电风扇。

03 | **Si me dices que** dinero, tienes no prestar. puedo te 　如果你告诉我你没钱，我可以借给你。

解答
★01：Si me dices que tienes sueño, te preparo la cama.
★02：Si me dices que tienes calor, prendo el ventilador.
★03：Si me dices que no tienes dinero, te puedo prestar.

PASO3　应用篇

A：Necesito hablar contigo, Ricardo.

B：Si me dices que necesitas mi consejo, te lo puedo dar.

A：里卡多，我需要和你谈谈。

B：如果你告诉我你需要我的建议，我可以给你。

241

233 | 条件句（可能性）的句型

Si tienes oportunidad...
如果你有机会……

Si tienes oportunidad + 命令式，表示"如果你有机会……"

PASO 1 Top 必学句

01	**Si tienes oportunidad**, vete de viaje.	如果你有机会，去旅游吧。
02	**Si tienes oportunidad**, ven a verme.	如果你有机会，来见我。
03	**Si tienes oportunidad**, aconseja a Pablo.	如果你有机会，给保罗建议。
04	**Si tienes oportunidad**, cómprate el cuadro.	如果你有机会，就买这幅画。
05	**Si tienes oportunidad**, ayuda a tu hermana.	如果你有机会，去帮助一下你的姐妹。
06	**Si tienes oportunidad**, anda a las termas.	如果你有机会，就去泡温泉。
07	**Si tienes oportunidad**, estudia teatro.	如果你有机会，就去学戏剧。
08	**Si tienes oportunidad**, dále saludos a Francisco.	如果你有机会，代我问候弗朗西斯科。

补充
- ★03: aconsejar 动 向……请教；给……建议
- ★06: termas 名 温泉
- ★08: dar saludos 短 问候

PASO 2 句子重组练习

01	**Si tienes oportunidad,** otra cómprate raqueta.	如果你有机会，买另一只球拍。
02	**Si tienes oportunidad,** préstame cámara. tu	如果你有机会，借我你的照相机。
03	**Si tienes oportunidad,** tarea a Joselito. ayuda la con	如果你有机会，去帮小何塞改正家庭作业。
04	**Si tienes oportunidad,** abuelo visitar anda enfermo. tu a	如果你有机会，去探视你生病的爷爷。

解答
- ★01: Si tienes oportunidad, cómprate otra raqueta.
- ★02: Si tienes oportunidad, préstame tu cámara.
- ★03: Si tienes oportunidad, ayuda con la tarea a Joselito.
- ★04: Si tienes oportunidad, anda a visitar a tu abuelo enfermo.

PASO 3 应用篇

A: Hay muchas flores en el jardín.
B: Sí. Si tienes oportunidad, por favor corta las rosas.

A：花园里有许多鲜花。
B：是的，如果你有机会，请帮忙修剪玫瑰花。

234 | 条件句（可能性）的句型

Me gustaría… si … 如果……我想……

Me gustaría（简单条件式）+ 动词原形 + si + 虚拟式过去未完成时，表示"如果……我想……"。

PASO 1　Top 必学句

01	**Me gustaría** levantarme más tarde **si** no tuviera clases.	如果我没课，我就晚点起床。
02	**Me gustaría** prepararte carne asada **si** tuviera horno.	如果我有烤箱，我就为你准备烤肉。
03	**Me gustaría** regalarte una casa **si** tuviera dinero.	如果我有钱，我送你一栋房屋。
04	**Me gustaría** ir de compras **si** tuviera tiempo.	如果我有时间，我就去购物。
05	**Me gustaría** renunciar este trabajo **si** tuviera otro.	如果我有另一个工作，我想放弃这份工作。
06	**Me gustaría** caminar bajo la lluvia **si** no hiciera frío.	如果天气不冷，我喜欢在雨中散步。
07	**Me gustaría** conocer a Lola **si** me la presentaras.	如果你介绍她给我，我想要认识罗拉。
08	**Me gustaría** viajar en góndola **si** fuera a Venecia.	如果我到威尼斯，我想搭平底小船游河。

补充
★ 02: carne asada　短　烤肉
★ 07: presentar a alguien　短　引荐介绍
★ 08: góndola　名　平底小船

PASO 2　句子重组练习

01	**Me gustaría** enchiladas a México. comer fuese **si**	如果我到墨西哥，我想吃辣酱玉米饼。
02	**Me gustaría** un **si** bebé de acuerdo. tener estuviera Juan	如果胡安愿意，我想要有一个孩子。
03	**Me gustaría** crucero fuera muy tomar un no largo. **si**	我想要搭邮轮，如果花的时间不是很长的话。

解答
★ 01: Me gustaría comer enchiladas si fuese a México.
★ 02: Me gustaría tener a un bebé si Juan estuviera de acuerdo.
★ 03: Me gustaría tomar un crucero si no fuera muy largo.

PASO 3　应用篇

A: ¿Qué te parece si salimos esta noche?

B: Sí, me gustaría ver una obra de teatro si consiguieras entradas.

A: 我们今晚出去，你觉得如何？

B: 好啊，如果你拿得到门票，我想去剧院看一出戏。

235 | 条件句（可能性）的句型

Me encantaría... si ...
如果……我很想……

　　Me encantaría（简单条件式）+ 动词原形 + si + 虚拟式过去未完成时，表示"如果……我很想……"。

PASO1　Top 必学句

01 | **Me encantaría** comer albóndigas **si** supiera hacerlas.　　我很愿意吃肉丸，如果我知道怎么做。

02 | **Me encantaría** salir con Pedro **si** él quisiera.　　我很想跟佩德罗约会，如果他也愿意。

03 | **Me encantaría** ir al concierto **si** me invitaras.　　如果你邀请我，我很想去听音乐会。

04 | **Me encantaría** quedarme en casa **si** tú estuvieras conmigo.　　如果你跟我在一起，我很想留在家里。

05 | **Me encantaría** hablar hebreo **si** fuera a Israel.　　如果我去以色列的话，我很想讲希伯来语。

06 | **Me encantaría** probar tu comida **si** no me doliera el estómago.　　如果我的胃不痛的话，我很想尝尝你的食物。

07 | **Me encantaría** usar lentes de contacto **si** no me molestaran.　　如果我没有不适反应的话，我喜欢戴隐形眼镜。

08 | **Me encantaría** vivir en el campo **si** estuviera jubilado.　　如果我退休的话，我喜欢住在乡村。

补充
★01： albóndigas 名 肉丸
★05： Israel 名 以色列
★08： estar jubilado 短 退休

PASO2　句子重组练习

01 | **Me encantaría** la subir nevara montaña no **si** mañana.　　我很想去爬山，如果明天没下雪的话。

02 | **Me encantaría** a París **si** dinero. ir tuviera　　我很想去巴黎，如果我有钱的话。

03 | **Me encantaría** flores **si** novia. mi regalarte fueses　　我很想送你花，如果你是我的女朋友的话。

04 | **Me encantaría** un hacer **si** fueras viaje conmigo.　　我很想旅行一趟，如果你跟我一起去的话。

解答
★01： Me encantaría subir la montaña si no nevara mañana.
★02： Me encantaría ir a París si tuviera dinero.
★03： Me encantaría regalarte flores si fueses mi novia.
★04： Me encantaría hacer un viaje si fueras conmigo.

PASO3　应用篇

A: Necesito el dinero que me debes.　　A: 我需要你偿还你欠我的钱。

B: **Me encantaría** darte el dinero **si** el banco me otorgara el crédito.　　B: 我很想还你钱，如果银行给我贷款的话。

236 | 条件句（可能性）的句型

Sería interesante saber si...
都想知道……

Sería（条件式简单时）interesante saber si + 现在时 / 虚拟式 / 过去时，表示"都想知道……"。

PASO 1　Top 必学句

01	**Sería interesante saber si** vendrás.	大家都想知道，你是否会来。
02	**Sería interesante saber si** existen los ángeles.	了解是否有天使的存在，是很有意思的事。
03	**Sería interesante saber si** el preso saldrá en libertad.	大家都很关注，囚犯是否会被释放。
04	**Sería interesante saber si** el presidente va a ser reelegido.	大家都很关注，总统是否会连任。
05	**Sería interesante saber si** va a temblar en California.	大家都很关注，加利福尼亚州是否有地震。
06	**Sería interesante saber si** la ley se va a aprobar.	法案是否会被批准，是被关注的。
07	**Sería interesante saber si** los periodistas están vivos.	大家都很关注，记者们是否还活着。
08	**Sería interesante saber si** Javier va a España.	我们都想知道，哈维尔是否会去西班牙。

补充
- ★ 02：ángel　名 天使
- ★ 03：libertad　名 自由
- ★ 05：California　名 加利福尼亚州

PASO 2　句子重组练习

01	**Sería interesante saber si** llegó. Carmen ya	大家都想知道，卡门是否已到达。
02	**Sería interesante saber si** casó la ayer. pareja se	我们都很关心，这对夫妻是否昨天结婚了。
03	**Sería interesante saber si** el publicaste libro.	大家都很关注，你是否出版了这本书。

解答
- ★ 01：Sería interesante saber si Carmen ya llegó.
- ★ 02：Sería interesante saber si la pareja se casó ayer.
- ★ 03：Sería interesante saber si publicaste el libro.

PASO 3　应用篇

A：Sería interesante saber si ya se estrenó la nueva película.
B：Sí, me gustaría verla.
A：大家都想知道，新电影是否已经上演。
B：是的，我很想去观赏。

237 | 条件句（可能性）的句型

Sería ideal si… 如果……就太理想了……

Sería ideal + si + 虚拟式过去未完成时，表示"如果……就太理想了……"。

PASO 1 Top 必学句

01	**Sería ideal si** pudiera elegir el color de la falda.	如果我可以选择裙子的颜色就太完美了。
02	**Sería ideal si** fueras a Panamá con Sara.	要是你能和莎拉一块去巴拿马就太完美了。
03	**Sería ideal si** te acostaras a las nueve hoy.	要是你能在今天九点就寝就太好了。
04	**Sería ideal si** las mujeres fueran tratadas igual a los hombres.	如果能做到男女平等就太棒了。
05	**Sería ideal si** el bebé que espera Teresa fuese una niña.	如果泰瑞莎待产的是女婴就太棒了。
06	**Sería ideal si** caminaras todas las mañanas.	要是你能每天早上走路就太好了。
07	**Sería ideal si** no hiciera tanto calor.	如果天气不是这么热就太好了。
08	**Sería ideal si** no fueras tan irrespetuoso.	如果你不是那么没礼貌就太完美了。

补充
- ★01: falta 名 裙子
- ★02: Panamá 名 巴拿马
- ★08: irrespetuoso 形 无礼貌的

PASO 2 句子重组练习

01	**Sería ideal si** salario. ganaras un mejor	要是你能赚更多的薪水就太完美了。
02	**Sería ideal si** menos hubiera desempleo.	如果能减少失业就太理想了。
03	**Sería ideal si** los ayudara gobierno pobres. el a	如果政府能帮助穷人就太好了。
04	**Sería ideal si** más tomaras agua.	如果你能喝更多的水就太好了。

解答
- ★01: Sería ideal si ganaras un mejor salario.
- ★02: Sería ideal si hubiera menos desempleo.
- ★03: Sería ideal si el gobierno ayudara a los pobres.
- ★04: Sería ideal si tomaras más agua.

PASO 3 应用篇

A: El médico me dijo que me cuidara.
B: Sí, sería ideal si comieras menos sal.

A: 医生告诉我，我该小心照顾自己。
B: 是啊，如果你能少吃盐就太好了。

A lo mejor... 也许/可能……

A lo mejor（副词短语）…，表示"也许/可能……"

PASO1 Top 必学句

01 | **A lo mejor** me gano la lotería.　　也许我中奖了。
02 | **A lo mejor** voy a Africa.　　也许我会去非洲。
03 | **A lo mejor** vendo mi reloj.　　也许我会卖我的手表。
04 | **A lo mejor** duermo hasta tarde mañana.　　也许明天我会睡到很晚。
05 | **A lo mejor** soy demasiado optimista.　　也许我过于乐观了。
06 | **A lo mejor** Margarita se pone más simpática.　　也许玛格丽塔会变得客气点。
07 | **A lo mejor** los niños pelean menos.　　也许孩子们会较少争吵。
08 | **A lo mejor** necesitas abrir una cuenta bancaria.　　也许你需要开立银行账户。
09 | **A lo mejor** tienes una mejor idea .　　也许你有一个更好的主意。
10 | **A lo mejor** no te gusta esta canción.　　也许你不喜欢这首歌。

补充
★02：Africa　名　非洲
★08：cuenta bancaria　短　银行账户
★09：mejor idea　短　更好的主意

PASO2 句子重组练习

01 | **A lo mejor**　a Elena. tú conoces　　也许你认识艾琳娜。
02 | **A lo mejor**　frío. mañana hace　　也许明天天气冷。
03 | **A lo mejor**　mejor. niña se la comporta　　也许女孩会表现得比较好。
04 | **A lo mejor**　final. el es este　　也许这就是结局。
05 | **A lo mejor**　María hambre. tiene　　也许玛丽饿了。

解答
★01：A lo mejor tú conoces a Elena.
★02：A lo mejor mañana hace frío.
★03：A lo mejor la niña se comporta mejor.
★04：A lo mejor este es el final.
★05：A lo mejor María tiene hambre.

PASO3 应用篇

A：¿A qué hora van a llegar?
B：A lo mejor llegamos después de la medianoche.

A：诸位将在什么时候到达？
B：也许我们在午夜后会到。

239 | 条件句（可能性）的句型

Te ayudaría si… 我乐意帮你……如果……

ayudaría 条件式第一人称单数，是指事情有可能成真或在某种条件下实现。Te ayudaría + si + 虚拟式过去未完成时，表示"我乐意帮你……如果……"。

PASO 1　Top 必学句

01	**Te ayudaría si** (yo) pudiera.	我乐意帮你，如果我能。
02	**Te ayudaría si** fuera necesario.	如果需要，我乐意帮你。
03	**Te ayudaría si** (yo) estuviera cerca.	我乐意帮你，如果我就在附近。
04	**Te ayudaría si** (yo) tuviera tiempo.	如果我有时间，我乐意帮你。
05	**Te ayudaría si** (yo) saliera del trabajo temprano.	我乐意帮你，如果我提前下班。
06	**Te ayudaría si** mi coche no estuviera mal.	我乐意帮你，如果我的车没抛锚。
07	**Te ayudaría si** me dijeras lo que necesitas.	我乐意帮你，如果你告诉我你需要什么。
08	**Te ayudaría si** me llamaras.	我乐意帮你，如果你打电话给我。
09	**Te ayudaría si** (yo) viviera en Beijing.	我乐意帮你，如果我住在北京。
10	**Te ayudaría si** (yo) supiera dónde vives.	我乐意帮你，如果我知道你住在哪里。

补充
- ★03: cerca　副　附近；邻近
- ★09: vivir　动　生活
- ★10: saber　动　知道；了解

PASO 2　句子重组练习

01	**Te ayudaría si** estuviera no enfermo.	如果我没有生病，我愿意帮你。
02	**Te ayudaría si** sueño. no tuviera	如果我不困的话，我愿意帮你。
03	**Te ayudaría si** jefe permitiera antes. mi salir me	我愿意帮你，如果我的老板让我提前离开。
04	**Te ayudaría si** dieras me tu dirección.	如果你给我你的地址，我愿意帮你。

解答
- ★01: Te ayudaría si no estuviera enfermo.
- ★02: Te ayudaría si no tuviera sueño.
- ★03: Te ayudaría si mi jefe me permitiera salir antes.
- ★04: Te ayudaría si me dieras tu dirección.

PASO 3　应用篇

A：Julio, ¿podrías ayudarme a reparar mi computador?

B：Te ayudaría si supiera de informática.

A：胡里欧，你能帮我修理电脑吗？

B：我乐意帮你，如果我懂得电脑技术的话。

240 | 条件句（可能性）的句型

A no ser que... 如果不…；除非……

A no ser que + 虚拟式现在时，表示"如果不……；除非……"。

PASO 1　Top 必学句

01 | **A no ser que** llueva, el domingo iremos al zoológico.　星期天如果不下雨，我们就去动物园。

02 | **A no ser que** llegues a las siete, no podrás ir conmigo.　如果你不七点到，我就不能跟你一起去。

03 | **A no ser que** me pagues cinco mil, no haré el trabajo.　如果你不付我五千，我就不做工作。

04 | **A no ser que** estudies, no te sacarás buenas notas.　除非你读书，否则你不会有好成绩。

05 | **A no ser que** haga calor, no iré a la piscina.　除非天气热，否则我不会去游泳池。

06 | **A no ser que** tú vayas conmigo, no compraré los pasajes.　除非你跟我一起去，否则我不会去买票。

07 | **A no ser que** el espectáculo valga la pena, no iré.　除非表演值得欣赏，否则我不会去。

08 | **A no ser que** haga mis tareas, mi madre no me dejará salir.　如果我不做功课，我妈妈是不会让我出去的。

09 | **A no ser que** alguien esté en peligro, la policía no vendrá.　除非有人有危险，否则警察不会来。

10 | **A no ser que** sea necesario, no me tomaré el día libre.　除非有必要，否则我不会休一天的假。

补充
★01: zoológico 名 动物园
★03: cinco 形 五
★09: estar en peligro 短 有危险

PASO 2　句子重组练习

01 | **A no ser que** rico, sea el te podré no el collar. comprar　除非我很有钱，否则我就不能买这项链送你。

02 | **A no ser que** un genio, seas no esta podrás máquina. arreglar　除非你是天才，否则你不能修复这台机器。

03 | **A no ser que** rápido, vengas verás Inés. a no　除非你快点过来，否则你不会看到茵内丝。

04 | **A no ser que** empeore, a voy operar. no me　除非状况变得更糟，否则我不会去开刀。

解答
★01: A no ser que sea rico, no te podré comprar el collar.
★02: A no ser que seas un genio, no podrás arreglar esta máquina.
★03: A no ser que vengas rápido, no verás a Inés.
★04: A no ser que empeore, no me voy a operar.

PASO 3　应用篇

A：A no ser que el abogado te pregunte, no digas nada.

B：Lo sé.

A：除非律师问你，否则什么都不要说。

B：我知道。

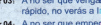

241 | 条件句（可能性）的句型

...pero si... ……但如果……

...pero si + 虚拟式 / 陈述式 / 命令式，表示"……但如果……"。

PASO 1 Top 必学句

01 | Vete a jugar **pero si** llueve, regresa.
去玩可以，但如果下雨，就回来。

02 | Termina de limpiar **pero si** te cansas, descansa.
做完清扫工作。但如果你累了，就休息。

03 | Dame la noticia **pero si** no es buena, cállate.
给我消息，但如果没有好消息，就保持沉默。

04 | Vuelve pronto **pero si** se hace tarde, quédate en casa de Alicia.
早点回来，但如果晚了，你就留在艾丽丝的家里。

05 | Camina deprisa **pero si** te duele la pierna, detente.
走快点，但如果你腿痛，就止步。

06 | Pónte el suéter **pero si** hace calor, te lo sacas.
穿上毛衣，但如果天气热，你就脱掉它。

07 | Abre la ventana **pero si** hace frío, ciérrala.
打开窗户，但如果天气冷，将它关上。

08 | Prepara café **pero si** no hay leche, no me des.
准备咖啡，但如果没有牛奶，你不要给我。

09 | Regálale un perfume a Ana **pero si** no tienes dinero, dále flores.
送一瓶香水给安娜，但如果你没钱，就送她花。

10 | Toca el violín **pero si** no lo tocas bien, toca la guitarra.
拉小提琴，但如果你不是很会，就弹吉他。

补充
★01: regresar 动 返回/回来
★05: detenerse 动 停止
★09: perfume 名 香水
★10: guitarra 名 吉他

PASO 2 句子重组练习

01 | Cierra la puerta **pero si** calor, hace ábrela.
关闭大门，但如果天气热，就打开它。

02 | Prepara arroz con leche **pero si** sabes, haz no un budín.
准备牛奶甜米粥，但如果你不会，就做一个布丁。

03 | Lava los pantalones **pero si** detergente, hay no comprar. a ve
洗裤子，但如果没洗涤剂，就去买。

04 | Arregla la silla **pero si** lo clavos, hay no hagas. No
修理椅子，但如果没钉子，就不用管。

解答
★01: Cierra la puerta pero si hace calor, ábrela.
★02: Prepara arroz con leche pero si no lo sabes, haz un budín.
★03: Lava los pantalones pero si no hay detergente, ve a comprar lo.
★04: Arregla la silla pero si no hay clavos, no lo hagas.

PASO 3 应用篇

A: Cuida a tu hermana.
B: Sí, pero si sigue con fiebre, la llevaré al médico.

A：照顾你的妹妹。
B：是的，但如果继续发烧，我就带她去看医生。

De haber... 如果 / 假如……

De haber（与动词过去分词连用，同 si）意思是"如果 / 假如"。De haber + 过去分词（表达发生在过去的事）+ 条件式简单时态，表示"如果 / 假如……"。

PASO 1　Top 必学句

01 | **De haber** sabido, no lo habría hecho.　如果我当时知道的话，我就不会做了。

02 | **De haber** ido, no estaría arrepentido.　如果我当时去了的话，我就不会后悔了。

03 | **De haber** tomado menos, no estaría con dolor de cabeza.　如果我当时少喝点的话，我就没头痛的问题。

04 | **De haber** comido menos, no estaría tan gorda.　如果我过去少吃点的话，我也不会这么胖了。

05 | **De haber** estudiado más, no estaría en esta escuela.　如果我当时用功的话，我也不会在这所学校了。

06 | **De haber** despertado antes, no llegaría tarde.　如果我能早起的话，我现在就不会迟到了。

07 | **De haber** sucedido algo, ya lo sabríamos.　如果发生什么事的话，我们早都知道了。

08 | **De haber** aprendido español antes, ya lo hablaría.　如果我以前学西班牙语的话，我现在就会讲了。

09 | **De haber** perdonado a Ana, aún seríamos amigas.　如果我当时能原谅安娜的话，我们仍然还是朋友。

10 | **De haber** descansado más, no estaría tan cansado.　如果多休息的话，我就不会那么累了。

补充
- ★02: estar arrepentido　短　懊悔
- ★06: llegar atrasado　短　迟到
- ★09: perdonar　动　原谅

PASO 2　句子重组练习

01 | **De haber** trabajo el aceptado, dinero tendría.　如果我当时接受了这份工作，如今我就会有钱了。

02 | **De haber** tiempo, a vuelto visto a habría José.　如果我当时能及时回来，我就会看到何塞了。

03 | **De haber** el remedio, tomado espalda. tendría no de dolor　如果我那时时服用药的话，现在就不会背痛了。

解答
- ★01: De haber aceptado el trabajo, tendría dinero.
- ★02: De haber vuelto a tiempo, habría visto a José.
- ★03: De haber tomado el remedio, no tendría dolor de espalda.

PASO 3　应用篇

A: ¡Papá, me fue mal en mi prueba!

B: De haber estudiado más, te habrías sacado una buena nota.

A: 爸爸，我考砸了考试！

B: 如果你当时用功的话，现在就会有好成绩。

MEMO

西班牙语入门口语
句型大全

祈使句和感叹句的句型

PARTE

243 | 祈使句和感叹句的句型

¡Haz…！ 做……！

祈使句（命令式）：一般用于直接向"对方"一人或多人下达命令、要求、劝告等，是说话人要求"对方"去做某事；有时也用于表示愿望。西班牙语祈使句的否定句，用虚拟式现代时的动词变化。¡Haz + 名词，表示"做……！"。

PASO 1　Top 必学句

01 | ¡**Haz** la cena! 　　　　　　　做晚餐！
02 | ¡**Haz** lo que te digo! 　　　　照我说的去做！
03 | ¡**Haz** más esfuerzo! 　　　　更努力一点！
04 | ¡**Haz** tus tareas! 　　　　　　去写你的功课！
05 | ¡**Haz** las cosas bien! 　　　　把事情做好！
06 | ¡**Haz** la cama! 　　　　　　　铺你的床！
07 | ¡**Haz** lo que quieras! 　　　　做你想要做的！
08 | ¡**Haz** lo que tengas que hacer. 做你必须要做的！
09 | ¡**Haz** tu trabajo! 　　　　　　做你的工作！
10 | ¡**Haz** feliz a Viviana! 　　　　让薇薇安娜幸福！

补充
- ★01: hacer la cena 　短 做晚餐
- ★03: esfuerzo 　名 努力
- ★10: hacer feliz 　短 幸福

PASO 2　句子重组练习

01 | ¡**Haz** tu madre! a caso 　　　　　　听你母亲的！
02 | ¡**Haz** el una sopa almuerzo! para 　午餐做汤！
03 | ¡**Haz** come menos! deporte y 　　做运动和少吃！
04 | ¡**Haz** este vinagre vino! con 　　　用这葡萄酒做醋！
05 | ¡**Haz** pastel un zanahoria! de 　　做个胡萝卜蛋糕！

解答
- ★01: ¡Haz caso a tu madre!
- ★02: ¡Haz una sopa para el almuerzo!
- ★03: ¡Haz deporte y come menos!
- ★04: ¡Haz vinagre con este vino!
- ★05: ¡Haz un pastel de zanahoria!

PASO 3　应用篇

A：Mañana Sofía y Enrique celebran su aniversario de bodas.

B：¡**Ház**les una tarta!

A：明天索菲亚和恩里克要庆祝他们的结婚纪念日。

B：做一个蛋糕！

244 | 祈使句和感叹句的句型

¡No me…! 不……我……!

人称代词（me）放在 No 和动词之间。¡No me + 命令式（用虚拟式现在时的动词变化），表示"不……我……!"。

PASO 1 Top 必学句

01 | ¡**No me** hagas esto!　　　　　　（你）不要这样对我！
02 | ¡**No me** digas nada más!　　　　（你）什么都不必告诉我！
03 | ¡**No me** sigas imitando!　　　　（你）不要继续模仿我！
04 | ¡**No me** culpes a mi!　　　　　（你）不要怪我！
05 | ¡**No me** compres el brazalete de diamante!　　（你）不要买钻石手镯给我！
06 | ¡**No me** hagas sentir mal!　　　（你）不要让我不舒服！
07 | ¡**No me** molestes!　　　　　　（你）不要烦我！
08 | ¡**No me** contestes así!　　　　　（你）不要用这种口气回答我！
09 | ¡**No me** llames por teléfono!　　（你）不要打电话给我！
10 | ¡**No me** busques más!　　　　　（你）不要再找我！

补充
★03：imitar　动　模仿
★05：brazalete　名　手镯
★07：molestar　动　麻烦；打搅

PASO 2 句子重组练习

01 | ¡**No me**　más!　insultes　　　　　（你）不要再侮辱我！
02 | ¡**No me**　flores!　más mandes　　（你）不要再给我花！
03 | ¡**No me**　mamá!　a me acuses　　（你）不要向妈妈告状！
04 | ¡**No me**　más!　grites　　　　　（你）不要对我吼叫！
05 | ¡**No me**　lástima!　tengas　　　　（你）不要可怜我！

解答
★01：¡No me insultes más!
★02：¡No me mandes más flores!
★03：¡No me acuses a mamá!
★04：¡No me grites más!
★05：¡No me tengas lástima!

PASO 3 应用篇

A：¡Cállate y no hables más!
B：Por favor, ¡no me hagas callar!

A：闭嘴，不多说了！
B：请不要叫我闭嘴！

245 | 祈使句和感叹句的句型

¡No hagas…! 不要做……！

¡No hagas + 虚拟式现在时 / 名词 / 不定代词 / 副词 / 形容词，表示"不要做……！"。

PASO 1　Top 必学句

01 | **¡No hagas** tonterías!　　　　　　（你）不要做愚蠢的事！
02 | **¡No hagas** lo mismo siempre!　　（你）不要永远做一样的事！
03 | **¡No hagas** caso a Juan!　　　　（你）不要听胡安的！
04 | **¡No hagas** más daño!　　　　　（你）不要再损害了！
05 | **¡No hagas** algo de lo que te canses!　（你）不要做一些会让你累的事！
06 | **¡No hagas** nada malo!　　　　　（你）不要做坏事！
07 | **¡No hagas** tantos errores!　　　（你）不要犯这么多错误！
08 | **¡No hagas** demasiadas preguntas!　（你）不要问过多的问题！
09 | **¡No hagas** tanto ruido!　　　　　（你）不要制造那么多噪声！
10 | **¡No hagas** tanto escándalo!　　（你）不要这么大惊小怪！

补充
- ★ 04: daño　名 损害
- ★ 05: cansar　动 疲倦；疲劳
- ★ 08: demasiado/a　形 过度的；过量的

PASO 2　句子重组练习

01 | **¡No hagas** a Anita! llorar　　　（你）不要惹艾妮卡哭！
02 | **¡No hagas** difícil esto! más　　（你）不要让这更困难！
03 | **¡No hagas** ilegal! nada　　　　（你）不要做违法的事！
04 | **¡No hagas** en trampa examen! el　（你）不要考试作弊！
05 | **¡No hagas** de Luis! burla　　　（你）不要嘲笑路易斯！

解答
- ★ 01: ¡No hagas llorar a Anita!
- ★ 02: ¡No hagas más difícil esto!
- ★ 03: ¡No hagas nada ilegal!
- ★ 04: ¡No hagas trampa en el examen!
- ★ 05: ¡No hagas burla de Luis!

PASO 3　应用篇

A：No quiero casarme con Olga.
B：Entonces **no hagas** nada de lo que después te arrepientas.

A：我不想娶奥尔茄。
B：那么，就不要去做你以后会后悔的事。

¡No te…!（你）不要……！

¡No te + 虚拟式一般现在时，表示"（你）不要……！"。

PASO 1　Top 必学句

01 | **¡No te** preocupes! （你）不用担心！
02 | **¡No te** hagas de rogar! （你）不要摆架子！
03 | **¡No te** sientas sola! （你）不要觉得孤单！
04 | **¡No te** vayas! （你）不要走！
05 | **¡No te** creas tan importante! （你）不要自以为了不起！
06 | **¡No te** pongas pesado! （你）不要那么让人讨厌！
07 | **¡No te** juntes con Mario! （你）不要跟马里奥在一起！
08 | **¡No te** tomes todo el whisky! （你）不要喝光威士忌！
09 | **¡No te** enojes! （你）不要生气！
10 | **¡No te** rías de mi! （你）不要笑我！

补充
★02：hacerse de rogar 短 摆架子
★05：creerse importante 短 自以为了不起
★09：enojarse 动 生气（反身）

PASO 2　句子重组练习

01 | **¡No te** triste! pongas （你）不要难过！
02 | **¡No te** listo! el hagas （你）不要耍小聪明！
03 | **¡No te** celular! aquel compres （你）不要买这款手机！
04 | **¡No te** metas en mis asuntos （你）不要卷入我的事！
05 | **¡No te** cosas no te existen! imagines que （你）不要想象不存在的东西！

解答
★01：¡No te pongas triste!
★02：¡No te hagas el listo!
★03：¡No te compres aquel celular!
★04：¡No te metas en mis asuntos!
★05：¡No te imagines cosas que no existen!

PASO 3　应用篇

A：Lisa es mucho más inteligente que yo.
B：¡No te compares con nadie!

A：丽莎比我聪明得多。
B：不要跟任何人作比较！

247 | 祈使句和感叹句的句型

¡No me vengas a / con…
（你）不要……我！

¡No vengas a + 动词原形 / 介词短语，表示"（你）不要……我！"。

PASO 1　Top 必学句

01 | **No me vengas a** rogar más. 　　（你）不要再求我。
02 | **No me vengas a** decir que no me quieres. 　　（你）不要跟我说你不爱我。
03 | **No me vengas con** preguntas necias. 　　（你）不要问我愚蠢的问题。
04 | **No me vengas con** más problemas. 　　（你）别给我制造更多问题。
05 | **No me vengas con** mentiras. 　　（你）不要对我撒谎。
06 | **No me vengas a** hacer llorar. 　　（你）不要让我哭。
07 | **No me vengas a** poner triste. 　　（你）不要让我难过。
08 | **No me vengas con** insultos. 　　（你）不要侮辱我。
09 | **No me vengas con** cuentos. 　　（你）不要跟我说是非。
10 | **No me vengas con** sermones. 　　（你）不要教训我。

补充

★06：hacer llorar　哭；哭泣；流泪
★07：poner triste　悲伤；难过
★09：venir con cuentos　来说是非

PASO 2　句子重组练习

01 | **No me vengas a**　que　decir　terminamos. 　　（你）不要说我们分手。
02 | **No me vengas con**　historias.　tantas 　　（你）不要找我说长道短。
03 | **No me vengas a**　lecciones.　dar 　　（你）不要对我说教。
04 | **No me vengas a**　más.　humillar 　　（你）不要再来羞辱我。

解答
★01：No me vengas a decir que terminamos.
★02：No me vengas con tantas historias.
★03：No me vengas a dar lecciones.
★04：No me vengas a humillar más.

PASO 3　应用篇

A：Víctor, ¡despierta!
B：¡No me vengas a sacar de la cama tan temprano!
A：维克多，醒醒吧！
B：（你）不要这么早拖我下床！

248 | 祈使句和感叹句的句型

¡No te creas tan…!
（你）不要自以为是那么……！

¡No te creas tan + 形容词，表示"（你）不要自以为是那么……！"。

PASO1　Top 必学句

01	¡No te creas tan inteligente!	（你）不要自以为很聪明！
02	¡No te creas tan simpático!	（你）不要自以为是那么亲切！
03	¡No te creas tan superior a otros!	（你）不要自以为高人一等！
04	¡No te creas tan bonita!	（你）不要自以为是那么漂亮！
05	¡No te creas tan astuto!	（你）不要自以为是那么诡计多端！
06	¡No te creas tan guapo!	（你）不要自以为是那么帅！
07	¡No te creas tan brillante!	（你）不要自以为是那么杰出！
08	¡No te creas tan estúpido!	（你）不要自以为是这么愚蠢！
09	¡No te creas tan gracioso!	（你）不要自以为是如此幽默！
10	¡No te creas tan listo!	（你）不要自以为是那么机灵！

补充

★03： creerse superior　短　自以为高人一等
★05： astuto　形　狡猾的；诡计多端的
★07： brillante　形　杰出的；出色的
★09： gracioso　形　诙谐的，幽默的

PASO2　句子重组练习

01	¡No te creas tan como Pablo! valiente	（你）不要自以为像巴布罗那么勇敢！
02	¡No te creas tan de esto! seguro	（你）不要对此如此肯定！
03	¡No te creas con pericia al tenis! pericia jugar para	（你）不要自以为网球打得有多么好！

解答

★01： ¡No te creas tan valiente como Pablo!
★02： ¡No te creas tan seguro de esto!
★03： ¡No te creas con pericia al jugar al tenis!

PASO3　应用篇

A： No tengo ganas de asistir a tu boda.
B： ¡No te creas tan importante!

A： 我并不想参加你的婚礼。
B： （你）不要自以为有这么重要！

259

249 | 祈使句和感叹句的句型

¡No sigas…! （你）不要继续……！

¡No sigas（命令式）+ 动词现在分词（现在分词和 seguir 连用表示动作持续与重复），表示"你不要继续……！"。

PASO1　Top 必学句

01 | ¡No sigas haciendo esto! （你）不要继续这样做！
02 | ¡No sigas preguntándome lo mismo! （你）不要不断地问相同的问题！
03 | ¡No sigas llorando! （你）不要继续哭了！
04 | ¡No sigas insistiendo! （你）不要继续坚持！
05 | ¡No sigas suplicando! （你）不要继续哀求！
06 | ¡No sigas esperando! （你）不要继续等待！
07 | ¡No sigas siendo engreído! （你）不要继续自负！
08 | ¡No sigas limpiando! （你）不要继续清洁！
09 | ¡No sigas llamándome! （你）不要继续打电话找我！
10 | ¡No sigas hablando así! （你）不要继续那样说话！

补充
★02: mismo　形 相同的，同样的
★04: insistir　动 坚持；执意
★05: suplicar　动 衷求；恳求
★07: engreído　形 骄傲的；自负的

PASO2　句子重组练习

01 | ¡No sigas dinero! tu encontrar tratando de （你）不要试着继续找你的钱！
02 | ¡No sigas más! caminando （你）不要继续走！
03 | ¡No sigas trabajo! buscando （你）不要继续找工作！
04 | ¡No sigas pan! comiendo （你）不要继续吃面包！
05 | ¡No sigas café! tanto tomando （你）不要继续喝太多咖啡！

解答
★01: ¡No sigas tratando de encontrar tu dinero!
★02: ¡No sigas caminando más!
★03: ¡No sigas buscando trabajo!
★04: ¡No sigas comiendo pan!
★05: ¡No sigas tomando tanto café!

PASO3　应用篇

A：Margarita es tonta y egoísta.
B：¡No sigas hablando mal de ella!
A：玛格丽塔既愚蠢又自私。
B：（你）不要继续说她的坏话！

250 | 祈使句和感叹句的句型

Se prohíbe… 禁止……

Se prohíbe + 动词原形，表示"禁止……"。

PASO1 Top 必学句

01 | **Se prohíbe** fumar aquí.　　　　　这里禁止吸烟。
02 | **Se prohíbe** hablar en clase.　　　　课堂上禁止讲话。
03 | **Se prohíbe** comer en el laboratorio.　实验室禁止饮食。
04 | **Se prohíbe** dar comida a los animales.　禁止喂食动物。
05 | **Se prohíbe** entrar sin permiso.　　严禁擅自进入。
06 | **Se prohíbe** llevar armas en el avión.　严禁携带武器上飞机。
07 | **Se prohíbe** copiar música de internet.　禁止从网络复制音乐。
08 | **Se prohíbe** cazar ballenas.　　　　严禁捕鲸。
09 | **Se prohíbe** vender medicamentos.　禁止卖药。
10 | **Se prohíbe** comer chicle en la calle.　禁止在街上嚼口香糖。

补充
★03： laboratorio　名　实验室
★05： permiso　名　允许；批准
★08： cazar ballenas　短　捕鲸

PASO2 句子重组练习

01 | **Se prohíbe** propina. aceptar　　　　禁止收小费。
02 | **Se prohíbe** los empleados públicos. a regalos hacer　严禁送礼给公务人员。
03 | **Se prohíbe** en el avión. celulares usar　严禁飞机上使用手机。
04 | **Se prohíbe** en público. camisetas quitarse las　严禁在公共场所打赤膊。
05 | **Se prohíbe** trampa. hacer　　　　禁止作弊。

解答
★01： Se prohíbe aceptar propina.
★02： Se prohíbe hacer regalos a los empleados públicos.
★03： Se prohíbe usar celulares en el avión.
★04： Se prohíbe quitarse las camisetas en público.
★05： Se prohíbe hacer trampa.

PASO3 应用篇

A：El profesor de contabilidad dijo que se prohíbe usar la calculadora en clase.
B：Me parece bien.
A：会计课老师说，课堂禁止使用计算机。
B：听起来不错。

251 | 祈使句和感叹句的句型

¡Espera que...! 你等……!

¡Espera que + 虚拟式，表示"你等……！"

PASO 1 Top 必学句

01 | **¡Espera que** ella vuelva! （你）等她回来！
02 | **¡Espera que** Eva salga primero! （你）等伊娃先走！
03 | **¡Espera que** el chico se vaya! （你）等那男孩走！
04 | **¡Espera que** Juan te proponga matrimonio! （你）等胡安向你求婚！
05 | **¡Espera que** llegue el taxi! （你）等出租车到来！
06 | **¡Espera que** saque dinero del banco! （你）等我把钱从银行取出来！
07 | **¡Espera que** (yo) tenga tiempo! （你）等我有时间！
08 | **¡Espera que** se termine la película! （你）等电影结束！
09 | **¡Espera que** te ofrezcan algo de beber! （你）等他们给你喝的东西！
10 | **¡Espera que** se duerma el bebé! （你）等宝宝睡觉！

补充
★02： salir primero　短 先走
★05： taxi　图 出租车；计程车
★09： ofrecer algo　短 提供东西

PASO 2 句子重组练习

01 | **¡Espera que** den me permiso! （你）等他们给我许可！
02 | **¡Espera que** ropa! me cambie de （你）等我换衣服！
03 | **¡Espera que** el aumento den me salarial! （你）等他们给我加薪！
04 | **¡Espera que** mi trabajo! termine （你）等我完成工作！
05 | **¡Espera que** lluvia! la pare （你）等雨停！

解答
★01： ¡Espera que me den permiso!
★02： ¡Espera que me cambie de ropa!
★03： ¡Espera que me den el aumento salarial!
★04： ¡Espera que termine mi trabajo!
★05： ¡Espera que pare la lluvia!

PASO 3 应用篇

A: Quiero comer, tengo hambre.
B: ¡Espera que ponga la mesa primero!
A: 我饿了，我想要吃饭。
B: （你）等我先摆放餐具！

252 | 祈使句和感叹句的句型

¡Ven a…! 来……！

Ven a + 动词原形，表示"来……！"。

PASO1　Top 必学句

01	¡**Ven a** mi casa!	来我家！
02	¡**Ven a** saludar a mis padres!	过来和我的父母打招呼！
03	¡**Ven a** bailar conmigo!	过来与我共舞！
04	¡**Ven a** comer cerezas!	过来吃樱桃！
05	¡**Ven a** ayudarme!	过来帮我！
06	¡**Ven a** salvarme!	来救我！
07	¡**Ven a** escuchar esta canción!	过来听这首歌！
08	¡**Ven a** sacarme de aquí!	来带我离开这里！
09	¡**Ven a** buscarme a casa de Diana!	到戴安娜的家寻找我！
10	¡**Ven a** tomar té conmigo!	过来跟我一起喝茶！

补充

- ★02：saludar　动 招呼；问候
- ★04：cereza　名 暗红（色）；樱桃
- ★06：salvar　动 救；拯救；解救

PASO2　句子重组练习

01	¡**Ven al** de arte! museo	来美术馆！
02	¡**Ven a** de Amelia! cena la	来阿梅利亚的晚宴！
03	¡**Ven a** esta comprar tienda! a	来此店购买！
04	¡**Ven a** universidad! esta enseñar a	来这所大学教书！
05	¡**Ven a** comida! terminar tu	来吃完你的食物！

解答

- ★01：¡Ven al museo de arte!
- ★02：¡Ven a la cena de Amelia!
- ★03：¡Ven a comprar a esta tienda!
- ★04：¡Ven a enseñar a esta universidad!
- ★05：¡Ven a terminar tu comida!

PASO3　应用篇

A：Vamos a llegar tarde a tu ceremonia de graduación.

B：Sí, ¡ven a vestirte ahora!

A：参加你的毕业庆祝活动，我们要迟到了。

B：是啊，现在就穿衣打扮！

¡Vamos a... 我们去……!

¡Vamos a..., 表示"我们去……!"。

PASO1　Top 必学句

01	¡**Vamos** a la playa!	我们去海边!
02	¡**Vamos** a cantar!	我们来唱歌!
03	¡**Vamos** a la librería!	我们到书店!
04	¡**Vamos** a bailar!	我们来跳舞吧!
05	¡**Vamos** a jugar al parque!	我们去公园玩!
06	¡**Vamos** al banco!	我们去银行!
07	¡**Vamos** a la carnicería!	我们去肉店!
08	¡**Vamos** a comer!	我们去吃东西!
09	¡**Vamos** a Tokio!	我们到东京!
10	¡**Vamos** a repasar la lección!	让我们复习一下课程!

补充
- ★03: librería　名　书店
- ★04: bailar　动　跳舞
- ★07: carnicería　名　肉铺;肉店
- ★10: repasar　动　回顾;复习

PASO2　句子重组练习

01	¡**Vamos a** tu celebrar aniversario!	我们来庆祝结婚纪念日!
02	¡**Vamos al** de restaurante Julio!	我们去胡里奥的餐厅!
03	¡**Vamos a** tortillas! comer	我们来吃玉米饼!
04	¡**Vamos a** río! al nadar	我们到河里游泳!
05	¡**Vamos a** guitarra! practicar	我们来练习弹吉他!

解答
- ★01: ¡Vamos a celebrar tu aniversario!
- ★02: ¡Vamos al restaurante de Julio!
- ★03: ¡Vamos a comer tortillas!
- ★04: ¡Vamos a nadar al río!
- ★05: ¡Vamos a practicar guitarra!

PASO3　应用篇

A：Date prisa, nos toca actuar ahora.

B：Sí, ¡vamos a ponernos los disfraces!

A：快点,现在要换我们上场表演了。

B：好的,我们马上换服装!

¡Dime…! 告诉我……！

¡Dime + 名词 / 代词 / 副词，表示"告诉我……！"。

PASO 1　Top 必学句

01	¡Dime todo lo que sabes!	告诉我所有你知道的！
02	¡Dime la verdad!	告诉我真相！
03	¡Dime lo que te pasa!	告诉我，你发生了什么事！
04	¡Dime cuánto cuesta esto!	请告诉我，这个要多少钱！
05	¡Dime cuánta gente hay!	告诉我有多少人！
06	¡Dime quién viene!	告诉我谁会来！
07	¡Dime algo bonito!	跟我说些好听的话！
08	¡Dime lo que sientes!	告诉我你的感受！
09	¡Dime cuándo vas a volver!	告诉我你何时回来！
10	¡Dime dónde estás!	告诉我你在哪里！

补充
- ★03：pasar　动 发生
- ★05：gente　名 人；人们
- ★07：bonito　形 好听的

PASO 2　句子重组练习

01	¡Dime andas! quién con	告诉我，你和谁在一起！
02	¡Dime vienen! niños cuántos	告诉我有多少孩子来！
03	¡Dime esa por qué cara! tienes	告诉我为什么你有那副表情！
04	¡Dime piensas! que lo	告诉我你的想法！
05	¡Dime que quieras! lo	告诉我你想的事情！

解答
- ★01：¡Dime con quién andas!
- ★02：¡Dime cuántos niños vienen!
- ★03：¡Dime por qué tienes esa cara!
- ★04：¡Dime lo que piensas!
- ★05：¡Dime lo que quieras!

PASO 3　应用篇

A：¡Dime qué le pasa a Luis!

B：No sé… Lo noto muy distraído estos días.

A：告诉我，路易斯出了什么事！

B：我不知道……，只觉得他这几天非常心不在焉。

¡Qué…! 多么……！

¡Qué + 名词 / 形容词，表示"多么……！"。

PASO 1　Top 必学句

01 | **¡Qué** sorpresa!　　　　　　好一个惊喜！
02 | **¡Qué** increíble!　　　　　　简直不可思议！
03 | **¡Qué** suerte!　　　　　　　真幸运！
04 | **¡Qué** horror!　　　　　　　好恐怖！
05 | **¡Qué** asco!　　　　　　　　好恶心！
06 | **¡Qué** barbaridad!　　　　　真不像话！
07 | **¡Qué** lástima!　　　　　　　真可惜！
08 | **¡Qué** sólo estoy!　　　　　好一个落单的我！
09 | **¡Qué** antipático!　　　　　好不友善啊！
10 | **¡Qué** rico el café!　　　　　好香浓的咖啡！

补充
★03： suerte　　名 幸运
★05： asco　　　名 恶心
★06： barbaridad　名 荒唐
★07： lástima　　名 遗憾；可惜

PASO 2　句子重组练习

01 | **¡Qué** de verte! ganas　　　等不及要见你！
02 | **¡Qué** soy! tonto　　　　　 我真是个傻瓜！
03 | **¡Qué** lugar! lindo　　　　 多么美丽的地方！
04 | **¡Qué** hoy! ves bien te　　 今天你看起来太棒了！
05 | **¡Qué** siento! me mal　　　我好难过！

解答
★01： ¡Qué ganas de verte!
★02： ¡Qué tonto soy!
★03： ¡Qué lindo lugar!
★04： ¡Qué bien te ves hoy!
★05： ¡Qué mal me siento!

PASO 3　应用篇

A： Ayer falleció Eliana.
B： ¡Qué mala suerte!
A： 埃利安娜昨天去世了。
B： 多么不幸啊！

256 | 祈使句和感叹句的句型

¡Cómo…! 多么 / 何等 / 如何……！

¡Cómo + 动词陈述式 / 完成式，表示"多么 / 何等 / 如何……！"。

PASO 1 Top 必学句

01	¡**Cómo** nos reímos!	我们笑得多么开心啊！
02	¡**Cómo** pasa el tiempo!	时间过得真快！
03	¡**Cómo** cambia la vida!	生活改变得有多么快啊！
04	¡**Cómo** sube el precio de la gasolina!	汽油价格涨得可真快！
05	¡**Cómo** come Susana!	苏珊娜多么会吃！
06	¡**Cómo** tiembla en Japón!	日本地震可真频繁！
07	¡**Cómo** ronca Francisco!	弗朗西斯科多么会打鼾！
08	¡**Cómo** te mira ese chico!	瞧！那男孩是怎么看你的！
09	¡**Cómo** llora la niña!	女孩可真会哭啊！
10	¡**Cómo** pasan los años!	光阴似箭！

补充
- ★03: cambiar 动 改变；使发生变化
- ★04: gasolina 名 汽油
- ★06: temblar 动 晃动；震动；地震
- ★07: roncar 动 打鼾

PASO 2 句子重组练习

01	¡**Cómo**　Roberto!　quiere　te	罗伯特是多么爱你！
02	¡**Cómo**　Laura!　grita	劳拉可真会吼叫！
03	¡**Cómo**　Paloma!　gasta	帕洛玛可真会花钱！
04	¡**Qué**　bien　Melissa!　cocina	梅丽莎多么会做饭啊！
05	¡**Cómo**　este　conduce　hombre!	这个人可真会开车！

解答
- ★01: ¡Cómo te quiere Roberto!
- ★02: ¡Cómo grita Laura!
- ★03: ¡Cómo gasta Paloma!
- ★04: ¡Qué bien cocina Melissa!
- ★05: ¡Cómo conduce este hombre!

PASO 3 应用篇

A：¿Te gusta mi nuevo traje?
B：No…¡Cómo se te ocurre ponerte esa ropa!
A：你喜欢我的新西服吗？
B：不喜欢！你怎么会想到穿这种衣服啊！

¡Cuánto / Cuánta…! 多少/多么……

¡Cuánto / Cuánta + 形容词 / 名词，表示"多少 / 多么……！"。

PASO 1   Top 必学句

01 | **¡Cuánto** tiempo sin verte!　　　　　好久不见！
02 | **¡Cuánto** me alegro de estar aquí!　　我是多么高兴到这里！
03 | **¡Cuánta** razón tienes!　　　　　　　哇，你可真有道理！
04 | **¡Cuánto** dinero desperdiciado!　　　花了多少冤枉钱啊！
05 | **¡Cuánta** basura hay en las calles!　　街上的垃圾可真多！
06 | **¡Cuánto** perro anda suelto!　　　　 流浪狗可真多！
07 | **¡Cuánta** gente hay aquí!　　　　　　这里的人可真多！
08 | **¡Cuánta** comida sobró!　　　　　　 剩下的食物可真多！
09 | **¡Cuánta** alegría me da verte!　　　　哇，我好高兴看到你！
10 | **¡Cuánto** vagabundo hay en esta ciudad! 这城市的流浪汉可真多！

补充
- ★03: tener razón　有道理
- ★05: basura　名 垃圾
- ★08: sobrar　动 剩余
- ★09: alegría　名 高兴快乐

PASO 2   句子重组练习

01 | **¡Cuánto** siento, lo Emilio!　　　　　埃米利奥，我真是抱歉！
02 | **¡Cuánta** en la paz hay iglesia!　　　教堂可真安静啊！
03 | **¡Cuánta** en cosa tienda! esta barata hay　这家店里的东西可真便宜！
04 | **¡Cuánto** los alboroto niños! hacen　 孩子们可真吵闹！
05 | **¡Cuánta** este pobreza en país! hay　这个国家可真贫穷！

解答
- ★01: ¡Cuánto lo siento, Emilio!
- ★02: ¡Cuánta paz hay en la iglesia!
- ★03: ¡Cuánta cosa barata hay en esta tienda!
- ★04: ¡Cuánto alboroto hacen los niños!
- ★05: ¡Cuánta pobreza hay en este país!

PASO 3   应用篇

A: Sara sigue siendo triste.
B: Sí, ¡cuánta pena me da verla así!
A: 莎拉还是好伤心。
B: 是啊，看她如此悲哀，我可真难过！

¡Cómo me…!
我是多么 / 何等 / 如何……!

¡Cómo me + 动词陈述式，表示 "我是多么 / 何等 / 如何……！"。

PASO 1　Top 必学句

01	¡Cómo me gusta esta comida!	我很喜欢这种食物！
02	¡Cómo me entusiasma la idea!	这想法多么令我兴奋！
03	¡Cómo me duele la cabeza!	我的头好痛！
04	¡Cómo me molesta la gente hipócrita!	虚伪的人是多么令我厌烦！
05	¡Cómo me asustan las arañas!	蜘蛛真让我害怕！
06	¡Cómo me aprietan los zapatos!	这双鞋勒得我的脚好难受！
07	¡Cómo me gusta verte reír!	我是多么喜欢看你笑！
08	¡Cómo me arde la garganta!	我的喉咙是多么灼热啊！
09	¡Cómo me pica la mano!	我的手可真痒！
10	¡Cómo me cuesta olvidarte!	忘掉你是何等难啊！

补充
- ★02: entusiasmar　动　兴奋
- ★04: hipócrita　形　虚伪
- ★08: garganta　名　咽喉，喉咙
- ★09: picar　动　刺；痒

PASO 2　句子重组练习

01	¡Cómo ser maleducado! puedes tan	你可真没教养！
02	¡Cómo tu actitud! molesta me	你的态度是多么令我厌恶！
03	¡Cómo a venir mi atreves te casa! a	你怎敢来我家！
04	¡Cómo sin llegas avisarme!	你怎能不告诉一声就到！
05	¡Cómo haces me esto!	你怎敢对我做这种事！

解答
- ★01: ¡Cómo puedes ser tan maleducado!
- ★02: ¡Cómo me molesta tu actitud!
- ★03: ¡Cómo te atreves a venir a mi casa!
- ★04: ¡Cómo llegas sin avisarme!
- ★05: ¡Cómo me haces esto!

PASO 3　应用篇

A：¡Tanto tiempo sin verte!

B：Sí, cómo pasan los años!

A：好久不见！

B：是啊，岁月如梭！

¡Cuán...! 多么/何等……!

Cuán 是 cuánto 的词尾省略形式,用于形容词和副词之前。¡Cuán + 形容词,表示"多么/何等……!"。

PASO 1 Top 必学句

01 | ¡Cuán difícil es esta clase!   这个班可真难教!
02 | ¡Cuán hermosa es tu mirada!   你的眼神是多么美丽!
03 | ¡Cuán profundo es este poema!   这首诗是多么有深度!
04 | ¡Cuán amena está la reunión!   会议多么愉快有趣!
05 | ¡Cuán bello es este paisaje!   这风景真美丽!
06 | ¡Cuán simpático es tu hermano!   你的兄弟可真友善!
07 | ¡Cuán bravo es el perro!   这只狗可真凶猛!
08 | ¡Cuán absurda es la obra de teatro!   这出戏是多么荒谬!
09 | ¡Cuán barato es este restaurante!   这家餐厅可真便宜!
10 | ¡Cuán húmeda es esta ciudad!   这个城市真够潮湿的!

补充
★03: profundo 形 深刻的;深邃的
★04: ameno 形 愉快的
★08: absurdo 形 不合理的;荒谬的

PASO 2 句子重组练习

01 | ¡Cuán la casa está vacía ti! sin   没有你的房子是多么空寂!
02 | ¡Cuán la fiesta! entretenida está   聚会是多么的有趣!
03 | ¡Cuán tu amable es madre!   你母亲是多么的和蔼可亲!
04 | ¡Cuán este largo libro! es   这本书够长的!
05 | ¡Cuán Ricardo! grande está   里卡多真大呀。

解答
★01: ¡Cuán vacía está la casa sin ti!
★02: ¡Cuán entretenida está la fiesta!
★03: ¡Cuán amable es tu madre!
★04: ¡Cuán largo es este libro!
★05: ¡Cuán grande está Ricardo!

PASO 3 应用篇

A: ¡Cuán ocupada estás últimamente!
B: Sí, tengo mucho trabajo sin terminar.
A: 你最近很忙吧!
B: 是啊,我有许多待处理的工作。

260 | 祈使句和感叹句的句型

¡Es...! 是……!

¡Es + 形容词，表示"是……！"。

PASO 1　Top 必学句

01	¡**Es** una gran tontería!	这是一个出奇的蠢事！
02	¡**Es** totalmente falso!	这完全是虚假的！
03	¡**Es** una alegría volver a verte!	真是太高兴能再见到你！
04	¡**Es** muy frío aquí!	这里冷死了！
05	¡**Es** super divertido!	这真是超级好玩！
06	¡**Es** muy linda esta canción!	这首歌太好听了！
07	¡**Es** ridículo tu comentario!	你的评论简直荒谬！
08	¡**Es** fantástico este cuento!	这个故事太棒了！
09	¡**Es** emocionante el final la película!	电影的结局太令人感动了！
10	¡**Es** maravilloso el espectáculo!	这演出精彩极了！

补充
- ★01：tontería　图 愚蠢；蠢事
- ★02：falso　形 假的；不符合实际的
- ★05：divertido　形 有趣的；好玩的
- ★09：emocionante　形 感人的；激动人心的

PASO 2　句子重组练习

01	¡**Es** tu genial novia!	你的女朋友实在太棒了！
02	¡**Es** este computador! ganga una	这台电脑还真便宜！
03	¡**Es** tu increíble suerte! buena	你运气好得令人难以想象！
04	¡**Es** tu grosero amigo!	你的朋友简直是粗俗至极！
05	¡**Es** sillón! el carísimo	这张扶手椅超贵的！

解答
- ★01：¡Es genial tu novia!
- ★02：¡Es una ganga este computador!
- ★03：¡Es increíble tu buena suerte!
- ★04：¡Es un grosero tu amigo!
- ★05：¡Es carísimo el sillón!

PASO 3　应用篇

A：¡Paloma es hermosa!
B：Sí, ¡es una verdadera belleza!

A：帕洛玛，好漂亮啊！
B：是啊，她是一个真正的美女！

¡Eres...! 你是……!

¡Eres + 形容词，表示"你是……！"。

PASO 1 Top 必学句

01	¡**Eres** magnífico!	你太优秀！
02	¡**Eres** un excelente ciclista!	你是一个杰出的自行车手！
03	¡**Eres** único!	你是独一无二的！
04	¡**Eres** un ángel!	你是天使！
05	¡**Eres** tan dulce!	你好甜美！
06	¡**Eres** perfecta!	你太完美了！
07	¡**Eres** lo máximo!	你最棒了！
08	¡**Eres** tan bella!	你真美！
09	¡**Eres** un pesado!	你好讨厌！
10	¡**Eres** como pocos!	你是少见的异类！

补充
- ★01: magnífico 形 优秀的；杰出的
- ★02: ciclista 名 骑自行车的人
- ★05: dulce 形 甜的；柔和的
- ★06: perfecta 形 完美的

PASO 2 句子重组练习

01	¡**Eres** especial! muy	你真的与众不同！
02	¡**Eres** haragán!	你真是一个懒惰鬼！
03	¡**Eres** petulante! un	你是一个傲慢无礼的家伙！
04	¡**Eres** atento conmigo! muy	你对我真是殷勤周全啊！
05	¡**Eres** tonto! tan	你太傻了！

解答
- ★11: ¡Eres muy especial!
- ★12: ¡Eres haragán!
- ★13: ¡Eres un petulante!
- ★14: ¡Eres muy atento conmigo!
- ★15: ¡Eres tan tonto!

PASO 3 应用篇

A: Cariño, ¿no crees que esta camisa azul me va muy bien?

B: ¡Eres un engreído!

A：亲爱的，你不觉得这件蓝色衬衫很适合我吗？

B：你真的很自大！

¡Cuidado con...! 谨防/当心……！

¡Cuidado con + 名词/动词，表示"谨防/当心……！"。

PASO 1　Top 必学句

01 | **¡Cuidado con** el perro!　　　　谨防恶犬！
02 | **¡Cuidado con** los rateros!　　　当心扒手！
03 | **¡Cuidado con** comer demasiado!　当心暴饮暴食！
04 | **¡Cuidado con** la culebra!　　　当心蛇！
05 | **¡Cuidado con** tus palabras!　　请你当心说话！
06 | **¡Cuidado con** salir muy tarde!　晚出门要当心！
07 | **¡Cuidado con** la sal!　　　　　当心盐！
08 | **¡Cuidado con** las sanguijuelas!　当心水蛭！
09 | **¡Cuidado con** nadar en el mar!　在海中游泳要当心！
10 | **¡Cuidado con** hablar mucho!　　当心话太多！

补充
★01： perro　　　名 狗
★04： culebra　　名 蛇
★08： sanguijuelas　名 水蛭

PASO 2　句子重组练习

01 | **¡Cuidado con** agua! el　　　　当心水！
02 | **¡Cuidado con** ratones! los　　当心老鼠！
03 | **¡Cuidado con** olas! las　　　谨防海浪！
04 | **¡Cuidado con** animales! los　当心动物出没！
05 | **¡Cuidado con** tanto! mentir　小心谎话说太多！

解答
★01： ¡Cuidado con el agua!
★02： ¡Cuidado con los ratones!
★03： ¡Cuidado con las olas!
★04： ¡Cuidado con los animales!
★05： ¡Cuidado con mentir tanto!

PASO 3　应用篇

A：Hoy me siento muy enfermo.
B：¡Cuidado con tu salud!
A：今天我觉得不舒服。
B：注意你的健康！

¡Deja de...! 停止 / 不要……！

¡Deja de + 动词，表示"停止 / 不要……！"。

PASO 1　Top 必学句

01 | ¡Deja de molestarme!　　　　　　不要烦我！
02 | ¡Deja de roncar!　　　　　　　　停止打鼾！
03 | ¡Deja de hablar así!　　　　　　停止这样说话！
04 | ¡Deja de culparme!　　　　　　　停止责备我！
05 | ¡Deja de repetir lo mismo!　　　停止重复相同的！
06 | ¡Deja de llorar!　　　　　　　　停止哭泣！
07 | ¡Deja de fumar aquí!　　　　　　此地严禁吸烟！
08 | ¡Deja de hacer bullicio!　　　　停止喧闹！
09 | ¡Deja de ser pesimista!　　　　 不要再悲观！
10 | ¡Deja de engañarme!　　　　　　 停止欺骗我！

补充
★04: culpar　动 指责
★08: hacer bnllicio　短 喧闹
★10: engañar　动 欺骗

PASO 2　句子重组练习

01 | ¡Deja de fotos! sacarme　　　　停止帮我拍照！
02 | ¡Deja de tele! ver　　　　　　 停止看电视！
03 | ¡Deja de pretextos! dar　　　　停止找借口！
04 | ¡Deja de el tocar pito!　　　　停止吹哨子！
05 | ¡Deja de tanto! gritar　　　　 停止这么吵闹！

解答
★01: ¡Deja de sacarme fotos!
★02: ¡Deja de ver tele!
★03: ¡Deja de dar pretextos!
★04: ¡Deja de tocar el pito!
★05: ¡Deja de gritar tanto!

PASO 3　应用篇

A：Vicente, deberías dejar de ver a Elena.
B：¡Deja de darme consejos!
A：文森特，你应该停止看艾琳娜。
B：不要给我忠告！

264 | 祈使句和感叹句的句型

¡Qué bien que… ! ……好极了!

¡Qué bien que + 动词陈述式，表示"……好极了！"

PASO 1 Top 必学句

01 | **¡Qué bien que** canta Luis! —— 路易斯唱得好极了！
02 | **¡Qué bien que** bailas! —— 你舞跳得棒极了！
03 | **¡Qué bien que** te encuentro! —— 遇到你实在是太好了！
04 | **¡Qué bien que** lo pasamos en la fiesta! —— 我们在聚会里玩得好开心！
05 | **¡Qué bien que** están los niños! —— 孩子们棒极了！
06 | **¡Qué bien que** llegas ahora! —— 你现在就到，太好了！
07 | **¡Qué bien que** suena la radio! —— 收音机的声音好清晰！
08 | **¡Qué bien que** cocinas! —— 你做饭棒极了！
09 | **¡Qué bien que** escribes! —— 你写得好极了！
10 | **¡Qué bien que** se porta tu hija! —— 你女儿表现得好有教养！

补充
★03: encontrarse 动 相遇，相会
★07: sonar 动 发出声响
★10: portarse 动 表现

PASO 2 句子重组练习

01 | **¡Qué bien que** Tomás! habla —— 托马斯说得棒极了！
02 | **¡Qué bien que** ves! te —— 你看起来棒极了！
03 | **¡Qué bien que** siento! me —— 我的感觉好了！
04 | **¡Qué bien que** aquí! estás —— 你在这里好极了！
05 | **¡Qué bien que** banda! toca la —— 乐队演奏得棒极了！

解答
★01: ¡Qué bien que habla Tomás!
★02: ¡Qué bien que te ves!
★03: ¡Qué bien que me siento!
★04: ¡Qué bien que estás aquí!
★05: ¡Qué bien que toca la banda!

PASO 3 应用篇

A：¡Qué bien que hablas español!
B：Sí, viví un año en España.
A：你西班牙语说得好极了！
B：谢谢夸奖，因为我在西班牙生活过一年。

265 | 祈使句和感叹句的句型

¡Felicitaciones por...! 恭喜你……!

¡Felicitaciones por + 名词/动词，表示"恭喜你……！"。

PASO1　Top 必学句

01 | **¡Felicitaciones por** tu nuevo bebé!　　恭喜你又生了宝宝！
02 | **¡Felicitaciones por** tu matrimonio!　　恭喜你结婚了！
03 | **¡Felicitaciones por** tu ascenso!　　恭喜你晋升！
04 | **¡Felicitaciones por** tu nuevo trabajo!　　恭喜你换了新工作！
05 | **¡Felicitaciones por** ganar el concurso!　　恭喜你赢得比赛！
06 | **¡Felicitaciones por** ganar las elecciones !　　恭喜你赢得选举！
07 | **¡Felicitaciones por** haber graduado!　　恭喜你毕业！
08 | **¡Felicitaciones por** aprobar el curso!　　恭喜你通过了课程！
09 | **¡Felicitaciones por** el premio!　　恭喜获奖！
10 | **¡Felicitaciones por** tu compromiso!　　恭喜你订婚！

补充
★03: ascenso　名　晋升
★05: concurso　名　竞争；比赛
★07: egresar　动　毕业（拉美方言）
★08: aprobar　动　通过

PASO2　句子重组练习

01 | **¡Felicitaciones por** nuevo tu proyecto!　　恭喜你的新计划！
02 | **¡Felicitaciones por** diseño! tu lindo　　恭喜你精巧的设计！
03 | **¡Felicitaciones por** el primero ser la de clase!　　恭喜你考第一名！
04 | **¡Felicitaciones por** tu aprobar de examen grado!　　恭喜你通过晋级考试！
05 | **¡Felicitaciones por** cumpleaños! tu　　祝贺你生日快乐！

解答
★01: ¡Felicitaciones por tu nuevo proyecto!
★02: ¡Felicitaciones por tu lindo diseño!
★03: ¡Felicitaciones por ser el primero de la clase!
★04: ¡Felicitaciones por aprobar tu examen de grado!
★05: ¡Felicitaciones por tu cumpleaños!

PASO3　应用篇

A：¡Me fue muy bien en todos los exámenes finales!
B：¡Felicitaciones hijo por ser tan buen alumno!
A：我期末考试每个科目都考得非常好！
B：恭喜你，儿子！你是一个好学生！

266 | 祈使句和感叹句的句型

¡Por fin…! 终于……!

¡Por fin + 动词陈述式，表示"终于……！"。

PASO 1　Top 必学句

01 | **¡Por fin** salió el sol! 　　　　　太阳终于出来了！
02 | **¡Por fin** vendiste la casa! 　　　你终于卖掉了房子！
03 | **¡Por fin** te fuiste a Nueva Zelanda! 　你终于去新西兰了！
04 | **¡Por fin** arreglaste tu moto! 　　你终于修理摩托车了！
05 | **¡Por fin** te quitaste las gafas! 　你终于摘下了眼镜！
06 | **¡Por fin** obedeciste a tu papá! 　你终于听你爸爸的话了！
07 | **¡Por fin** te encontré! 　　　　　终于找到你了！
08 | **¡Por fin** te dieron de alta del hospital! 　你终于可以出院了！
09 | **¡Por fin** quedamos solos! 　　　我们终于可以独处了！
10 | **¡Por fin** es primavera! 　　　　春天终于来了！

补充
★01：salir el sol　短 太阳出来了
★03：Nueva Zelanda　名 新西兰
★08：dar de alta　短 给出院通知

PASO 2　句子重组练习

01 | **¡Por fin** a casa! volviste 　　　　你终于回家了！
02 | **¡Por fin** equipo! tu ganó 　　　　你的球队终于赢了！
03 | **¡Por fin** acciones! bajaron las 　 股票终于下跌了！
04 | **¡Por fin** en paz! estamos 　　　我们终于和好了！
05 | **¡Por fin** la terminó semana! 　　一周终于结束了！

解答
★01：¡Por fin volviste a casa!
★02：¡Por fin ganó tu equipo!
★03：¡Por fin bajaron las acciones!
★04：¡Por fin estamos en paz!
★05：¡Por fin terminó la semana!

PASO 3　应用篇

A： Juan le va a pedir matrimonio a Rosa hoy...
B： ¡Por fin decidió casarse!

A： 今天，胡安会向罗莎求婚……
B： 他终于决定要结婚了！

277

MEMO

西班牙语入门口语
句型大全

比较级和最高级的句型

PARTE

8

267 | 比较级和最高级的句型

...más...que... 超过/比……更多……

较高级形式：más + 形容词→更好、更贵、更高、更小……用于形容词之前。Este / Esta / Estos / Estas + 名词 + 动词（ser）es / son + más + 形容词 + 名词，指示增大，表示"超过 / 比……更多……"。

PASO 1　Top 必学句

01 | Eres **más** alto **que** José.　你比荷塞高。
02 | Mario es **más** bajo **que** Julio.　马里奥比胡里奥矮。
03 | El Señor Pérez es **más** gordo **que** Felipe.　佩雷斯先生比费利佩胖。
04 | Tienes **más** monedas **que** yo.　你比我拥有更多的硬币。
05 | Soy **más** cuidadoso **que** mi hermano menor.　我比我弟弟更加谨慎。
06 | Mi abuelo tiene **más** canas **que** mi abuela.　我祖父的白发比祖母多。
07 | Siento **más** calor **que** ayer.　我感觉今天比昨天热。
08 | Tengo **menos** suerte **que** tú.　你的运气比我好。
09 | Lorenzo es **más** simpático **que** Roberto.　罗伦佐比罗伯托更加友善。
10 | El doctor Vera **es** mejor **que** el doctor Jara.　维拉医师比哈拉医生更好。

补充
★01: alto　形 高的
★02: bajo　形 矮的
★05: ser cuidadoso　短 小心；谨慎

PASO 2　句子重组练习

01 | Estos limones aquellos. **más** son **que** ácidos　这些柠檬比那些酸。
02 | Este auto **más** ese. caro **que** es　这款车比那款更贵。
03 | Tenemos dinero **que** vosotros. **más**　我们比你们更有钱。
04 | Estas ciruelas **más que** son dulces aquellas.　这些李子比那些甜。

解答
★01: Estos limones son más ácidos que aquellos.
★02: Este auto es más caro que ese.
★03: Tenemos más dinero que vosotros.
★04: Estas ciruelas son más dulces que aquellas.

PASO 3　应用篇

A：Está haciendo mucho frío en Beijing.
B：Sí… esta semana ha hecho más frío que la semana pasada.
A：近期，北京的天气变得好冷。
B：是啊，这周比上周还要冷。

...menos...que... 少于 / 不超过……

较低级形式比较级：menos 较少……用于形容词之前。指示代词 éste 这（阴性 -a）/ éstos 这些（阴性 -as），用于指离讲话人最近的人或物，也用于指刚刚说过的话或做过的事情。éste（a）/ éstos（as）+ 动词（ser）es / son + menos + 形容词 + que + 名词，表示"少于 / 不超过……"。

PASO 1　Top 必学句

01 | En esta ciudad llueve **menos que** en Madrid.　这个城市雨下得比马德里少。
02 | Pablo es **menos** inteligente **que** Tomás.　巴布罗没有托马斯聪明。
03 | Aquella calle es **menos** sucia **que** esta.　这条街比那条街脏乱。
04 | María tiene **menos** amigos **que** Sofía.　玛丽的朋友比索菲亚少。
05 | Hoy tengo **menos** tareas **que** ayer.　我今天的功课比昨天少。
06 | Javier se portó **menos** educado **que** Oscar.　哈维尔没有奥斯卡有教养。
07 | África está **menos** poblada **que** Asia.　非洲的人口比亚洲少。
08 | Esta universidad tiene **menos** estudiantes **que** aquella.　这所大学的学生比那所少。
09 | Tu sala de clases es **menos** iluminada **que** la mía.　你课堂的照明比我的少。
10 | El jardín tiene **menos** árboles **que** el parque.　花园的树木比公园少。

补充
★03: sucio　形　肮脏
★06: portarse　动　表现
★07: poblado　形　有人居住的
★09: iluminado　形　明亮的

PASO 2　句子重组练习

01 | Mi novio que cariñoso es tuyo. menos el　我的男朋友不如你的深情。
02 | Este libro menos aquel. que interesante es　这本书没有那本有趣。
03 | Estoy que concentrado menos tú.　我不如你专心。

解答
★01: Mi novio es menos cariñoso que el tuyo.
★02: Este libro es menos interesante que aquel.
★03: Estoy menos concentrado que tú.

PASO 3　应用篇

A：¿Qué vamos a comer hoy?
B：Es mejor comer pollo porque engorda menos que la carne.
A：我们今天要吃什么？
B：最好是吃鸡肉，因为比起其他的肉类它较不易发胖。

269 | 比较级和最高级的句型

...tan...como... 像……一样

同等级形式比较 tan...como。tan 是 tanto 的词尾省略形式，tan 用于形容词之前，tanto 用在名词前。...tan... como...，表示"像……一样……"。

PASO 1　Top 必学句

01 | Mi país es **tan** hermoso **como** el tuyo. —— 我的国家像你的一样美丽。
02 | Juanito es **tan** imaginativo **como** Carlitos. —— 小胡安像小卡洛斯一样富有想象力。
03 | Eres **tan** impetuoso **como** yo. —— 你和我一样勇敢。
04 | Mi perro es **tan** juguetón **como** tu gato. —— 我的狗跟你的猫一样调皮。
05 | Tu padre es **tan** malhumorado **como** el mío. —— 你父亲像我爸爸一样容易动怒。
06 | Melita no es **tan** odiosa **como** Margarita. —— 梅利塔不像玛格丽塔那么令人讨厌。
07 | Mi madre es **tan** paciente **como** mi abuela. —— 我母亲我祖母一样有耐心。
08 | Patricio es **tan** modesto **como** su hermana. —— 帕特里西奥修跟他妹妹一样的谦虚。
09 | Esta película es **tan** aburrida **como** la otra. —— 这部电影像其他电影一样无聊。
10 | Eres **tan** afectuoso **como** tu padre. —— 你和你父亲一样亲切。

补充
★02: imaginativo　形　富于想象力的
★04: juguetón　形　贪玩；调皮
★06: odioso　形　讨厌的；可恶的
★10: afectuoso　形　深情的；亲切的

PASO 2　句子重组练习

01 | El pastel **tan como** sabroso está siempre. —— 蛋糕像平日一样很好吃。
02 | José es Pedro. guapo **como tan.** —— 何塞像佩德罗一样潇洒。
03 | El libro película. bueno es **como tan** la —— 这本书像电影一样精彩。

解答
★01: El pastel está tan sabroso como siempre.
★02: José es tan guapo como Pedro.
★03: El libro es tan bueno como la película.

PASO 3　应用篇

A: Paula, ¿no te quieres cortar el cabello?
B: No, quiero dejármelo tan largo como el tuyo.
A: 宝拉，你不想去剪头发吗？
B: 不想，我希望留得像你的头发一样长。

270 | 比较级和最高级的句型

...tanto / tanta...como...
像……一样……

tanto / tanta...como...，表示"像……一样……"。

PASO 1　Top 必学句

01	Tienes **tanto** dinero **como** Felipe.	你像费利佩一样有钱。
02	Samuel tiene **tantos** libros **como** yo.	萨穆埃尔像我一样拥有很多书。
03	Mi madre tiene **tanta** paciencia **como** la tuya.	我妈妈像你母亲一样有耐心。
04	Las naranjas pesan **tanto como** las manzanas.	橘子跟苹果一样重。
05	Josefina cocinó **tanto como** María.	何瑟芬娜像玛丽亚一样做很多食物。
06	Me gusta bailar **tanto como** a ti.	我像你一样爱舞蹈。
07	Te gusta **tanto** el arte **como** los deportes.	你热爱艺术和热爱运动一样。
08	Nos gusta **tanto** el cine **como** el teatro.	我们热爱电影和戏剧。
09	Inés me quiere **tanto como** yo a ella.	茵内丝很爱我，如同我爱她。
10	Tienes **tantos** problemas **como** Benito.	你和贝尼托有一样多的问题。

补充
★ 03： paciencia　图 耐心；耐性
★ 07： arte　图 艺术
★ 08： cine　图 电影

PASO 2　句子重组练习

01	Este hotel **tantas como** tiene aquel. habitaciones	这家酒店像那家的房间一样多。
02	Tengo **como** tú. **tantas** arrugas	我跟你一样有许多的皱纹。
03	Juan hermanos **tantos como** tiene Jorge.	胡安跟豪尔赫一样有许多兄弟。

 解答
★ 01： Este hotel tiene tantas habitaciones como aquel.
★ 02： Tengo tantas arrugas como tú.
★ 03： Juan tiene tantos hermanos como Jorge.

PASO 3　应用篇

A： Cecilia no tiene muchas amistades.

B： Sí, ella tiene tantos amigos como tú.

A： 塞西利亚并没有很多朋友。

B： 不，她跟你一样有很多的朋友。

283

No hay mejor...que...
没有……比……更好

No hay mejor + 名词 + que + 名词，表示"没有……比……更好"。

PASO 1　Top 必学句

01 | **No hay mejor** lugar **que** tu propia casa.　没有比你自己家更好的地方。
02 | **No hay mejor** comida **que** la española.　没有比西班牙菜更好的食物。
03 | **No hay mejor** profesor **que** tú.　没有比你更好的老师。
04 | **No hay mejor** amigo **que** uno mismo.　没有比自己最好的朋友。
05 | **No hay mejor** médico **que** el doctor López.　没有比洛佩兹医生更好的医生。
06 | **No hay mejor** consejo **que** el de una madre.　没有任何建议会比母亲给的建议更好。
07 | **No hay mejor** regalo **que** un libro.　没有任何礼物比送书更好。
08 | **No hay mejor** salsa **que** la que prepara Ana.　没有任何调味汁会比安娜准备的更好。
09 | **No hay mejor** negocio **que** el que hago.　没有任何生意会比我在做的那个更好。
10 | **No hay mejor** bebida **que** el agua.　没有任何饮料会比水更好。

补充
★04: uno mismo　短 自己
★06: consejo　名 建议
★08: salsa　名 调味汁；酱油

PASO 2　句子重组练习

01 | **No hay mejor**　mío.　trabajo　el　**que.**　没有任何工作会比我的更好。
02 | **No hay mejor**　mi　país　**que**　país.　没有任何国家会比我的更好。
03 | **No hay mejor**　la　familia　mía.　**que**　没有任何家庭会比我的更好。
04 | **No hay mejor**　el　kiwi.　fruta　**que**　没有任何水果会比奇异果更好。

解答
★01: No hay mejor trabajo que el mío.
★02: No hay mejor país que mi país.
★03: No hay mejor familia que la mía.
★04: No hay mejor fruta que el kiwi.

PASO 3　应用篇

A: ¿Cuál crees tú que es el mejor maestro en la escuela?
B: No hay mejor maestro que el profesor Gómez.
A: 你认为谁是学校里最好的老师？
B: 没有比戈麦斯老师更好的老师。

272 | 比较级和最高级的句型

Este / Esta / Estos / Estas es / son el / la / los / las mejor(es)…de
……较好（最好）……

绝对最高级：mejor 最好。指示代词 éste 这（阴性 -a）/ éstos 这些（阴性 -as），用于指离讲话人最近的人或物，也用于指刚刚说过的话或做过的事情。éste（a）/ éstos（as）+ 动词（ser）es / son + el / la / los / las mejor(res) + 名词 + de（用作比较），表示"……最好……"

PASO 1 Top 必学句

01 | **Éste** es el mejor libro **de** todos. 这本书是所有书籍中最好的。
02 | **Éstos** son los mejores alumnos **de** esta universidad. 这些学生是这所大学里最优秀的。
03 | **Éstas** son las mejores actrices **del** teatro. 这些女演员是剧院里最优秀的。
04 | **Éste** es el mejor barrio **de** la ciudad. 这一带是城市里最好的区域。
05 | **Ésta** es la mejor Navidad **de** todas. 这个圣诞节是历年来最棒的。
06 | **Éstos** son los mejores productos **de** la tienda. 这些产品都是店里最好的。
07 | **Éste** es el mejor celular **del** mercado. 这款手机是市场上最好的。
08 | **Éste** es el mejor día **de** mi vida. 这是我生命中最美好的一天。

补充
★ 01: libro 图 书
★ 02: alumno 图 学生
★ 06: producto 图 产品
★ 07: celular 图 手机

PASO 2 句子重组练习

01 | **Éstos son** de México. colegios **mejores los.** 这些学校都是墨西哥最好的。
02 | **Ésta es del** mundo. cerveza **mejor la.** 这啤酒是世界上最好的。
03 | **Éste es** programa **mejor el** televisión. **de** 这是最好的电视节目。
04 | **Ésta es** año. Película **mejor la del.** 这电影是今年最好的。

解答
★ 01: Éstos son los mejores colegios de México.
★ 02: Ésta es la mejor cerveza del mundo.
★ 03: Éste es el mejor programa de televisión.
★ 04: Ésta es la mejor película del año.

PASO 3 应用篇

A：¡Me encanta tu raqueta de tenis!
B：¡ Sí, **ésta es la mejor** marca deportiva **de** todas.

A：我喜欢你的网球拍！
B：没错，这是所有运动品牌中最好的。

285

273 | 比较级和最高级的句型

Este / Esta es el / la peor…de…
这是……中较差的；这是……中最差的

绝对最高级：peor 最差。指示代词 éste 这（阴性 -a）/ éstos 这些（阴性 -as），用于指离讲话人最近的人或事物，也用于指刚刚说过的话或做过的事情。Este / Esta / Estos / Estas + 名词 + 动词（ser）es / son+ 定冠词 el / la / los / las+ peor 形容词比较级 + de，表示"这是……中较差的；这是……中最差的"。

PASO 1　Top 必学句

01 | **Éste es el peor** plato **del** restaurante.　这盘菜是这餐厅里最糟糕的。
02 | **Éste es el peor** estudiante **de** la clase.　这位学生是班上最差的。
03 | **Éstas son las peores** canciones.　这些歌曲是最难听的。
04 | **Éste es el peor** error **de** todos.　这是错误中最严重的。
05 | **Ésta es la peor** peluquería **del** pueblo.　这家理发厅是村子里最差的。
06 | **Ésta es la peor** parte **de** la historia.　这是故事里面最糟糕的部分。
07 | **Éstas son las peores** bailarinas **del** grupo.　这些女舞者是该舞团中最差的。

补充
★01: plato　名 菜肴；菜
★06: historia　名 历史；（转）故事
★07: gobierno　名 政府，内阁

PASO 2　句子重组练习

01 | Éste es del cuadro peor museo. el　这幅画是博物馆里最烂的。
02 | Éste es el vecino aquí. peor de　这邻居是此区最不友善的。
03 | Éste es el panadería. pan peor de la　这款面包是店里最差的。
04 | Éstos son los todos. amigos peores de.　这些朋友都是最糟糕的。

解答
★01: Éste es el peor cuadro del museo.
★02: Éste es el peor vecino de aquí.
★03: Éste es el peor pan de la panadería.
★04: Éstos son los peores amigos de todos.

PASO 3　应用篇

A：En este supermercado no hay nada.
B：Sí, éste es el peor supermercado de este barrio.
A：这家超市什么都没有。
B：是的，这家超市是附近最烂的一间。

274 | 比较级和最高级的句型

Este / Esta / Estos / Estas… es / son el / la / los / las más… de… 这是……中最……的

Este / Esta / Estos / Estas + 名词 + 动词（ser）es / son + más + 形容词 + 名词，表示"这是……中最……的"。

PASO1　Top 必学句

01 | **Este** automóvil **es el más** caro **de** todos. 　这款车是所有车中最昂贵的。
02 | **Este** traje **es el más** fino **de** la tienda. 　这套西装是店里最精致的。
03 | **Esta** chica **es la más** bella **de** la fiesta. 　这女孩是聚会里最美丽的。
04 | **Estos** helados **son los más** sabrosos **de** todos. 　这些冰激凌是所有里面最美味的。
05 | **Estas** sandías **son las más** dulces **de** todas. 　这些西瓜是全部中最甜的。
06 | **Este** cerro **es el más** alto **de** este lugar. 　这座山是此地最高的。
07 | **Estos** caramelos **son los más** deliciosos **de** la tienda. 　这些糖果是店里最美味的。
08 | **Estas** camareras **son las más** atentas **del** restaurante. 　这些女服务员都是餐厅里最贴心的。

补充
★02：fino　形 精致的；上好的
★07：caramelo　名 焦糖；糖果
★08：camarera　名 女服务员

PASO2　句子重组练习

01 | **Este más** intolerante señor el es todos. de 　这位先生是所有人中最不能容忍的。
02 | **Esta la** señorita exigente aquí. es más de 　这位小姐是这里要求最多的。
03 | **Este el** cruel animal selva. es de la más 　这只动物是丛林里面最残酷的。

解答
★01：Este señor es el más intolerante de todos.
★02：Esta señorita es la más exigente de aquí.
★03：Este animal es el más cruel de la selva.

PASO3　应用篇

A：¡Me caso hoy!
B：Sí…¡**Este es el** día **más** importante **de** tu vida!
A：我今天要结婚了！
B：的确……这天会是你生命中最重要的一天！

275 | 比较级和最高级的句型

Este / Esta / Estos / Estas…es / son el / la / los / las menos…de…

最不……

绝对最高级：menos 最不 →最不友善、最不聪明……。Este / Esta / Estos / Estas + 名词 + 动词（ser）es/son + 定冠词 el / la / los / las+ 形容词比较级，表示"最不……"。

PASO 1 Top 必学句

01 | **Este** perfume **es el menos** famoso **de** todos. — 这款香水是最不出名的。

02 | **Esta** enciclopedia **es la menos** gruesa **de** todas. — 这本百科全书是所有当中最薄的。

03 | **Este** clima **es el menos** caluroso **de** la temporada. — 这种气候是季节中最不炎热的。

04 | **Estas** niñas **son las menos** traviesas **del** grupo. — 这些女孩是这组里面最不调皮的。

05 | **Esta** bolsa **es la menos** pesada **de** todas. — 这款包是所有包中最轻盈的。

06 | **Esta** plaza **es la menos** visitada **del** pueblo. — 这个广场是村子里最少人参观的。

07 | **Estos** vendedores **son los menos** amables **del** mercado. — 这些售货员是卖场里最不友善的。

补充
- ★01: perfume 名 香水
- ★04: travieso 形 调皮的
- ★07: vendedor 名 售货员

PASO 2 句子重组练习

01 | Este el servicial asistente menos es todos. de — 这位助理是当中最乐于服务的。

02 | Esta común la de enfermedad es menos todas. — 这种病是所有病例中最罕见的。

03 | Este menos de estudiante el tímido es clase. la — 这个学生是课堂里最不害羞的。

解答
- ★01: Este asistente es el más servicial de todos.
- ★02: Esta enfermedad es la menos común de todas.
- ★03: Este estudiante es el menos tímido de la clase.

PASO 3 应用篇

A: Anita, ¿vamos a dar un paseo por el centro de la ciudad?
B: No. Esa área es la menos segura de la ciudad.
A: 安妮塔，我们去市中心散散步如何？
B: 最好不要，那个区域是城市里最不安全的。

276 | 比较级和最高级的句型

Tengo más...que... 我比……更…

Tengo más...que..., 表示 "我比……更……"。

PASO1　Top 必学句

01 | **Tengo más** hambre **que** tú.　　　我比你饿。
02 | **Tengo más** sueño **que** Alicia.　　我比艾丽西亚更困。
03 | **Tengo más** sed **que** José.　　　　我比何塞更口渴。
04 | **Tengo más** ropa **que** tú.　　　　我比你衣服多。
05 | **Tengo más** vestidos **que** vosotras.　我的裙子比你们多。
06 | **Tengo más** tiempo libre **que** mi esposo.　我的自由时间比我丈夫多。
07 | **Tengo más** zapatos **que** tú.　　　我的鞋比你多。
08 | **Tengo más** energía **que** Tomás.　　我比托马斯更有活力。
09 | **Tengo más** blusas **que** Luisa.　　我的衬衫比路易莎多。
10 | **Tengo más** cuadros **que** María.　　我的画比玛丽多。

补充
★ 02: tener sueño　短 困；想睡觉
★ 06: tiempo libre　短 自由（空闲）时间
★ 06: esposo　名 丈夫
★ 09: blusa　名（女）紧身女衫

PASO2　句子重组练习

01 | **Tengo más** tú. libros **que.**　　　我的书比你多。
02 | **Tengo más que** hermano. amigos mi　我的朋友比我的兄弟多。
03 | **Tengo más** Elena. **que** inteligencia.　我比艾琳娜更聪明。
04 | **Tengo más** tú. flojera **que.**　　　我比你更懒散。
05 | **Tengo más** Alonso. **que** rabia　　我比阿隆索更愤怒。

解答
★ 01: Tengo más libros que tú.
★ 02: Tengo más amigos que mi hermano.
★ 03: Tengo más inteligencia que Elena.
★ 04: Tengo más flojera que tú.
★ 05: Tengo más rabia que Alonso.

PASO3　应用篇

A: Cariño, hoy llegaré temprano a casa.
B: Yo no puedo. Tengo más trabajo que tú.

A: 亲爱的，我今天会早点回家。
B: 我不能，我的工作比你多。

289

277 | 比较级和最高级的句型

...es mucho más...que...
……比……得多……

主语 + 动词（ser）变化的第三人称单数 es + mucho + más + 形容词 + que，表示"……比……更多……"。

PASO1　Top 必学句

01 | Antonio **es mucho más** amable **que** Jorge.　　安东尼奥比豪尔赫友善得多。

02 | El inglés **es mucho más** fácil **que** el alemán.　　英语比德语要容易得多。

03 | Mi problema **es mucho más** grave **que** el tuyo.　　我的问题比你的要严重得多。

04 | Este perro **es mucho más** bravo **que** aquél.　　这只狗比那只勇猛得多。

05 | Tu hija **es mucho más** llorona **que** la de Isabel.　　你女儿比伊莎贝尔的爱哭得多。

06 | Marta **es mucho más** enfermiza **que** Paloma.　　玛塔比帕洛玛体弱多病得多。

07 | Brasil **es mucho más** grande **que** Colombia.　　巴西比哥伦比亚大得多。

08 | Manuel **es mucho más** pretencioso **que** Tobías.　　曼努埃尔比托比亚斯更自命不凡。

补充
- ★05: llorón　形 爱哭的
- ★06: enfermizo　形 体弱多病的
- ★08: pretencioso　形 自负的，狂妄的

PASO2　句子重组练习

01 | Esta más mucho avenida es sucia aquella. que.　　这条街道比那条肮脏得多。

02 | Esta mucho novela que otra. mejor la es.　　这本小说比其他的好很多。

03 | Esta es tela mucho suave más la tuya. que　　我的这款面料比你的柔软得多。

解答
- ★01: Esta avenida es mucho más sucia que aquella.
- ★02: Esta novela es mucho mejor que la otra.
- ★03: Esta tela es mucho más suave que la tuya.

PASO3　应用篇

A: ¿Por qué no fuimos al restaurante de Camilo?
B: Porque este restaurante **es mucho mejor que** ese.
A: 我们为什么没去卡米洛餐厅？
B: 因为，这家餐厅比那家好得多。

Ser / Estar...ísimo...
非常 / 极为 / 极其……

绝对最高级：由形容词加尾端 + ísimo 构成，强调事物本身，不和其他事物比较。规则变化：末尾为 e 或 o 的形容词先将二者去掉再加 -ísimo，即 grande → grandísimo / hermoso → hermosísimo。Ser / Estar...ísimo...，表示"非常 / 极为 / 极其……"。

PASO 1 Top 必学句

01 | **Estoy contentísimo**.　　　　　　我高兴极了。
02 | Francisco **está guapísimo**.　　　弗朗西斯科帅极了。
03 | **Estoy segurísima** de que voy a conseguir el empleo.　　我保证会得到这份工作。
04 | Este parque **es grandísimo**.　　这个公园好大。
05 | La comida **está buenísima**.　　这食物美味极了。
06 | Jacinto **está pobrísimo**.　　　　哈辛托太可怜了。
07 | Lisa **está lindísima**.　　　　　　丽莎非常漂亮。
08 | Este museo **es antiquísimo**.　　这个博物馆太老了。
09 | Esta tela **es finísima**.　　　　　这种布料非常好。
10 | El examen **está facilísimo**.　　考试很容易。

补充
★02: guapo-guapísimo 形 最高级 英俊的-非常英俊的
★06: pobre-pobrísimo 形 最高级 可怜的-非常可怜的
★08: antiguo-antiquísimo 形 最高级 古老的-非常古老的

PASO 2 句子重组练习

01 | **Es amabilísima. persona una**　　这是一位十分和蔼可亲的人。
02 | Esta **larguísima. es** cuerda　　这条绳子好长。
03 | Mi **riquísimo.** amigo es　　我的朋友极为富有。
04 | La hijo **bajísima.** novia mi de es　　我儿子的女朋友非常矮。
05 | El radio **está** la **fuertísimo.** de volumen　　收音机的音量极大。

解答
★01: Es una persona amabilísima.
★02: Esta cuerda es larguísima.
★03: Mi amigo es riquísimo.
★04: La novia de mi hijo es bajísima.
★05: El volumen de la radio está fuertísimo.

PASO 3 应用篇

A：Tu blusa está blanquísima. ¿Con qué la lavaste?
B：Con un detergente especial.
A：你的衬衫白透了。你是用什么洗的?
B：用一种特别的洗衣粉。

…igual de…que… 和……一样……

同等级形式比较：igual 一致性，用在形容词前。主语 + 动词 ser / Estar + igual de + 形容词 / 副词 + que，表示"和……一样……"。

PASO 1　Top 必学句

01 | Mis hijos son **igual de** altos **que** los tuyos. 　我的孩子们和你的孩子一样高。
02 | El vino blanco es **igual de** caro **que** el tinto. 　白葡萄酒和红葡萄酒一样贵。
03 | Margarita es **igual de** pesada **que** su hija. 　玛格丽特和她的女儿一样令人讨厌。
04 | Felipe es **igual de** inteligente **que** tú. 　费利佩如你一样聪明。
05 | Este cuadro es **igual de** bonito **que** aquél. 　这幅画如那幅一样好看。
06 | El jarabe es **igual de** dulce **que** la pastilla. 　糖浆和药片一样甜。
07 | La hormiga es **igual de** lenta **que** la tortuga. 　蚂蚁和乌龟一样慢。
08 | Tu voz es **igual de** bonita **que** la de Teresa. 　你的声音和特雷莎的一样好听。
09 | Silvia es **igual de** habladora **que** Lidia. 　西薇雅和利迪亚一样健谈。
10 | El niño es **igual de** travieso **que** la niña. 　男孩跟女孩一样调皮。

补充
★06：jarabe　名 糖浆
★07：hormiga　名 蚂蚁
★07：tortuga　名 乌龟

PASO 2　句子重组练习

01 | Nadia　igual de que　simpática es Berta. 　纳迪亚和伯塔一样亲切。
02 | Este　igual de　baño está sucio **que** ése. 　这间浴室跟那间一样肮脏。
03 | Laura　igual de　canta bien Sara. **que** 　劳拉跟莎拉唱得一样好。

解答
★01：Nadia es igual de simpática que Berta.
★02：Este baño está igual de sucio que ése.
★03：Laura canta igual de bien que Sara.

PASO 3　应用篇

A: Estoy **igual de** gorda **que** tú.
B: Sí, deberíamos ponernos a dieta.
A: 我跟你一样胖。
B: 是啊，我们应该制订饮食计划。

280 | 比较级和最高级的句型

Ser / Estar muy...
很 / 非常 / 十分……

Ser / Estar muy ... ，表示 "很 / 非常 / 十分……"。

PASO 1　Top 必学句

01 | **Estoy muy** enojada con Javier.　　我很生哈维尔的气。
02 | Tu bebé **está muy** grande.　　你的宝宝非常大。
03 | Tu novia **es muy** caprichosa.　　你的女朋友很任性。
04 | Juan **es muy** tranquilo.　　胡安很安静。
05 | La medalla **es muy** valiosa.　　奖牌非常珍贵。
06 | El terremoto fue **muy** fuerte.　　这次地震非常强。
07 | Hoy **estoy muy** ocupado.　　我今天很忙。
08 | Victoria **es muy** maleducada.　　维多利亚非常没礼貌。
09 | La conversación **es muy** interesante.　　交谈很有意思。
10 | Mi abuelo **es muy** gruñón.　　我的祖父很啰唆。

补充
★ 03： caprichoso　形　任性
★ 05： medalla　名　奖牌
★ 09： conversación　名　交谈；谈话
★ 10： gruñón　形　啰唆

PASO 2　句子重组练习

01 | Este hombre es estúpido. **muy**　　这男人非常愚蠢。
02 | Andrea engreída. **muy es**　　安德雅很自负。
03 | La verdura **muy está** fresca.　　蔬菜很新鲜。
04 | Los alumnos atentos. **están muy**　　学生们都非常专心。
05 | La salsa **muy está** picante.　　调味汁非常辣。

解答
★ 01： Este hombre es muy estúpido.
★ 02： Andrea es muy engreída.
★ 03： La verdura está muy fresca.
★ 04： Los alumnos están muy atentos.
★ 05： La salsa está muy picante.

PASO 3　应用篇

A：Espero que Patricio gane la carrera.
B：Sí, va a ganar sin duda. Él **es muy** ágil.
A：我希望帕特里西奥赢得田径比赛。
B：当然，毫无疑问他肯定会获胜，他非常敏捷。

MEMO

西班牙语入门口语
句型大全

常用短语
的句型

PARTE
9

Tal vez… 也许 / 或许……

Tal vez（短句）+ 动词，表示"也许 / 或许……"。

PASO 1 Top 必学句

01 | **Tal vez** Julio ya se olvidó de ti. — 也许胡里奥忘了你。
02 | **Tal vez** quieras una taza de té. — 也许你想喝一杯茶。
03 | **Tal vez** conozcas la solución a este problema. — 也许你知道解决这个问题的方法。
04 | **Tal vez** se ponga a llover. — 也许将要下雨。
05 | **Tal vez** mi madre me compra un regalo. — 也许我妈妈会给我买礼物。
06 | **Tal vez** es muy tarde para comer. — 也许现在吃饭是太晚了。
07 | **Tal vez** Ana te está esperando. — 也许安娜正在等你。
08 | **Tal vez** mi hijo se comió todo el pastel. — 也许我儿子吃了整个蛋糕。
09 | **Tal vez** puedas llegar antes. — 也许你可以早点到。
10 | **Tal vez** me vaya de vacaciones en febrero. — 也许我会在二月份去度假。

补充
★ 02: taza de té 短 一杯茶
★ 04: ponerse a llover 短 下雨
★ 10: febrero 名 2月份

PASO 2 句子重组练习

01 | **Tal vez** a casa vuelva mis padres. de — 也许我会回父母家。
02 | **Tal vez** Camila al invite cine. a — 也许我会邀请卡米拉去看电影。
03 | **Tal vez** Germán perdone. te — 也许赫尔曼会原谅你。
04 | **Tal vez** hija a mi vaya Paraguay. — 也许我的女儿会去巴拉圭。
05 | **Tal vez** que lo es cierto dice Pedro. — 也许佩德罗说的是真的。

解答
★ 01: Tal vez vuelva a casa de mis padres.
★ 02: Tal vez invite a Camila al cine.
★ 03: Tal vez Germán te perdone.
★ 04: Tal vez mi hija vaya a Paraguay.
★ 05: Tal vez es cierto lo que dice Pedro.

PASO 3 应用篇

A: Emilia, ¿qué planes tienes después del trabajo?
B: Tal vez vaya al gimnasio.
A: 艾米利亚，下班后你计划做什么？
B: 也许我会去健身房。

Casi siempre... 通常 / 总是……

Casi siempre（短句）+ 动词，表示"通常 / 总是……"。

PASO 1 Top 必学句

01	**Casi siempre** estoy pensando en ti.	我总是想着你。
02	**Casi siempre** tus ideas son malas.	你的主意总是不好。
03	**Casi siempre** tiembla aquí.	这里总是发生地震。
04	**Casi siempre** llueve en esta época.	在这个季节，总是下雨。
05	**Casi siempre** Yolanda está en casa.	通常约兰达在家里。
06	**Casi siempre** comemos al aire libre.	我们通常在户外吃饭。
07	**Casi siempre** esta enfermedad es incurable.	通常这种病是不治之症。
08	**Casi siempre** hay mucha gente aquí.	通常有很多人在这里。
09	**Casi siempre** hablamos del mismo tema.	我们总是谈论同样的话题。
10	**Casi siempre** Daniel cumple su palabra.	丹尼尔通常会遵守诺言。

补充
- ★04: época 名 季节
- ★06: aire libre 短 户外
- ★07: incurable 形 无法医治的

PASO 2 句子重组练习

01	**Casi siempre** leche. tomo	我通常喝牛奶。
02	**Casi siempre** a las ocho. a casa llego	我通常八点回家。
03	**Casi siempre** a la voy iglesia domingos. los	我通常周日去教堂。
04	**Casi siempre** hombres más las mujeres. que ganan los	通常都是男性收入比女性多。
05	**Casi siempre** temprano. desayuno	我通常很早用早餐。

解答
- ★01: Casi siempre tomo leche.
- ★02: Casi siempre llego a casa a las ocho.
- ★03: Casi siempre voy a la iglesia los domingos.
- ★04: Casi siempre los hombres ganan más que las mujeres.
- ★05: Casi siempre desayuno temprano.

PASO 3 应用篇

A: ¿A qué edad empiezan a ir al colegio los niños en tu país?

B: Casi siempre empiezan a los seis años.

A: 在你的国家，孩子学龄年纪是几岁？

B: 通常都是六岁开始上学。

A partir de hoy... 从今天开始……

A partir（短句）+ de + hoy + 动词，表示"从今天开始……"。

PASO1　Top 必学句

01 | **A partir de hoy**, voy a empezar a buscar trabajo. 　　从今天开始，我将开始找工作。

02 | **A partir de hoy**, todo va a cambiar. 　　从今天开始，一切都会改变。

03 | **A partir de hoy**, puedes matricularte en el curso. 　　从今天开始，你可以注册课程。

04 | **A partir de hoy**, empieza el frío. 　　从今天开始，天气将变冷。

05 | **A partir de hoy**, tenemos a un nuevo presidente. 　　从今天开始，我们有一个新总统。

06 | **A partir de hoy**, vamos a estudiar inglés. 　　从今天开始，我们将学英语。

07 | **A partir de hoy**, haremos régimen. 　　从今天开始，我们要进行饮食疗法。

08 | **A partir de hoy**, no comeré más grasas. 　　从今天开始，我不再吃油脂食物。

09 | **A partir de hoy**, viviré en mi nueva casa. 　　从今天开始，我将住在我的新房子里。

10 | **A partir de hoy**, Enrique asume como gobernador. 　　从今天开始，恩里克将接任州长。

补充
- ★03: matricularse　动　登记；注册
- ★08: comer grasas　短　吃油脂
- ★10: asumir　动　担任；承担

PASO2　句子重组练习

01 | **A partir de hoy,** nuestro Pablo a grupo. pertenece 　　从今天开始，巴布罗属于我这组。

02 | **A partir de hoy,** la sube gasolina. 　　从今天起，汽油涨价。

03 | **A partir de hoy,** pagar que hay impuestos. los 　　从今天开始，必须纳税。

04 | **A partir de hoy,** mi cambio vida. 　　从今天开始，我的生活有了改变。

解答
- ★01: A partir de hoy, Pablo pertenece a nuestro grupo.
- ★02: A partir de hoy, sube la gasolina.
- ★03: A partir de hoy, hay que pagar los impuestos.
- ★04: A partir de hoy, cambio mi vida.

PASO3　应用篇

A：¿Por qué estás sacando tus cosas de la oficina?
B：Porque a partir de hoy, dejo de trabajar aquí.
A：你为什么把你的东西从办公室拿走？
B：因为，从今天开始，我不再在这里工作了。

A propósito de...
关于……

A propósito（短句）+ de + 动词，表示"关于 / 顺便提一下……"。

PASO 1　Top 必学句

01 | **A propósito de** viajes, les recomiendo ir a Suecia.　说到旅行，我建议你们去瑞典。

02 | **A propósito del** acuerdo, creo que ya lo firmamos.　谈到该协议，我想我们已经签署了。

03 | **A propósito del** enfermo, el médico les va a informar.　关于病人，医生会通知他们。

04 | **A propósito de** transporte, tenemos que comprarnos una moto.　至于交通，我们应该买一辆摩托车。

05 | **A propósito de** la cena, la podemos hacer aquí.　说到晚餐，我们可以在这里做。

06 | **A propósito del** regalo para José, yo se lo compraré.　关于送何塞的礼物，我会买。

07 | **A propósito de** vinos, prefiero el Merlot.　说到葡萄酒，我比较喜欢梅洛红酒。

08 | **A propósito de** tu pregunta, ya te la voy a contestar.　至于你的提问，我会回答你。

补充
- ★01: Suecia　名 瑞典
- ★03: informar　动 告诉，通知
- ★07: vino Merlot　梅洛红酒

PASO 2　句子重组练习

01 | **A propósito de** me llamó Miguel, ayer.　谈到米格尔，他昨天打电话给我了。

02 | **A propósito de** deberíamos idiomas, aprender chino-mandarín.　说到语言，我们应该学习中文。

03 | **A propósito de** me colores, gusta celeste. el　说到颜色，我喜欢天蓝色。

04 | **A propósito de** visitar turismo, la deberíamos isla de Pascua.　关于旅游，我们应该去复活节岛参观。

解答
- ★01: A propósito de Miguel, me llamó ayer.
- ★02: A propósito de idiomas, deberíamos aprender chino-mandarín.
- ★03: A propósito de colores, me gusta el celeste.
- ★04: A propósito de turismo, deberíamos visitar la Isla de Pascua.

PASO 3　应用篇

A: Quiero hablar otro idioma, Rosa.
B: Sí, a propósito de idiomas, ¿no crees que deberíamos aprender japonés?

A: 我想讲另外一种语言，罗莎。
B: 可以啊，谈到语言，你不觉得我们应该学习日语吗？

A veces... 有些时候……

A veces（短句）+ 动词，表示"有些时候……"。

PASO 1　Top 必学句

01	**A veces** me tomo una cerveza con amigos.	有些时候，我跟朋友一块喝啤酒。
02	**A veces** voy a ese lugar.	有些时候，我去那个地方。
03	**A veces** pueden ocurrir cosas inesperadas.	有些时候，意想不到的事情可能发生。
04	**A veces** no sé qué hacer con Ana.	有些时候，我不知道该怎么对待安娜。
05	**A veces** recibo mensajes de mi ex novio.	有些时候，我会收到前男友的信息。
06	**A veces** pienso que estás equivocado.	有些时候，我觉得你错了。
07	**A veces** me siento solo.	有些时候，我感到孤独。
08	**A veces** me gustaría ser invisible.	有些时候，我好想做个隐形人。
09	**A veces** no quiero ir a trabajar.	有些时候，我不想工作。
10	**A veces** no tengo ganas de levantarme.	有些时候，我不想起床。

补充
- ★03: ocurrir 动 发生
- ★07: sentirse solo 短 感到孤独
- ★08: invisible 形 看不见的

PASO 2　句子重组练习

01	**A veces** irme quiero lejos.	有些时候，我想远走高飞。
02	**A veces** ser quiero amigo. tu	有些时候，我想成为你的朋友。
03	**A veces** te entiendo. no	有些时候，我并不了解你。
04	**A veces** irme deseo aquí. de	有些时候，我渴望离开这里。
05	**A veces** miedo. tengo	有些时候，我感到害怕。

解答
- ★01: A veces quiero irme lejos.
- ★02: A veces quiero ser tu amigo.
- ★03: A veces no te entiendo.
- ★04: A veces deseo irme de aquí.
- ★05: A veces tengo miedo.

PASO 3　应用篇

A：Javier, estás hablando muchas tonterías.

B：Sí, a veces no sé lo que digo.

A：哈维尔，你正在说很多废话。

B：是吗，有些时候，我也不知道自己在说什么。

A menudo... 经常/时常……

A menudo（短句）+ 动词，表示"经常/时常……"。

PASO1　Top 必学句

01	**A menudo** voy a la piscina.	我经常去游泳池。
02	**A menudo** me duele la cabeza.	我经常头痛。
03	**A menudo** vamos a la playa.	我们经常去海边。
04	**A menudo** tengo diarrea.	我经常拉肚子。
05	**A menudo** me da vértigo.	我经常眩晕。
06	**A menudo** me siento triste.	我时常感到难过。
07	Te recuerdo muy **a menudo**.	我经常想到你。
08	**A menudo** los hijos se nos parecen.	通常孩子跟我们很相似。
09	La gente me decepciona muy **a menudo**.	人们常常令我感到失望。
10	**A menudo** tengo sueño.	我常常感到困。

补充
★ 04: tener diarrea　短　拉肚子
★ 05: vértigo　名　眩晕
★ 08: parecerse　动　相像；相似

PASO2　句子重组练习

01	**A menudo** a Mariana. veo	我常常看到马里安娜。
02	**A menudo** béisbol. juego al	过去我经常打棒球。
03	**A menudo** para cocino familia. mi	我经常做饭给家人吃。
04	**A menudo** con por teléfono mi hablo mamá.	我经常打电话跟我妈妈聊天。
05	**A menudo** siento me cansado.	我常常感到疲倦。

解答
★ 01: A menudo veo a Mariana.
★ 02: A menudo jugaba al béisbol.
★ 03: A menudo cocino para la familia.
★ 04: A menudo hablo por teléfono con mi mamá.
★ 05: A menudo me siento cansado.

PASO3　应用篇

A：¿Qué te pasa, Alicia?

B：No sé… a menudo siento náuseas después de comer.

A：你怎么了，艾丽西亚？

B：我不知道……我经常在吃东西后会觉得恶心。

De inmediato... 马上 / 立即……

De inmediato（短句）+ 动词，表示"马上 / 立即……"。

PASO 1　Top 必学句

01 | Tienes que venir **de inmediato**.　你一定要马上过来。
02 | Espero verte **de inmediato**.　我希望马上见到你。
03 | Tengo que volver a casa **de inmediato**.　我得马上回家。
04 | Debo escribir el informe **de inmediato**.　我必须立即写报告。
05 | Voy a viajar **de inmediato**.　我将马上去旅行。
06 | Tenemos que pagar los impuestos **de inmediato**.　我们必须立即支付税款。
07 | La policía llegó **de inmediato**.　警方随即赶到。
08 | Hay que salir de aquí **de inmediato**.　必须马上离开这里。
09 | Tienes que ponerte la inyección **de inmediato**.　你必须马上打针。
10 | Debemos ayudar a Pablo **de inmediato**.　我们必须马上帮助巴布罗。

补充
★01: venir　动 过来；来到
★04: escribir　动 写；书写
★08: salir de aquí　短 离开这里

PASO 2　句子重组练习

01 | Debes **de inmediato.** llegar　你必须马上到达。
02 | Hay que oxígeno a Martín. **de inmediato** darle　你必须立即给马丁吸氧气。
03 | Necesito **de inmediato.** operarme　我需要马上动手术。
04 | Tienes que la cuenta **de inmediato.** pagar　你必须立刻付账单。
05 | Es mejor **de inmediato.** la casa vender　最好是立刻卖掉房子。

解答
★01: Debes llegar de inmediato.
★02: Hay que darle oxígeno de inmediato a Martín.
★03: Necesito operarme de inmediato.
★04: Tienes que pagar la cuenta de inmediato.
★05: Es mejor vender la casa de inmediato.

PASO 3　应用篇

A: Hay un incendio aquí al lado.
B: Por favor llama a los bomberos de inmediato.
A: 隔壁有火灾。
B: 请立即拨打消防队电话。

De ninguna manera…
绝不 / 决不……

De ninguna manera（短句）+ 动词，表示"绝不 / 决不……"。

PASO 1　Top 必学句

01 | **De ninguna manera** volveré a México.　我决不回墨西哥。
02 | **De ninguna manera** esta es una labor fácil.　这绝不是一件容易的事。
03 | **De ninguna manera** vas a llegar aquí en veinte minutos.　你绝对不可能二十分钟内到达这里。
04 | **De ninguna manera** me vas a convencer.　你绝不可能说服我。
05 | **De ninguna manera** me voy a comprometer con Mateo.　我绝不可能答应马修的求婚。
06 | **De ninguna manera** voy a cambiar mi coche.　我绝对不会换车。
07 | **De ninguna manera** María va a admitir su error.　玛丽亚绝不承认自己的错误。
08 | **De ninguna manera** vas a aceptar mi idea.　你绝不会接受我的想法。

补充
★ 02：labor　名 劳动 工作
★ 04：convencer　动 说服
★ 07：admitir　动 承认

PASO 2　句子重组练习

01 | **De ninguna manera**　solo. dejaré te　我绝不会留下你一个人。
02 | **De ninguna manera**　modificar plan. voy el a　我绝不改变计划。
03 | **De ninguna manera**　daño a nadie. haré　我绝不伤害任何人。
04 | **De ninguna manera**　con Luis. volveré　我绝不会跟路易斯复合。

解答
★ 01：De ninguna manera te dejaré solo.
★ 02：De ninguna manera voy a modificar el plan.
★ 03：De ninguna manera haré daño a nadie.
★ 04：De ninguna manera volveré con Luis.

PASO 3　应用篇

A：Jorge, ¿por qué no escuchas a tu supervisor?
B：No, de ninguna manera voy a aceptar su planteamiento.
A：豪尔赫，你为什么不听你上司的？
B：没有办法，我绝不会接受他的提案。

De todas maneras...
无论如何 / 不管怎样……

De todas maneras（短句）+ 动词，表示"无论如何 / 不管怎样……"。

PASO1　Top 必学句

01 | **De todas maneras** voy al cementerio esta tarde. 　　无论如何，我今天下午都要去墓地。

02 | **De todas maneras** podremos llegar a un acuerdo. 　　无论如何，我们都可以达成协议。

03 | **De todas maneras** vamos a importar uva chilena. 　　无论如何，我们将进口智利的葡萄。

04 | **De todas maneras** te haré el favor. 　　不管怎样，我都会帮你。

05 | **De todas maneras** iremos a Machu Picchu. 　　无论如何，我们都会去马丘比丘。

06 | **De todas maneras** te diré la verdad. 　　无论如何，我都会告诉你真相。

07 | **De todas maneras** me importa lo que piensas. 　　无论如何，我都会在乎你的想法。

08 | **De todas maneras** seguiremos con el programa. 　　不管怎样，我们将继续这计划。

补充
- ★01：cementerio 名 公墓；墓地
- ★03：uva chilena 短 智利葡萄
- ★05：Machu Picchu 名 马丘比丘（秘鲁）

PASO2　句子重组练习

01 | **De todas maneras** a rechazar vamos propuesta. la 　　不管怎样，我们将拒绝该提议。

02 | **De todas maneras** cumplir mi a voy palabra. 　　不管怎样，我会履行我的承诺。

03 | **De todas maneras** esto juntos. decidiremos 　　无论如何，我们将一起决定这个。

04 | **De todas maneras** justicia. haremos 　　无论如何，我们将秉持公正。

解答
- ★01：De todas maneras vamos a rechazar la propuesta.
- ★02：De todas maneras voy a cumplir mi palabra.
- ★03：De todas maneras decidiremos esto juntos.
- ★04：De todas maneras haremos justicia.

PASO3　应用篇

A：Pedro perdió su trabajo.

B：Sí, de todas maneras lo voy a ayudar a salir de esta difícil situación.

A：佩德罗失去了工作。

B：是吗，不管怎样，我会帮他走出这种困境。

290 | 常用短语的句型

De repente... 突然间……

De repente（短句）+ 动词，表示"突然间……"。

PASO 1　Top 必学句

01 | **De repente** me mordió el perro.　　我突然被狗咬。
02 | **De repente** Mario se desmayó.　　马里奥突然晕倒。
03 | **De repente** Emilia me dejó de hablar.　　艾米利亚突然停止跟我说话。
04 | **De repente** se apagó mi ipad.　　突然间我的平板电脑关机了。
05 | **De repente** todo cambió.　　突然间一切都变了。
06 | **De repente** me sangró la nariz.　　我突然间流鼻血。
07 | **De repente** me encontré con Amalia.　　出乎预料，我竟碰到阿玛莉亚。
08 | **De repente** no pude respirar.　　突然间我无法呼吸。
09 | **De repente** me sentí débil.　　突然间我感到无力。
10 | **De repente** empecé a ver borroso.　　突然间我开始感到视力模糊。

补充
★01: morder 动 咬
★02: desmayarse 动 晕倒
★06: sangrar 动 流血
★10: ver borroso 短 看不清楚

PASO 2　句子重组练习

01 | **De repente** puedo internet. no conectarme a　　突然间我无法连接到网络。
02 | **De repente** olvidan cosas. se me las　　突然间我忘了东西。
03 | **De repente** vomitar. ganas me dieron de　　突然间我感觉想要吐。
04 | **De repente** a llorar. puso se Anita　　安妮塔突然间开始哭泣。
05 | **De repente** bailar. a empezó　　他（她）突然开始跳舞。

解答
★01: De repente no puedo conectarme a internet.
★02: De repente se me olvidan las cosas.
★03: De repente me dieron ganas de vomitar.
★04: De repente Anita se puso a llorar.
★05: De repente empezó a bailar.

PASO 3　应用篇

A：¿Dónde está Patricia?
B：No sé... de repente se paró y se fue.
A：帕特里西亚在哪里？
B：我不知道……突然间她停下来，之后就离开了。

305

291 | 常用短语的句型

De vez en cuando... 偶尔 / 有时……

De vez en cuando（短句）+ 动词，表示"偶尔 / 有时……"。

PASO 1　Top 必学句

01 | **De vez en cuando** me dan mareos.　偶尔，我会头晕。
02 | **De vez en cuando** cometemos errores.　有时，我们会犯错。
03 | **De vez en cuando** me acuerdo de ti.　有时，我会想到你。
04 | **De vez en cuando** pierdo la paciencia.　偶尔，我会失去耐心。
05 | **De vez en cuando** me gusta reposar después de comer.　有时，我会在饭后休息。
06 | **De vez en cuando** voy a visitar a mis tíos.　偶尔，我会去探望我的舅舅和舅妈。
07 | **De vez en cuando** me quedo en casa de mis abuelos.　有时，我会留在祖父母家。
08 | **De vez en cuando** me dan ganas de llamar a Susana.　偶尔，我会想要打电话给苏珊娜。
09 | **De vez en cuando** encuentro cucarachas en la cocina.　偶尔，我会在厨房看到蟑螂。
10 | **De vez en cuando** salgo con Carlos.　有时，我会和卡洛斯出去。

补充
★ 01：dar mareos　短　头晕
★ 05：reposar　动　休息
★ 09：cucarachas　名　蟑螂

PASO 2　句子重组练习

01 | **De vez en cuando** noticias de Mónica. recibo　偶尔，我会收到莫妮卡的信息。
02 | **De vez en cuando** escaparme. quiero　有时，我会想逃离一切。
03 | **De vez en cuando** gusta una me tomarme vino. de copa　有时，我喜欢喝杯红葡萄酒。
04 | **De vez en cuando** a la vamos montaña.　偶尔，我们会去山上。

解答
★ 01：De vez en cuando recibo noticias de Mónica.
★ 02：De vez en cuando quiero escaparme.
★ 03：De vez en cuando me gusta tomarme una copa de vino.
★ 04：De vez en cuando vamos a la montaña.

PASO 3　应用篇

A: Esta noche podríamos ir al cine.
B: Sí, de vez en cuando es bueno salir un poco de la rutina diaria.
A: 今晚我们可以去看电影。
B: 好啊，摆脱平淡无味的日常生活偶尔也是好的。

…de la noche a la mañana…
在一夜之间……

…de la noche a la mañana（短句），表示"在一夜之间……"

PASO1 Top 必学句

01	María cambió de opinión **de la noche a la mañana**.	玛丽突然之间改变了主意。
02	Este problema no se resolverá **de la noche a la mañana**.	这个问题无法在极短时间内解决。
03	No se puede construir el edificio **de la noche a la mañana**.	大楼无法在一夜间建造完成。
04	No puedo cambiar mi punto de vista **de la noche a la mañana**.	我不能在突然之间改变我的观点。
05	La ley no va a cambiar **de la noche a la mañana**.	法律不会在极短时间改变。
06	No van a eliminar la basura **de la noche a la mañana**.	他们无法在极短时间清理垃圾。
07	Es imposible aprender japonés **de la noche a la mañana**.	不可能在极短时间里学会日语。

补充
- ★03: Cuba 名 古巴
- ★04: punto de vista 短 观点
- ★06: eliminar 动 清理

PASO2 句子重组练习

01	Esta situación **de la noche a la mañana**. cambiar va no a	这种情况不会在一夜之间改变。
02	No puedo Pedro a **de la noche a la mañana**. volver creer en	我不能在短时间内再相信佩德罗了。
03	La pobreza **de la noche a la mañana**. a erradicar se no va	贫困是不会在一夜之间连根拔除的。

解答
- ★01: Esta situación no va a cambiar de la noche a la mañana.
- ★02: No puedo volver a creer en Pedro de la noche a la mañana.
- ★03: La pobreza no se va a erradicar de la noche a la mañana.

PASO3 应用篇

A: Me duele mucho la cabezaya, y me tomé dos aspirinas.

B: Sí, pero no esperes que el dolor se te pase de la noche a la mañana.

A：我头痛得很厉害，我已经吃了两片阿司匹林。

B：是啊，但你不要指望疼痛会在短时间内消失。

293 | 常用短语的句型

De pronto... 顿时/突然……

De pronto（短句）+ 动词，表示 "顿时/突然……"。

PASO 1 Top 必学句

01 | **De pronto** Luis se volvió loco.　　路易斯顿时陷入疯狂。
02 | **De pronto** el chico comenzó a temblar.　　突然，男孩开始颤抖。
03 | **De pronto** Rosa empezó a correr.　　罗莎突然开始跑步。
04 | **De pronto** nos pusimos a bailar.　　突然，我们开始跳舞。
05 | **De pronto** empezó a escribir garabatos.　　突然，他开始潦草地书写。
06 | **De pronto** sonó el teléfono.　　突然电话响了。
07 | **De pronto** el viento arrasó todo.　　突然风横扫一切。
08 | **De pronto** se desató un temporal.　　突然暴发一场风暴。
09 | **De pronto** José cambió las cláusulas del contrato.　　何塞突然改变合约条款。
10 | **De pronto** la gente empezó a gritar.　　突然，人们开始尖叫。

补充
★01: volverse loco 短 发疯
★05: garabato 名 潦草的字迹
★07: arrasar 动 摧毁；夷为平地

PASO 2 句子重组练习

01 | **De pronto** gato rasguñó. el me　　突然猫抓伤了我。
02 | **De pronto** autobús detuvo. el se　　突然，公共汽车停了。
03 | **De pronto** el empezó frío.　　突然，天气变冷了。
04 | **De pronto** sentí me mal.　　突然，我觉得不舒服。
05 | **De pronto** de la tomamos nos mano.　　突然间我们握手。

解答
★01: De pronto el gato me rasguñó.
★02: De pronto el autobús se detuvo.
★03: De pronto empezó el frío.
★04: De pronto me sentí mal.
★05: De pronto nos tomamos de la mano.

PASO 3 应用篇

A: Hola Sofía, ¿ya no ves a Julio?
B: No. <u>De pronto</u> se me pasó el amor por él.
A: 索菲亚，你都不跟胡里奥见面了吗？
B: 不。突然间，我已不再爱他了。

294 | 常用短语的句型

Cada vez... 越来越……

Cada vez + más（短句），表示"越来越……"。

PASO 1　Top 必学句

01	**Cada vez** te extraño más.	我越来越想念你。
02	**Cada vez** hace más calor aquí.	这里越来越暖和。
03	**Cada vez** me siento peor.	我感觉越来越糟。
04	**Cada vez** tenemos más problemas.	我们有越来越多的问题。
05	**Cada vez** hay más hambre en el mundo.	饥饿在世界上不断蔓延。
06	**Cada vez** la economía va empeorando.	经济变得越来越恶化。
07	**Cada vez** el clima se pone más cálido.	天气变得越来越暖和。
08	**Cada vez** aparece más nueva tecnología.	有越来越多的新科技出现。
09	**Cada vez** aumentan más delitos en este país.	这个国家的犯罪率越来越高。
10	**Cada vez** hay más jóvenes desempleados.	有越来越多的年轻人失业。

补充
★06：empeorar 动 恶化；变得更坏
★07：cálido 形 温暖
★09：delito 名 不法行为；罪行

PASO 2　句子重组练习

01	**Cada vez** menos dinero. tengo	我越来越没有钱。
02	**Cada vez** más vivir es contigo. difícil	跟你生活变得越来越困难。
03	**Cada vez** menos hay turismo aquí.	这里的游客越来越少。
04	**Cada vez** menos. como	我吃得越来越少。
05	**Cada vez** más hay la violencia ciudad. en	城市的暴力事件越来越多。

解答
★01：Cada vez tengo menos dinero.
★02：Cada vez es más difícil vivir contigo.
★03：Cada vez hay menos turismo aquí.
★04：Cada vez como menos.
★05：Cada vez hay más violencia en la ciudad.

PASO 3　应用篇

A：Melissa es una chica muy simpática.

B：Sí, es verdad. **Cada vez** me gusta más.

A：梅丽莎是一个非常好的女孩。

B：这是真的，我越来越喜欢她。

309

295 | 常用短语的句型

Al parecer... 似乎 / 显然……

Al parecer（短句），表示"似乎 / 显然……"。

PASO1 Top 必学句

01 | **Al parecer** estás mintiendo.　　　你似乎正在撒谎。
02 | **Al parecer** tienes prisa por irte.　　你似乎急着想要离开。
03 | **Al parecer** nos hace bien pelear.　　吵架显然对我们也有益处。
04 | **Al parecer** no me entiendes..　　你显然不了解我。
05 | **Al parecer** nada te importa.　　　你似乎什么都无所谓。
06 | **Al parecer** estás embarazada.　　你显然是怀孕了。
07 | **Al parecer** nada te convence.　　显然，什么都不能说服你。
08 | **Al parecer** eres una indolente.　　你显然是一个冷漠的人。
09 | **Al parecer** no puedes cambiar.　　你显然不能改变。
10 | **Al parecer** crees que soy idiota.　　你似乎以为我是个白痴。

补充

★02： tener prisa　动　匆忙
★06： embarazada　形　怀孕的
★08： indolente　形　冷漠的；无关痛痒的

PASO2 句子重组练习

01 | **Al parecer** la idea mejor. es tu　　显然，你的想法是最好的。
02 | **Al parecer** que interesa lo piense. no te　　你似乎对我的看法无所谓。
03 | **Al parecer** terminó. todo　　显然地，一切都完了。
04 | **Al parecer** jugando estás conmigo.　　你显然是在玩弄我。
05 | **Al parecer** la atreves verdad. no te decirme a　　你显然不敢对我说真话。

解答

★01： Al parecer tu idea es la mejor.
★02： Al parecer no te interesa lo que piense.
★03： Al parecer todo terminó.
★04： Al parecer estás jugando conmigo.
★05： Al parecer no te atreves a decirme la verdad.

PASO3 应用篇

A：¿Adónde va Enrique este fin de semana?
B：Al parecer va a un campamento del sur.
A：恩里克本周末要去哪里？
B：他好像要去南部露营。

Por lo general...
通常 / 平常 / 向来 / 一般……

Por lo general（短句），表示"通常 / 平常 / 向来 / 一般……"。

PASO 1　Top 必学句

01 | **Por lo general** no como mariscos. 　　我通常不吃海鲜。
02 | **Por lo general** camino todas las mañanas. 　　我通常每天早上走路。
03 | **Por lo general** estudio los sábados. 　　我通常周六读书。
04 | **Por lo general** tomo dos litros de agua diarios. 　　我平常每天喝两升的水。
05 | **Por lo general** hago deporte. 　　我平常做运动。
06 | **Por lo general** me cuido de la dieta. 　　我向来注意饮食。
07 | **Por lo general** no confío en nadie. 　　我通常不相信任何人。
08 | **Por lo general** me gustan los niños. 　　我向来喜欢孩子。
09 | **Por lo general** salgo los viernes por la noche. 　　我通常周五晚上会出去。
10 | **Por lo general** me levanto temprano. 　　我向来早起。

补充
★03：sábado 名 周六
★04：diario 形 每日的；天天的
★07：confiar 动 相信；信赖

PASO 2　句子重组练习

01 | **Por lo general** acuesto a las me once. 　　我通常十一点去睡觉。
02 | **Por lo general** hablo no mucho. 　　我向来话不多。
03 | **Por lo general** todos los días. periódico el leo 　　我通常每天都看报纸。
04 | **Por lo general** clima prefiero el frío. 　　我通常喜欢寒冷的天气。

解答
★01：Por lo general me acuesto a las once.
★02：Por lo general no hablo mucho.
★03：Por lo general leo el periódico todos los días.
★04：Por lo general prefiero el clima frío.

PASO 3　应用篇

A：¿Qué tal si jugamos al tenis mañana?
B：Por lo general juego tenis sólo los domingos.
A：你觉得呢，如果我们明天去打网球？
B：我平时只在周日打网球。

...sin embargo...
然而 / 可是 / 不过……

...sin embargo（短句），表示"然而 / 可是 / 不过……"。

PASO 1　Top 必学句

01 | Eres una persona muy seria, **sin embargo** me has hecho reír. — 你是个很严肃的人，然而你却能让我发笑。

02 | Cancelaron la reunión, **sin embargo** igual la haremos mañana. — 他们取消了会议，不过我们明天照样进行。

03 | La leche no me gusta, **sin embargo** como queso. — 我不喜欢牛奶，然而我却吃奶酪。

04 | Me duele la rodilla, **sin embargo** igual correré. — 我的膝盖疼，不过我照样跑。

05 | Ramón se levantó temprano, **sin embargo** llegó tarde. — 拉蒙一大早起床，然而却很晚回家。

06 | Estudié mucho para el examen, **sin embargo** me fue mal. — 我努力准备考试，可是我却考坏了。

07 | Estamos en verano, **sin embargo** hace frío. — 现在是夏天，然而天气还是冷。

08 | José es muy buen trabajador, **sin embargo** lo despidieron. — 何塞是一个勤奋的人，然而他却被解雇了。

补充
- ★ 01： reír　动　笑；发笑
- ★ 03： queso　名　乳酪；干酪
- ★ 07： verano　名　夏天

PASO 2　句子重组练习

01 | Nos reuniremos todos los amigos, Pablo **sin embargo** irá. no — 我们所有朋友将聚集在一起，然而保罗却不会去。

02 | El lobo al conejo, persiguió **sin embargo** alcanzó. lo no — 狼追兔子，然而它却没逮到。

03 | Hubo un tsunami en Japón, **sin embargo** muertos. hubo no — 日本发生了海啸，不过没有人死亡。

解答
- ★ 01： Nos reuniremos todos los amigos, sin embargo Pablo no irá.
- ★ 02： El lobo persiguió al conejo, sin embargo no lo alcanzó.
- ★ 03： Hubo un tsunami en Japón, sin embargo no hubo muertos.

PASO 3　应用篇

A： Yo quería tomar un café, sin embargo papá me sirvió té.

B： No importa, el café no te dejará dormir bien.

A： 我想要喝咖啡，然而爸爸却为我倒茶。

B： 没关系，咖啡会让你睡不着。

A pesar de... 不管/尽管……

A pesar de（短句），表示"不管/尽管……"。

PASO 1　Top 必学句

01 | **A pesar de** haberse herido la pierna, Gabriel jugará al fútbol.　尽管他腿受了伤，加布里埃尔还是会去踢足球。

02 | **A pesar de** usar ropa tan cara, igual se ve fea.　尽管穿昂贵的衣服，看起来还是很丑陋。

03 | **A pesar de** todo seguimos siendo amigos.　不管怎样，我们还是朋友。

04 | **A pesar de** haber estudiado mucho, todos hemos suspendido.　尽管已很用功读书，但是我们全都不及格。

05 | **A pesar de** estar enfermo, igual iré a la oficina.　尽管生病了，我还是照常去办公室。

06 | **A pesar de** que te perdiste, igual te encontré.　虽然你迷路了，我还是找到了你。

07 | **A pesar de** ser viejo, mi abuelo todavía trabaja.　尽管人老了，但我的祖父仍然工作。

08 | **A pesar de** comer poco, igual estoy engordando.　尽管吃得很少，但我还是胖。

09 | **A pesar de** pelear tanto, seguimos juntos.　尽管频繁争吵，但我们还是在一起。

10 | **A pesar de** tener un dulce, el niño igual lloraba.　尽管有糖果，孩子照样哭了。

补充
- ★02: caro　形　昂贵
- ★04: suspender　动　中止，中断，暂停
- ★07: viejo　形　老
- ★10: dulce　名　甜食；糖果

PASO 2　句子重组练习

01 | **A pesar de** el ruido, todo escuchábamos. igual　尽管噪声很大，我们还是能互相听见。

02 | **A pesar de** estudiar, no aprobado ha curso. el　虽然没读书，他一样通过了学期考试。

03 | **A pesar de** tarde, acostarse levantó igual temprano. se　尽管熬夜了，他还是很早起来。

解答
- ★01: A pesar de todo el ruido, igual escuchábamos.
- ★02: A pesar de no estudiar, ha aprobado el curso.
- ★03: A pesar de acostarse tarde, igual se levantó temprano.

PASO 3　应用篇

A: A pesar de estar a fin de mes, aún no nos pagan.

B: Deberías hablar con tu jefe.

A: 尽管已经是月底了，他们仍然未付钱给我们。

B: 你应该跟你的老板说。

…en cambio…
相形之下 / 相反 / 反而……

… en cambio（短句），表示"相形之下 / 相反 / 反而……"。

PASO 1　Top 必学句

01 | Miguel es muy gordo, **en cambio** su hermana es delgada. 米格尔很胖，相反他的妹妹却很瘦。
02 | A Miguel le gusta la carne, **en cambio** a su señora, el pescado. 米格尔喜欢吃肉，但他的夫人喜欢吃鱼。
03 | Vicente fue a la cita, **en cambio** Elena no llegó. 文森特如期赴约，但艾琳娜却没来。
04 | Este hospital es muy bueno, **en cambio** al que fuimos ayer es regular. 这家医院很不错，相反我们昨天去的医院却很普通。
05 | Estudié toda el hospital la tarde, **en cambio** tú no estudiaste nada. 我读了一下午的书，而你却什么也没做。
06 | Mi casa está lejos, **en cambio** la tuya está cerca. 我家远，但你家近。
07 | Este escritorio es muy pesado, **en cambio** la mesa es liviana. 这张办公桌很重，但另一张桌很轻。
08 | A mi me gustan las papayas, **en cambio** a ti las cerezas. 我喜欢木瓜，但你偏爱樱桃。

补充
- ★04: ser regular　短　普通
- ★07: liviano　形　轻的；不重的
- ★08: papaya　名　木瓜

PASO 2　句子重组练习

01 | Me gusta de helado **en cambio** a ti frutilla, el de chocolate. 我喜欢草莓冰激凌，你却偏爱巧克力。
02 | Mi apartamento pequeño, **en cambio** es tuyo grande. es el 我的公寓是小的，相反你的很大。
03 | Prefiero la en playa, veranear **en cambio** en campo. el tú 我宁愿在海边避暑，但你喜欢乡村。

解答
- ★01: Me gusta el helado de frutilla, en cambio a ti el de chocolate.
- ★02: Mi apartamento es pequeño, en cambio el tuyo es grande.
- ★03: Prefiero veranear en la playa, en cambio tú en el campo.

PASO 3　应用篇

A: Aquí nieva mucho, en cambio en California está soleado.
B: Sí, ¡qué suerte vivir en California!
A: 这里雪下得很大，但在加利福尼亚州却是万里晴空。
B: 是啊，能生活在加州可真幸运！

No cabe duda... 毫无疑问……

No cabe duda（短句），表示"毫无疑问……"。

PASO 1 Top 必学句

01	**No cabe duda** de quién será el próximo presidente.	谁会是下一任总统，这个毫无疑问。
02	**No cabe duda** de que el universo es infinito.	宇宙是无限的，这个毫无疑问。
03	**No cabe duda** de que Vicente se casará con Ana.	毫无疑问，文森特会娶安娜。
04	**No cabe duda** de que esta ciudad es muy limpia.	毫无疑问，这座城市很干净。
05	**No cabe duda** de que el español es un idioma importante.	毫无疑问，西班牙语很重要。
06	**No cabe duda** de que es un gran escritor.	毫无疑问，他是一位杰出的作家。
07	**No cabe duda** de quiénes ganarán el concurso.	谁将能赢得比赛，这毫无疑问。
08	**No cabe duda** de cuál será el resultado.	会是什么结果，毫无疑问。
09	**No cabe duda** de que tu hermana es la más guapa.	毫无疑问，你姐姐是最漂亮的。
10	**No cabe duda** de que eres un cobarde.	毫无疑问，你是个胆小鬼。

补充
- ★02: universo 名 宇宙
- ★07: ganar el concurso 短 赢得比赛
- ★10: cobarde 形 胆小鬼

PASO 2 句子重组练习

01	**No cabe duda** irás que extranjero. de te al	毫无疑问，你将会去国外。
02	**No cabe duda** que contratar. te de van a	毫无疑问，他们会雇用你。
03	**No cabe duda** Tomás que es ambicioso. de muy	毫无疑问，托马斯非常有野心。

解答
- ★01: No cabe duda de que te irás al extranjero.
- ★02: No cabe duda de que te van a contratar.
- ★03: No cabe duda de que Tomás es muy ambicioso.

PASO 3 应用篇

A: Marta y yo somos gemelas.
B: Sí, no cabe duda de eso. Son idénticas.
A: 玛塔和我是双胞胎。
B: 是的，毫无疑问。你们简直是一模一样。

版权专有　侵权必究

图书在版编目（CIP）数据

西班牙语入门口语句型大全 /（智）帕梅拉·里昂，储明发著.—北京：北京理工大学出版社，2019.6
ISBN 978-7-5682-7226-1

Ⅰ.①西…　Ⅱ.①帕…②储…　Ⅲ.①西班牙语—口语—自学参考资料　Ⅳ.①H349.9

中国版本图书馆CIP数据核字（2019）第135176号

北京市版权局著作权合同登记号图字：01-2017-2131
简体中文版由我识出版社有限公司授权出版发行
写给无法完整说出一句西文的人。，Pamela V. Leon，储明发著，2015年，初版
ISBN：9789869142175

出版发行 /	北京理工大学出版社有限责任公司	
社　　址 /	北京市海淀区中关村南大街5号	
邮　　编 /	100081	
电　　话 /	（010）68914775（总编室）	
	（010）82562903（教材售后服务热线）	
	（010）68948351（其他图书服务热线）	
网　　址 /	http://www.bitpress.com.cn	
经　　销 /	全国各地新华书店	
印　　刷 /	天津久佳雅创印刷有限公司	
开　　本 /	710毫米×1000毫米　1/16	
印　　张 /	21.5	责任编辑 / 申玉琴
字　　数 /	521千字	文案编辑 / 申玉琴
版　　次 /	2019年6月第1版　2019年6月第1次印刷	责任校对 / 周瑞红
定　　价 /	66.00元	责任印制 / 李志强

图书出现印装质量问题，请拨打售后服务热线，本社负责调换